P9-ASI-137

Franquismo de cartón piedra: arquitectura efímera y de propaganda en los primeros años de la dictadura José Gómez del Collado (1942-1948)

Franquismo de cartón piedra: arquitectura efímera y de propaganda en los primeros años de la dictadura

José Gómez del Collado (1942-1948)

Jorge Bogaerts

Ediciones Trea

Esta edición ha sido posible gracias a la colaboración del Ayuntamiento de Avilés.

ESTUDIOS HISTÓRICOS LA OLMEDA
COLECCIÓN PIEDRAS ANGULARES

Primera edición: junio de 2023

Polígono de Somonte / María González la Pondala, 98, nave D
33393 Somonte-Cenero. Gijón (Asturias)
Tel.: 985 303 801 / Fax: 985 303 712
trea@trea.es / www.trea.es

Dirección editorial: Álvaro Díaz Huici
Producción: Patricia Laxague Jordán
Corrección: Almudena Zapatero
Maquetación: Alberto Gombáu [Proyecto Gráfico]
Impresión: Fotomecánica Principado

D. L.: AS 00040-2023
ISBN: 978-84-19525-98-7

Impreso en España. *Printed in Spain*

A Mauro y Xoel, mis nietos,
y a cuantos puedan venir

Índice

Prólogo

La *estética del poder* se fundamenta en el reconocimiento previo del *poder de la estética*. Los regímenes políticos de todo tipo y condición han organizado y siguen elaborando complejos sistemas de símbolos, signos e imágenes como eficaces modos de actuar sobre la conciencia pública. De hecho, quizá podríamos afirmar que la esfera del poder político ha constituido uno de los primeros ámbitos que ha demostrado de modo ostensible la existencia de lo estético fuera de los restringidos marcos del arte: en la expresión visual del poder encontramos discursos estéticos que dotan de forma e imagen a acontecimientos políticos que se encuentran muy lejos de esa concepción del arte como actividad autónoma y desinteresada. Han sido numerosos los artistas, arquitectos, escenógrafos, y, más recientemente, fotógrafos, cineastas o publicistas que se han dedicado a expresar la estética del poder. Muchos de ellos acabaron convirtiéndose en funcionarios al servicio del Estado y se afanaron en proclamar la grandeza del faraón, del emperador o del rey, del sátrapa, del autócrata o el dictador. La glorificación del poder implica el dominio de todos los recursos de la puesta en escena para crear un halo en torno al líder, un aura que lo ubica en una distancia heroica, erigido sobre el pedestal, cercano, pero a la vez inalcanzable.

El libro que aquí presentamos, *Franquismo de cartón piedra*, es un episodio muy significativo de esta larga historia de la escenografía del poder. Puede que el periodo estudiado no sea uno de sus capítulos más brillantes. Es cierto. A pesar de ello, después de la lectura del concienzudo estudio emprendido por Jorge Bogaerts en estas páginas, seguramente el lector convendrá conmigo en que la arquitectura efímera y de propaganda del franquismo se erige en uno de los aspectos más elocuentes y significativos para adentrarnos en la comprensión profunda de la ideología de esta etapa histórica. Todos hemos tenido delante fotografías o hemos visionado en algún momento fragmentos del NO-DO con fotogramas o secuencias protagonizadas por actos de exaltación del régimen franquista. Los desfiles de las tropas uniformadas, los discursos inflamados, la simbología del régimen, los yugos y las flechas, las cruces, los mástiles y las banderas, ocupan una posición precisa en estas escenografías con el intento de subyugar y dominar la voluntad a través de una monumentalidad fingida. Los referentes últimos eran, sin duda, las colosales escenografías realizadas por Albert Speer en el Zeppelinfeld de Nüremberg y sus fulgurantes e inmateriales haces de luz difuminados hacia el cielo en grandiosas escenografías que envolvían e involucraban por igual a los símbolos abstractos y a las masas humanas movilizadas. El franquismo nunca llegó a alcanzar este nivel de sublimidad en la fusión de la individualidad del líder con la energía del pueblo. Pero sí que aspiró a erigir espacios dedicados a la concentración de las masas y a la celebración de grandilocuentes rituales conmemorativos.

Jorge Bogaerts ha emprendido en este libro una rigurosa reconstrucción documental de la arquitectura efímera y de propaganda del primer franquismo. Y para ello ha asumido un peculiar enfoque, la biografía. El núcleo de la investigación, y también de su discurso narrativo, se centra en la figura del arquitecto asturiano José Gómez del Collado, principal artífice de estas aparatosas y retóricas escenografías de los primeros años de andadura del prolongado régimen dictatorial. Se exhuma de los archivos una personalidad muy poco conocida hasta este momento y ello, a pesar de que, como he apuntado, puedo aventurar que casi todos nosotros hemos visto en alguna ocasión alguna de sus composiciones efímeras. Esta aproximación a la actividad de Gómez del Collado como escenógrafo del primer franquismo permite a Jorge Bogaerts recorrer y pautar este periodo, no solo para reconstruir la intensa y extensa actividad profesional de este arquitecto, sino también y sobre todo para trazar una radiografía completa de las aspiraciones ideológicas de la España de los años cuarenta con la recreación de episodios públicos muy relevantes de estos años. En estas páginas veremos cómo concurren de modo destacado las celebraciones del 18 de julio y el 1 de abril, los días del Alzamiento y de la Victoria, con el horizonte de la Guerra Civil todavía muy cercano, o las festividades del 12 de octubre, el entonces conocido como «día de la Raza», junto a otros muchos actos de exaltación del régimen. El lector tendrá la ocasión de recorrer la agenda pública del general Francisco Franco y seguir sus movimientos y sus puestas en escena en la Ciudad Universitaria de Madrid, el Cerro de los Ángeles, El Escorial, Zaragoza, Marín o Alcalá de Henares, entre otros lugares. El caudillo aparecerá siempre aislado y distante, pero rodeado de sus asistentes y presidiendo en la tribuna actos militares, religiosos y culturales, inauguraciones o paternalistas entregas de viviendas protegidas e incluso le podremos seguir en las apariciones públicas de sus periplos vacacionales por el norte. Pero también seremos invitados a recorrer ese año 1947 que fue protagonizado por el famoso viaje de Eva Perón que el incansable escenógrafo Gómez del Collado engalanó profusamente con banderas españolas y argentinas en sus distintas etapas y escalas de sus dos recorridos por una España eufórica, pero hambrienta.

El libro, con estos contenidos y este hilo argumental hábilmente hilvanado por Jorge Bogaerts, saca a la luz materiales procedentes de diversos archivos que hasta el momento no habían sido escrutados ni publicados. Debe destacarse sin duda la aportación inédita y original de esta investigación que ha sido realizada a través de una paciente y minuciosa reconstrucción de todos estos actos públicos, con descripciones y datos pormenorizados, en los que tampoco faltan suculentas anécdotas, y que son acompañados de una abundante documentación gráfica que es insertada de modo muy preciso en el texto. El esfuerzo y el rigor de la labor documental, archivística y bibliográfica son buenas pruebas del buen «oficio» de historiador de Jorge Bogaerts que recorre con soltura diversos registros de esta disciplina, como la biografía, la historia del arte, la intrahistoria o la historia de las mentalidades. Pero no quisiera dejar de señalar en estas líneas introductorias que el lector posiblemente se sorprenderá al encontrarse con un texto traspasado por una riqueza expresiva y narrativa que, sin desviarse nunca del rigor histórico, convierte a este relato en una amena y grata experiencia de lectura, con un desarrollo argumental que atrapa como si de una novela se tratase y se articula como una secuencia encadenada de acontecimientos y sucesos que culminan en un final sorpresivo que, por supuesto, no desvelo aquí, pero que adelanto mucho tiene que ver con el enfoque biográfico que ha sido adoptado como punto de partida.

De todas estas escenografías en «cartón piedra» que Jorge Bogaerts recupera y nos presenta no ha quedado nada físico o material. Solo su recuerdo captado en la instantánea fotográfica. Su condición efímera contemplaba su carácter provisional desde su misma creación. Pero también hoy han desaparecido casi todos aquellos signos y símbolos del franquismo que, por el contrario, se pensaron con pretenciosa vocación de eternidad. Las estatuas públicas se han desmontado de sus pedestales, las placas de las calles han cambiado sus dedicaciones, los monumentos rememorativos se han vaciado de contenidos, pues es cierto que la sociedad democrática no puede vivir y convivir rodeada de la presencia abrumadora de las sombras épocas que hemos decidido dejar atrás hace ya varias décadas. Estas escenografías provisionales eran en realidad el correlato efímero de los afanes monumentales que la dictadura trataba de perpetuar en piedra, bronce y acero. Lo perenne, lo eterno eran, sin duda, las líneas escuetas y desnudas de El Escorial, el clasicismo puro y metafísico que se trataba de emular. La colosal empresa del Valle de los Caídos fue, en definitiva, la última y definitiva escenografía del franquismo. El carácter silencioso y fúnebre de su explanada estaba destinada al vibrante fervor de las concentraciones bajo el signo de la cruz. Pero hoy solo queda el vacío espectral de los espacios solitarios y desnudos, una vacía escenografía de piedra que las nuevas generaciones apenas entienden y que requiere de la explicación, de la interpretación. Con el desvanecimiento progresivo de aquella «memoria histórica», pensamos que bien merece la pena revisar con detenimiento y objetividad, como magistralmente lo hace Bogaerts, aquellos años de ampulosa retórica y dramática carestía, de exaltación y postración al mismo tiempo, que nos muestran un régimen que se debatía entre un idealizado deseo de sueños imperiales y una realidad perentoria que, a la postre, acabaría imponiéndose.

Ignacio González-Varas Ibáñez
Catedrático de Historia de la Arquitectura
Madrid, 16 de abril de 2022

Antes que nada

En 1996, como consecuencia del concurso de traslados en el cuerpo de profesores de Enseñanza Secundaria, fui asignado al Instituto de Cangas del Narcea. Pasear por el lugar hacía muy patente el trabajo del arquitecto Gómez del Collado en su villa natal. El Puente Colgante, el barrio del Fuejo, el Hostal la Truita, el Julter... Yo había tenido noticia de él cuando preparaba mi trabajo de investigación de los cursos del doctorado que había leído ese mismo año. Gómez, autor de un proyecto no realizado para el Alto del Vidriero en Avilés en la década de 1950, aparecía citado por el historiador Alonso Pereira breve pero elogiosamente.[1]

El arquitecto había muerto el año anterior, pero una tarde me presenté en el domicilio de su viuda, Olga Menéndez, explicándole mi interés por el trabajo de su marido. Olga se prestó gentilmente no solo a darme información, sino que me ofreció las llaves de la casa-estudio de la Cogolla. Allí había desarrollado su trabajo y allí se amontonaban planos, proyectos y recuerdos. También trabé amistad con Antonio Murias,[2] que había sido su amigo y colaborador en muchas de sus construcciones.

Recorrimos varios lugares de Asturias: Navia, Tineo, Pola de Allande, donde había obras suyas, mientras me contaba anécdotas de su forma de ser y trabajar. Pasé buena parte de las tardes de los cursos 1996-1997 y 1997-1998 escrutando entre sus papeles y observando las anotaciones que hacía en los márgenes de los libros. Llegué a escribir un pequeño artículo[3] y barajé la posibilidad de que fuese el tema central de mi tesis doctoral. Por diversas circunstancias el proyecto no salió adelante.

[1] Alonso Pereira, 1996, pp. 325, 327 y 328.

[2] Antonio Murias Uría de Cangas del Narcea. Constructor, colaborador y amigo personal de José Gómez del Collado durante muchos años. Mantuvimos algunas conversaciones con él en 1997. Viajamos juntos recorriendo algunas obras del arquitecto, al cual admiraba por su tesón y su capacidad de inventiva. En agosto de 2017 volvimos a tener una entrevista en su oficina de Cangas.

[3] Bogaerts, 1997.

En 2017, José Ramón Puerto, arquitecto y cangués, con quien mantenía desde hace años cierto contacto digital, anunció la inminente lectura de su tesis doctoral sobre la arquitectura de Gómez del Collado. Con ese motivo dio una pequeña charla en el Museo de Bellas Artes de Asturias, en el marco de una exposición titulada «Una edad de oro: Arquitectura en Asturias 1950-1965», que se mantuvo en el museo entre abril y mayo de ese año. La conferencia me pareció muy interesante y salieron a relucir muchos recuerdos de la época en la que yo más estudié al arquitecto. Sin embargo, eché en falta información sobre la década de 1940, algo que ya había notado en mi primer acercamiento a Gómez del Collado. Apenas unas referencias a su paso por el organismo Regiones Devastadas. Rebusqué en el trastero entre mis viejas notas de los años 1990 y alguna cosa tenía apuntada.

Aprovechando la circunstancia de que mi hija mayor, Carmen Bogaerts, licenciada en Historia del Arte, vive en San Fernando de Henares, le pedí que se acercase a Alcalá e hiciese algunas indagaciones en el Archivo General de la Administración. Tras un par de visitas se abrió la caja de sopresas y empezó a descubrir abundantes pistas sobre los pasos que el arquitecto había dado durante esos años ligado a organismos estatales.

La idea original era escribir un artículo no muy extenso, pero la abundante documentación, su riqueza y la trama, casi una novela con su pequeño final dramático, me impulsaron a escribir el presente trabajo. La proximidad al poder y a algunos de sus personajes forjaron una labor a veces de gran interés profesional, a veces salpicada de anécdotas divertidas, del que, sin duda, podemos considerar el primer gran productor de arquitectura efímera para el general Franco.

Por mis investigaciones anteriores, tuve ocasión de conocer los años cincuenta, sesenta y setenta del siglo XX. La redacción de este texto me ha dado pie a interesarme por los «terribles cuarenta». Una década de sumo atractivo para historiadores y seguramente con pocos buenos recuerdos para muchos españoles. Independientemente de la acogida que este texto pueda tener, yo desearía mostrar la satisfacción que tuve descubriendo ese tiempo, los hechos que rodean al personaje y las muchas sorpresas recibidas. Sería mi deseo que el lector pueda percibir algunas de esas emociones.

Agradecimientos

En primer lugar, como verá el lector, la estructura del libro se sostiene sobre la documentación hallada en diversos archivos, especialmente en el Archivo General de la Administración (AGA). Esa tarea fue iniciada, ya se ha dicho, y compartida en numerosas jornadas con mi hija Carmen, a la que hay que considerar coautora del trabajo de campo y merecedora del mayor de mis agradecimientos.

Durante la investigación y redacción he solicitado y recibido ayuda de numerosas personas: archiveros, profesores, investigadores, expertos. Algunos se citan explícitamente en el texto y de ese modo les expreso mi agradecimiento.

Quisiera mostrar mi reconocimiento a Encarnación García y Dolores Revuelta, del archivo de la Universidad de Deusto, a Olvido Ruiz-Tapiador Pinillos, de la biblioteca de la Cámara de Comercio de Madrid, a Fernando Sanz, de la Universidad de Zaragoza, a Kurt Schleicher, antiguo alumno del Instituto Ramiro de Maeztu, a José Martínez Martínez, de wordexperto.com, y a Diego Iglesia por su conexión con historiadores argentinos. Mi otra hija, María Bogaerts, me ayudó pacientemente consiguiendo determinada documentación en los archivos barceloneses del Colegio de Arquitectos y del Ayuntamiento.

Cuando uno escribe un texto como este, necesita de la ayuda de personas próximas a quien confiar las primeras lecturas. En este caso las víctimas han sido mi antiguo alumno en el instituto de Cangas y buen amigo, José Manuel Berdasco, mis compañeros de la Escuela Superior de Arte del Principado de Asturias: Cristina Cipitria, Emilio Álvarez y Fernando Almaraz. Fernando me ayudó también con algunos gráficos, y él y Cipitria idearon la imagen de la portada. Además, he contado con varias minuciosas lecturas de mi compañera Pili Márquez. Ni que decir tiene, que todos ellos han soportado estoicamente mis peroratas, y me han aportado correcciones, sugerencias e ideas de las que me he aprovechado abundantemente.

Un especial agradecimiento debe de ser para los dos lectores, hasta ahora los más cualificados, que han tenido la amabilidad de leer el texto y hacerme sugerencias.

Francisco Erice Sebares, Catedrático de Historia Contemporánea en la Universidad de Oviedo, quien ya había dirigido ejemplarmente mi tesis doctoral leída en 2000, y que ahora, de nuevo, me ha brindado sus valiosos tiempo y esfuerzo.

Ignacio González-Varas Ibáñez, Catedrático de Composición Arquitectónica en la Escuela de Arquitectura de Toledo de la Universidad de Castilla-La Mancha, uno de los grandes especialistas internacionales en conservación del patrimonio, que tuve la ocasión de conocer y tratar en mis años de profesor de Teoría e Historia de la Restauración y Conservación de Bienes Culturales en la Escuela Superior de Arte del Principado de Asturias en Avilés, tuvo la generosidad de leer mi manuscrito y me animó calurosamente a buscar su publicación.

Finalmente debo destacar el interés y el apoyo prestado por el Ayuntamiento de Avilés para llevar a cabo la presente edición.

CAPÍTULO 1

La Guerra Civil y Regiones Devastadas

José Gómez del Collado nació en Cangas del Narcea[1] el 10 de noviembre de 1910. Su padre era médico y su madre, hija de un magistrado, descendía por parte de madre de la familia Llano, que ejercía cierto control político en la zona.[2] Fue el segundo de cinco hermanos. Estudió el bachillerato en los padres Agustinos de León y tituló como bachiller por la Universidad de Oviedo en 1927. Durante el curso 1927-1928 estudió un curso preparatorio de ingeniero industrial en la Universidad de Deusto.[3]

A partir de 1928 y hasta el comienzo de la Guerra Civil realizó asignaturas sueltas para ingresar en la Escuela Superior de Arquitectura de Madrid (ESAM). Algunas asignaturas fueron superadas en Oviedo, otras en Salamanca y otras directamente en la ESAM. Para el curso 1935-1936 aparecía matriculado en el Curso Complementario de Ingreso a ESAM.[4]

La guerra le sorprendió, por tanto, de estudiante en Madrid. Tenía 25 años y ciertos conocimientos de ingeniería, lo que seguramente le convertiría en apropiado para ser movilizado. Seguir con precisión la trayectoria de Gómez en el conflicto es bastante complicado. Puerto Álvarez cuenta en su tesis el relato que le transmitió la familia del arquitecto. Según esa versión se habría encuadrado como suboficial en la 28.º Brigada de artillería, conocida como Brigada Stajanov.

Lo más probable es que, efectivamente, hubiese sido reclutado por el ejército de la República y trasladado con todo el gobierno a Valencia en noviembre de 1936.

[1] Entonces Cangas de Tineo, nombre que la corporación decidió cambiar el 2 de setiembre de 1925 para evitar confusiones. El cambio sería confirmado oficialmente por una real orden de 12 de noviembre de 1927 publicada en la *Gaceta de Madrid*. Disponible en línea en *Tous pa tous* en <https://touspatous.es/cangas-del-narcea/nombre-del-concejo/cangas-de-tineo-cangas-del-narcea/>, consultado 28 de agosto 2018.

[2] Puerto Álvarez, 2017, p. 27.

[3] Colegio de Estudios Superiores Deusto-Bilbao. Catálogo de alumnos 1927-1928, año 42 del Colegio. Archivo de la Universidad de Deusto.

[4] AGA, caja 31-1801.

Universidad de Deusto, 1928. Archivo de la Universidad de Deusto.

En el Archivo General de la Administración de Alcalá de Henares hay expediente personal a su nombre[5] con varios documentos e informes. Uno de ellos fechado en Valencia el 5 de octubre de 1942, con sello de la Jefatura Provincial de Valencia de Falange Tradicionalista de las JONS, nos ayuda a entender mejor su paso por la guerra. Se le describe así: «De 28 años, soltero, estudiante, ingeniero, natural de Asturias y vecino de Madrid». No hay información de los años previos a la guerra, pero sí se aclara que «durante la dominación marxista prestó servicios en la Subsecretaría de Armamento, donde, según referencias, colaboró en pro de la causa nacional». Se matiza: «Tuvo que afiliarse al sindicato UGT». Y lo más aclaratorio: «Estuvo enlazado en la quinta columna,[6] donde tuvo actuación bastante destacada

[5] AGA, caja 3 42-4851.

[6] El concepto de quinta columna, como es bien sabido, implica actuar en un conflicto bélico como agente infiltrado del enemigo para espiar, realizar sabotajes, socavar la moral, etc. Aunque tendría una gran difusión internacional, su origen se atribuye, con discrepancias, precisamente al general Mola en el marco de la guerra civil española. El general se refería, en una alocución radiofónica de 1936, al avance de las tropas sublevadas hacia Madrid. En ella mencionaba que mientras, bajo sus órdenes, cuatro columnas se dirigían hacia la capital (Guadalajara, Somosierra, Guadarrama y el Tajo), había otra, la quinta, formada por simpatizantes del alzamiento que dentro de la capital trabajaban a favor del golpe de Estado. Véase, por

a favor de nuestra causa». Incluso se detallan algunas de sus acciones: «Llevó armas a la cárcel Modelo, que entregó al camarada Emilio Frigola y otros». «Junto con Amparo Bosch, se encargó de mandar enlaces de la quinta columna en la zona de levante-sur». «A la liberación actuó con los jefes que se hicieron cargo de la misma, marchando poco después a Madrid, donde se encuentra actualmente».

Este informe fue la base para la composición de otro, realizado por la delegación Nacional de Información e Investigación de Falange Española Tradicionalista y de las JONS. Este concretamente se había elaborado a petición del juez instructor de la causa que, como veremos, se llevó contra Gómez del Collado en 1948.[7] En él aparecen nuevas informaciones:

> El Movimiento le sorprendió en Madrid, donde permaneció hasta el mes de noviembre de 1936, que marchó a Valencia [...]. Se sabe que, al terminar la guerra, estuvo prestando servicios en el SIPM[8] de la capital de Valencia [...]. Pertenece a FET de las JONS con la categoría de Militante, con carnet expedido por la Provincia de Valencia con el núm. 1545.

En este sentido los documentos que se conservan en el Archivo General de la Administración son abundantes. Fechado en mayo de 1942, aparece el testimonio de una persona con la que Gómez tuvo, sin duda, una estrecha relación. Nos referimos a Luys Santa Marina.[9] Este poeta y hombre de acción protagonizó un audaz

---

ejemplo, Alía Miranda, 2015; Cervera Gil, 2006, o para el caso particular de Valencia Paniagua Fuentes y Lajo Cosido, 2002.

[7] AGA, caja 7 30.12, legajo 17092.

[8] Servicio de Información y Policía Militar (SIPM). El Servicio de Información y Policía Militar del Ejército Nacional fue creado el 30 de noviembre de 1937 y sus esfuerzos fueron dirigidos a la investigación militar en territorio enemigo —englobando la quinta columna— o en el extranjero. Al terminar la guerra, el SIPM se convirtió en un órgano represivo, útil solo para desenmascarar, perseguir y procesar a los «rojos» (Zorzo Ferrer, 2005).

[9] Luis Narciso Gregorio Gutiérrez Santa Marina, que solía firmar como Luys Santa Marina, nacido en Colindres, entonces provincia de Santander, en 1898. Fue escritor y poeta falangista. Estudió el bachillerato en Santander y Derecho en Oviedo. Participó en la guerra de Marruecos. Tras vivir un tiempo en Madrid, se traslada a Barcelona en 1925, donde se afincará definitivamente y desarrollará su carrera de escritor y periodista. Allí conoció a Félix Ros y a Max Aub, con los que fundó la revista *Azor*. Colaboró también en la revista *Cruz y Raya*, donde escribieron Xavier Zubiri, Miguel de Unamuno, Pablo Neruda, Miguel Hernández, Luis Rosales, etc. En 1933 ingresó en Falange Española y desde 1934 fue jefe de la Falange barcelonesa. A partir de ese año organizó las milicias falangistas de la ciudad. Se le consideraba partidario de la acción directa «escuadrista». Al comienzo de la Guerra Civil en Barcelona, se suma a los sublevados en el cuartel de Pedralbes. Tras el fracaso es detenido, condenado a muerte y posteriormente indultado. Pasaría el resto de la guerra en diversas cárceles republicanas. Cerca del final se encontraba en el penal de San Miguel de los Reyes en Valencia. A pocos días de finalizar las hostilidades lideró un amotinamiento de los presos y logró salir a la calle incluso antes de la llegada de las tropas franquistas. Después de la guerra dirigió el diario barcelonés *Solidaridad Nacional*. También fue director del Ateneo de Barcelona. Ocupó plaza de procurador en Cortes durante el franquismo, debido a su condición de miembro del Consejo Nacional de FET y de las JONS. Murió en Barcelona en 1980. Sobre él puede verse, por ejemplo, Rodríguez Puértolas, 1986.

motín en la prisión valenciana de San Miguel de los Reyes en los últimos días de la guerra. Por lo que se desprende de diversos testimonios, parece ser que Gómez desempeñó un papel importante en los hechos. «Luys Santa Marina, exjefe territorial de FE y de las JONS en Cataluña y consejero nacional, CERTIFICA:[10] Que el camarada José Gómez del Collado, estuvo a mis órdenes desde finales del año 1937 hasta el 29 de marzo de 1939». Y relata pormenorizadamente: «Establecí contacto con él, desde la cárcel provincial de Valencia donde entonces yo estaba detenido, por medio del capitán Carlos Esteve, hoy teniente coronel, antiguo jefe provincial de FE y de las JONS de Santander». Y destacando sus acciones, afirma: «cumplió con extraordinario entusiasmo y heroísmo cuantas órdenes se le dieron, organizando dieciséis puntos de resistencia defendidos con ametralladoras, bombas de mano y numerosas armas automáticas, en la Ciudad de Valencia». Añade: «junto con las centurias de Falange llevó a cabo, bajo mi dirección y la de los camaradas Carlos Esteve y Manuel Pamplona, la conquista de dicha ciudad en la noche del 28 de marzo y primeras horas de la mañana del 29 de dicho año». No escatima elogios a su actuación: «ocupación realizada sin ocasionar ningún daño a la ciudad, yendo a enlazar con las tropas nacionales del ejército de Levante, que entraron en Valencia a mediodía del día 30 de marzo. Anteriormente y desde finales de 1936, había prestado valiosos servicios de información y espionaje, cuyos comprobantes he visto y que obran en poder del Excmo. coronel Sr. D. José Ungría».[11]

De Santa Marina son también algunas órdenes emitidas justo al final de la guerra, para apartar cualquier sombra de sospecha sobre quien, aparentemente, hubiera podido ser fiel al bando republicano. Algunas de ellas implican a Gómez como combatiente apreciado y con responsabilidades:

> Por esta orden el camarada José Collado, en cuanto componente de este puesto de mando, se hace cargo de la Falange durante el golpe de mano sobre Valencia. Espero de la Falange en estos momentos la más estricta disciplina. Valencia 28-03-III.[12] El jefe de la Falange Española Tradicionalista y de las JONS (jefe territorial de Cataluña). Santa Marina.

[10] En los informes de la época se hace un uso un tanto particular de las mayúsculas y minúsculas, sobre todo en aspectos como los meses del año o las alusiones a consignas políticas y jerarquías; hemos tratado de respetarlo literalmente en la transcripción de documentos.

[11] José Ungría era jefe del Servicio de Información y Policía Militar (SIPM). AGA 3 42-4851.

[12] La fecha, naturalmente, es 28-03-1939, que poco después de la guerra se utilizó con frecuencia como III año triunfal, es decir, el tercero contando desde julio de 1936. Esta curiosa coincidencia con algunos calendarios revolucionarios pronto dejaría de utilizarse.

La labor de Gómez realmente entusiasmó a Santa Marina:

> Camarada José Gómez Collado. /Le comunico la satisfacción de esta jefatura por su comportamiento al frente del Gobierno Civil y de las fuerzas de la Falange durante nuestra ocupación de Valencia. / Valencia 30-3-III. / El jefe de la Falange Española Tradicionalista y de las JONS. Jefe Territorial de Cataluña / firmado y rubricado. / Santa Marina.

Incluso rubrica testimonios de auténtico ardor guerrero:

> Don José Gómez del Collado, estudiante de Arquitectura, es persona que consideramos completamente adicta al Glorioso Movimiento Nacional Sindicalista, como lo prueba su intensa labor como jefe de un imponente sector de información Militar al servicio de dicho Glorioso Movimiento, la organización y el mando durante la guerra de un grupo de centurias de primera línea y el asalto nocturno a depósitos de armamentos, bombas de mano, explosivos y munición, al hacerse cargo pistola en mano de una estación emisora que transportó 300 kilómetros (junto con dos ametralladoras) y montó para la Falange la organización de reductos fortificados, el establecimiento del puesto de mando de Falange en Levante, el tomar parte activa en nuestra violenta liberación, la organización de sabotaje y socorro a perseguidos y su actuación como componente del puesto de mando durante la ocupación de Valencia por la Falange dirigiendo la actuación de las fuerzas de la misma desde el Gobierno Civil y otros motivos de prolija enumeración.
>
> Y para que conste y se extienda el presente con fecha *ut-supra* y firman.
>
> Por Dios, España y su Revolución Nacional-Sindicalista. Firmado y rubricado: Manuel Pamplona.
>
> Firmado y rubricado Luis Santa Marina.
> Arriba España.
> Saludo a Franco.

No es el único:

> Adolfo Rincón Arellano, jefe provincial de FET y de las JONS de Valencia.
>
> Certifica: Que la actuación y disciplina del camarada José Gómez Collado, que con Santa Marina, Esteve y Pamplona formó parte del puesto de mando de la Falange en la zona roja, se ajustó en todo momento a las normas fundamentales de la Falange.
>
> Por Dios España y su Revolución Nacional- Sindicalista.
> Valencia 10 de mayo de 1939.
> Año de la Victoria.

En esos momentos, y gozando de la confianza de las nuevas autoridades, sabemos que, aún antes de abandonar Valencia, intervino en ayuda de algunos represaliados evitando que fueran fusilados. Mediante el testimonio de Antonio Murias, tenemos noticia de que su actuación salvó la vida de, al menos, dos personas de Cangas del Narcea, que entonces estaban destinados como funcionarios de la República en Valencia. Nos referimos a Celso Fernández y a Amador Rodríguez, padre del conocido escultor Amador. Precisamente este último nació accidentalmente en Ceuta, donde su padre trabajaba en ese momento, en 1926, como director de ferrocarriles. Ambos, padre e hijo, sufrieron el exilio tras la guerra.[13] No fueron los únicos casos; por la documentación de su proceso de 1948, sabemos que también intervino decisivamente para evitar el fusilamiento del constructor catalán Agustín Marsá Prat.[14]

Las relaciones que estableció en esas fechas, y que probablemente hayan influido en su posterior carrera, le señalan en lugares de privilegio muy altos, cercanos a los grandes poderes. Con todas esas credenciales y antes de reincorporarse a su vida de estudiante, José Gómez aún realizó algunos movimientos, probablemente haciendo trabajos para el SIPM. Al menos eso parece acreditar una encomienda que recibe de Raimundo Fernández Cuesta en persona. El entonces secretario general de FET de las JONS y ministro de Agricultura del primer gobierno de Franco, el llamado Gobierno de Burgos, comunica por escrito:

> El camarada José Gómez Collado está delegado por esta Secretaría General del Movimiento para efectuar una información sobre la organización y acción de las fuerzas de la Falange o afines, bajo la dominación roja en las provincias de Valencia, Alicante y Murcia. / Espero de las Autoridades y Jerarquías del Movimiento las mayores facilidades para el desempeño de su misión. / Por Dios, España y su Revolución Nacional-Sindicalista. / Burgos 28 de junio de 1939. / Año de la Victoria. / Firmado y rubricado. / R. Fernández Cuesta. / Saludo a Franco. / Arriba España.[15]

Antes de terminar definitivamente con su periplo levantino y tal vez como parte de la explicación de su rápido ascenso a las cercanías del poder, queremos comentar uno de los asuntos más misteriosos de este periodo. En las conversaciones que mantuvimos con su viuda Olga Menéndez y con Antonio Murias, en la segunda mitad de los años noventa del pasado siglo, apareció varias veces un relato, en ocasiones, cambiante. Según este, José Gómez en algún momento de su estancia en el levante español, habría entrado de manera accidental en contacto con Ramón Serrano Suñer, diputado electo por la CEDA en las elecciones de 1936 y cuñado del general Franco, tras su boda con Ramona «Zita» Polo, en una ceremonia que tuvo lugar el

[13] Diario *El País*, 14 de junio de 2001.

[14] AGA, caja 7 30.12 Legajo 17092.

[15] AGA, caja 3 42-4851.

6 de febrero de 1936 en la iglesia ovetense de San Juan el Real, donde ejerció como testigo José Antonio Primo de Rivera.[16] Al comenzar la guerra, Serrano Suñer fue detenido e internado en la cárcel Modelo de Madrid, de donde se escaparía en una rocambolesca fuga[17] hasta llegar a Alicante. Allí logró embarcar en el buque de la Armada Argentina Tucumán, que lo dejó en Francia, desde donde pasaría a la zona controlada por los sublevados. En algún momento de esa fuga habría entrado en contacto con José Gómez del Collado, quien, de alguna manera, le habría ayudado en su huida. El suceso habría establecido un vínculo entre ellos que favorecería al arquitecto en su meteórico ascenso en los años siguientes.

La versión que la familia ha transmitido a José Ramón Puerto[18] es que Gómez se habría encontrado casualmente con un «soldado republicano de mediana edad», al que habría conducido en moto hasta la costa. Después se habrían despedido sin más. Según esa misma versión, tras la guerra, Gómez habría acabado en un campo de prisioneros tras intentar huir a Francia. De allí lo habría sacado el propio Serrano Suñer, lo habría trasladado a Burgos, donde se habría identificado, sellando una ligazón profunda.

Sin embargo, el propio Serrano Suñer relata minuciosamente el episodio de la fuga en sus memorias:

> Como digo, salimos de casa del doctor Hervías antes de que amaneciera. Aun hoy, pasados cuarenta años, produce un estremecimiento recordarlo. Nuestro coche pasó por dos controles: uno, en Vallecas, y otro, en el puente de Arganda. Y ya desde allí continuamos el viaje sin interrupción hasta cerca de Alicante. Pero no recuerdo exactamente si fue en Almansa o en Villena, un serio contratiempo nos esperaba: nos habíamos quedado sin gasolina. Y no la había en el pueblo, cosa que creo que entonces ocurría con frecuencia. Mis compañeros ya se disponían a buscar albergue para pasar la noche, cuando yo les hice notar lo peligroso de la situación para Álvarez Miranda y para mí, y que debíamos de intentar, como fuera, llegar aquella misma noche al Consulado en Alicante. A tal fin mendigamos gasolina, y entre un garaje y la casa de un pariente del alcalde conseguimos una muy pequeña cantidad de combustible, con lo que pudimos llegar.[19]

Quizás el *encuentro* quepa en el resquicio que deja esa mendicidad de gasolina, o en otra circunstancia. Es posible que Gómez, instalado en Valencia desde noviembre del 36 —la fuga fue en enero del 37—, y ya activo en la organización

[16] Serrano Suñer, 1977, p. 38.

[17] Ibídem, pp. 144 y ss.

[18] Puerto Álvarez, 2017, p. 62.

[19] Serrano Suñer, 1977, p. 150.

quintacolumnista, hubiese jugado algún papel en la fuga de Serrano. Desde luego, no parece probable el detalle del transporte en moto y queda descartado el campo de prisioneros. Pero lo cierto es que sí debió establecerse una relación personal entre Serrano Suñer y el joven Gómez. Como se verá, es bastante notable, sobre todo teniendo en cuenta el interés que el político se toma en sus labores de estudiante, tras la reincorporación después de la guerra a las aulas de la escuela de arquitectura. Hay un dato cierto que figura en el aludido informe, emitido por la Jefatura Provincial de Valencia de FET de las JONS el 5 de octubre de 1942. En él se lee: «se tienen referencias también de que trabajó en la secretaría política de Serrano Suñer; con el que le unían algunas relaciones».[20]

Regiones Devastadas

Tras su llegada a Salamanca, entonces capital del Movimiento en febrero del 37, Serrano estrecha fuertemente su relación política y personal con su cuñado Franco.[21] Esta relación será clave en el denominado Decreto de Unificación, una maniobra política por la que Franco convertía todos los partidos afines al golpe en uno solo: Falange Española Tradicionalista y de las Juntas de Ofensiva Nacional-Sindicalista (FET de las JONS), al tiempo que suprimía el resto.[22] Serrano tuvo una participación muy activa en el asunto, estratégica e ideológicamente. Como comentaba el embajador alemán Eberhard von Stohrer en un documento enviado a Berlín, que reproduce Stanley Payne:

> Franco ha tenido un buen éxito, gracias al consejo de su cuñado [...] en no hacerse enemigo de ninguno de los partidos representados en el Partido Unitario, que antes eran independientes y hostiles entre sí [...] pero, por otro lado, también al no haber favorecido a ninguno de ellos, para que no se hiciese demasiado fuerte [...]. Por ello es comprensible que, dependiendo de la lealtad al partido de la persona en cuestión, uno puede llegar a oír la opinión [...] de que «Franco es completamente una creación de la Falange», o bien la opinión de que «Franco se ha vendido completamente a la reacción», o que «Franco es un verdadero monárquico», o que «se halla completamente bajo la influencia de la Iglesia».[23]

[20] AGA, caja 3 42-4841.

[21] Parece ser que es en esa época cuando se gana el apelativo de Cuñadísimo (Thomas, 1978, p. 686).

[22] Decreto núm. 255. «Disponiendo que Falange Española y Requetés se integren, bajo la Jefatura de S. E. el jefe del Estado, en una sola entidad política, de carácter nacional, que se denominará Falange Española Tradicionalista de las JONS, quedando disueltas las demás organizaciones y partidos políticos». *Boletín Oficial del Estado,* núm. 182, de 20-04-1937.

[23] S. G. Payne, 1992, p. 39.

Como consecuencia directa del decreto, en octubre de ese año, el cuñado de Franco pasa a formar parte del recién creado Consejo Nacional de FET de las JONS, del que el Caudillo sería jefe nacional. La Secretaría General sería para otro de los *conocidos* de Gómez: Raimundo Fernández Cuesta. El 31 de enero de 1938, con la plana mayor de Franco instalada en Burgos, el general constituye su Primer Gobierno, que relevaba a la anterior Junta Técnica del Estado. Cómo no, el titular del ministerio con más poder, el Ministerio del Interior, será Ramón Serrano Suñer.

En ese momento el Cuñadísimo, aprovechando sus grandes atribuciones, consigue llevar a cabo una serie de iniciativas políticas. Desde su posición de jefe político de FET de las JONS impulsa el Fuero del Trabajo, una de las leyes fundamentales del Régimen, inspirada en la *Carta del Lavoro* italiana. A Serrano se le suele atribuir buena parte de la denominada fascistización del Régimen. Joan M. Thomàs y Andreu[24] lo considera el verdadero «hombre fuerte» de dicho proceso.

Mediante la Ley de Prensa e Imprenta, promulgada el 22 de abril de 1938, se controlaba a todos los medios de comunicación nacionales. Pocos días más tarde, el 26 de abril, también por iniciativa de Serrano, se decreta la creación de la Delegación del Estado para la Recuperación de Documentos (DERD). Su objetivo era localizar, clasificar y almacenar toda la documentación perteneciente o relacionada con los partidos políticos, así como organizaciones, sindicatos y personas. Esa delegación se atribuía ciertas iniciativas que no recogía el SIPM y se centraba en la requisa de documentación de los republicanos. El propósito: custodiar y clasificar los documentos aptos para obtener antecedentes sobre las actuaciones de los «enemigos del Estado», y suministrar datos útiles al resto de organismos represores.[25]

Pero, sobre todo, el organismo creado por ese ministerio que más nos interesa es el Servicio Nacional de Regiones Devastadas y Reparaciones (SNRDR), que ya figura entre sus cometidos desde la creación del nuevo gobierno.[26] Desarrollada por decreto de 25 de marzo de 1938, el primer artículo define perfectamente el objeto del servicio:

> Corresponde al Estado, por medio del Ministerio del Interior y de su Servicio de Regiones Devastadas y Reparaciones, la dirección y vigilancia de cuantos proyectos, generales o particulares, tengan por objeto restaurar o reconstruir bienes de todas clases dañados por efecto de la guerra.

[24] Thomás i Andreu, 1999, p. 46.

[25] Espinosa Romero, 2016.

[26] BOE, Burgos, 31 de enero de 1938.

Su primer director sería Joaquín Benjumea Burín que simultaneó parte de su mandato con la alcaldía de Sevilla. Después ostentaría diversos ministerios y altos cargos.

Al terminar la guerra, a tres semanas del comienzo de la segunda guerra mundial, en agosto de 1939, se produce un nuevo cambio ministerial, el Segundo Gobierno de Franco. La figura de Serrano Suñer resulta aún más favorecida y sigue al mando del ministerio, que pasa a llamarse Ministerio de la Gobernación. El organismo que nos ocupa, salvo un ligero cambio de denominación, Dirección General de Regiones Devastadas (DGRD), sigue con la misma estructura. Su primer director general con el nuevo nombre será José Moreno Torres, que permanecerá como tal hasta 1951, simultaneando el cargo desde el 1945 con la alcaldía de Madrid. En ese periodo y hasta la disolución en 1957, el organismo, actuando en colaboración con la Dirección General de Arquitectura (DGA) que comandaba Pedro Muguruza, se encargaría de la reconstrucción de aquellas regiones y territorios que habían resultado significativamente dañados por la contienda. La fórmula más habitual de formar parte del programa era ser pueblo «adoptado» por el Caudillo.[27]

Gómez del Collado, entre tanto, había colgado el uniforme de guerrero y el disfraz de agente secreto y se había reincorporado a sus labores de estudiante. En septiembre de 1939 termina el Curso Complementario de Ingreso de la Escuela Superior de Arquitectura de Madrid. A lo largo del periodo 1939-1940 supera el primer y segundo año en cursos intensivos.[28] En diciembre de 1939, la dirección General de Regiones Devastadas convoca un «concurso sobre temas rurales» entre estudiantes de arquitectura.

> Teniendo en cuenta el nuevo concepto de organización rural que se está llevando a cabo en aquellos pueblos adoptados por el Caudillo para su Reconstrucción, la Dirección General de Regiones Devastadas convocó el pasado día 21 de diciembre un concurso entre estudiantes de Arquitectura sobre temas de edificación rural, que sirviera de estímulo a los futuros arquitectos y demostración de su capacidad técnica para el día en que sea precisa su colaboración en los trabajos de la reconstrucción nacional.[29]

El concurso se falla en febrero de 1940 y el ganador, con un proyecto de «Ermita Rural», es felicitado personalmente por el director José Romero Torres: «Sr. don José Gómez del Collado. / Tengo el gusto de comunicarle para su satisfacción que

[27] Sobre Regiones Devastadas, en general, hay abundante literatura científica. Por citar trabajos recientes, puede verse la tesis de Más Torrecillas (Más Torrecillas, 2008) y para el caso de las actuaciones en Asturias, la de Miriam Andrés, leída en 2014, que se publicó en 2016 (Andrés Eguiburu, 2016).

[28] AGA, caja 31-1801.

[29] Revista *Reconstrucción,* n.º 1, abril de 1940, p. 33.

el concurso de croquis convocado por esta dirección general entre estudiantes de la escuela superior de arquitectura le ha sido adjudicado el 1.er Premio por su trabajo ermita o capilla».[30]

Los premios se entregan el 24 de febrero en un acto público que se celebró en los nuevos locales del Ministerio de la Gobernación, en la calle Amador de los Ríos, número 7, el edificio que antes había ocupado el Ministerio de Trabajo, adonde se había traslado por el Nuevo Estado desde la centenaria ubicación en la Real Casa de Correos de la Puerta del Sol. Al concurso se habían presentado noventa trabajos, lo que daba testimonio «del interés de los futuros arquitectos en la labor de reconstrucción de España».[31] Quizás lo que más pudo llenar de satisfacción a Gómez fue la presencia de los grandes pesos pesados de la arquitectura del momento y la plana mayor de la escuela, en la que despuntaba como alumno destacado. Los premios fueron entregados por el subsecretario de la Gobernación José Lorente Sanz, hombre de confianza y colaborador estrecho de Serrano Suñer, con cargos desde el primer gobierno de Burgos.[32] Estaban presentes Romero Torres y la otra cabeza de Regiones Devastadas, Pedro Muguruza, que en ese momento se podría calificar como «el arquitecto de Franco», autor, como es sabido, del proyecto del Valle de los Caídos. Por si hubiera poca aristocracia arquitectónica, también acudió Modesto López Otero, principal autor del proyecto de la Ciudad Universitaria de Madrid, en su calidad de director de la Escuela de Arquitectura.

Naturalmente cabe la suspicacia de preguntarse por la valoración del mérito de esa «Ermita Rural», que pudiera apoyarse en los servicios prestados a la causa y en la proximidad a personajes importantes que dichos servicios generaron. Pero esa especulación, a falta de otros documentos, es pura conjetura.

El acto se cerró con unas palabras de Lorente agradeciendo la colaboración prestada, a las que respondió López Otero rememorando a los alumnos caídos al servicio de España. El tema de los *caídos*, y particularmente del *estudiante caído*, será muy recurrente en ese tiempo. Forjará algunas de las celebraciones que pasarán a formar parte del calendario oficial de actos. Actos en los que más adelante, desde su puesto de arquitecto de Propaganda, Gómez tendrá una participación importante. El asunto del tratamiento a los caídos formó parte de una significativa controversia entre las filas más puristas de la Falange y las jerarquías de la Iglesia. El conflicto estaba en establecer si lo prioritario era el haber muerto por España y su unidad o, por el contrario, en defensa de la sagrada religión católica. Esto último,

[30] AGA, caja 3 42-4841. De Romero Torres a José Gómez del Collado.

[31] Diario *ABC*, 25-02-1940.

[32] Serrano Suñer, 1977, p. 260.

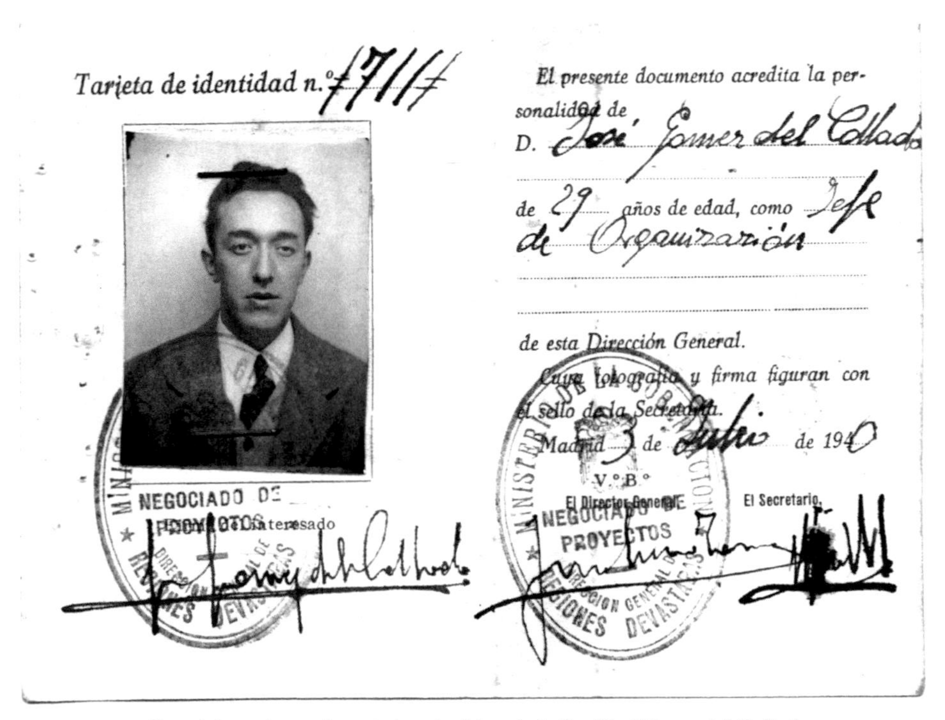
Tarjeta de identidad n.º

El presente documento acredita la personalidad de D. José Gómez del Collado de 29 años de edad, como Jefe de Organización de esta Dirección General.

Cuya fotografía y firma figuran con el sello de la Secretaría.

Madrid 3 de Julio de 1940

V.º B.º

El Director General

El Secretario

El interesado

NEGOCIADO DE PROYECTOS

Carné de regiones devastadas. Archivo de la familia Gómez del Collado.

según la Iglesia, era lo que otorgaría el auténtico calificativo de mártir. Zira Box ha estudiado detenidamente el asunto en la segunda parte de su tesis doctoral *La fundación de un régimen. La construcción simbólica del franquismo*.[33]

La posición privilegiada que adquiere Gómez hace que su colaboración con el organismo se incremente en las semanas siguientes. En julio recibe un carné de «jefe de Organización».

Poco después de la entrega del premio, Regiones Devastadas empieza a publicar una revista que se denominó *Reconstrucción*. El primer número saldría en abril de 1940 y su periodicidad sería mensual. En una especie de editorial que encabeza el número 1, se expone brevemente una explicación del organismo, su estructura, sus bases legales y la propia razón de ser de la revista:

> El traer a las páginas de este primer número de RECONSTRUCCIÓN la somera exposición que antecede, al mismo tiempo que nos sirve de presentación a nuestros lectores, lo consideramos como obligación preliminar para el cumplimiento del fin esencial

[33] Se publicaría en 2010 (Box Varela, 2010).

que con esta publicación nos proponemos, cual es que se conozca, con la precisión de la realidad, la importancia de los daños sufridos y pueda seguirse paso a paso la reconstrucción de los mismos. Estamos seguros [de] que ello ha de servir de orgullo y estímulo patriótico a todos los españoles que, agrupados en torno a nuestro invicto Caudillo, y obedeciendo con disciplina militar sus órdenes y consignas, soñamos con la España una, mejor y más justa, por la que tantos héroes y mártires dieron su preciosa vida.[34]

Sin embargo, como señala acertadamente Carla Ruesga,[35] ni la DGRD ni su órgano de difusión, la revista *Reconstrucción,* se ciñeron a esto. Se impulsaron otros objetivos muy diversos: las pretensiones del cuerpo de arquitectos, las políticas económicas del Régimen, su visión del mundo rural o el urbanismo. También ocuparía un lugar importante el sentido ideológico de la ruina y otros aspectos propagandísticos. La revista se estuvo publicando hasta 1956. En marzo de ese año salió el último número, el 133. Al año siguiente, el organismo fue disuelto, aunque algunas de sus competencias pasaron al Ministerio de la Vivienda.

A través de la revista tenemos referencias de la relación de Gómez con Regiones. Sin duda, una de sus habilidades apreciables era la de ser un excelente dibujante. Seguramente esa condición brilló en la obtención del premio antes aludido. Gracias al dibujo aparece con firma en el segundo número de la revista.

Casualmente dedica la portada[36] y los dos primeros reportajes a la «Grandiosidad épica e histórica de la destrucción de Oviedo».[37] Relatada con el tono poético que promete el título por el periodista y profesor Evaristo Casariego, otros aspectos más técnicos pueden encontrarse en *Reconstrucción de Asturias*[38]. El dibujo de Gómez aparece en un artículo de José Menéndez Pidal y J. Quijada: «Estudio de un pueblo adoptado. Brunete». El reportaje mantiene un tono bastante facultativo y se acompaña de planos y dibujos del proyecto. En la penúltima página, la 32, aparece, ocupándola por completo, el dibujo de Gómez. Auténtica contrapartida al tono aséptico del texto, subrayando el doloroso sentimiento de la destrucción –que habían practicado las hordas rojas-, y la esperanza que trae el nuevo estado. No debemos olvidar que, aunque Belchite era considerada símbolo de la población destruida en la guerra, Brunete, a solo 28 kilómetros de Madrid, es otro de los clásicos. Tras el nombre del pueblo, está una de las batallas más sangrientas de la

[34] *Reconstrucción,* n.º 1, p. 5.

[35] Ruesga Ortuño, 2016.

[36] *Reconstrucción,* n.º 2, portada, dibujo de la Torre de la catedral de Oviedo destacando sobre ruinas, dibujo firmado por Aristizábal.

[37] Ibídem, pp. 5-11, artículo de J. E. Casariego.

[38] Ibídem, pp. 12-17, artículo del arquitecto Miguel Beascoa.

Brunete en ruinas. Dibujo de José Gómez del Collado.

Guerra Civil, lo que convierten a sus ruinas en heroicas. Su reconstrucción ocupará un lugar preferente en la exposición que el propio Gómez está preparando en esos momentos. El dibujo muestra, en primer término, bien iluminada, a una pareja de jóvenes, ella con un recién nacido al que amamanta, ante la expectativa del padre. Es el futuro, es la nueva vida y la esperanza que aporta el flamante régimen que reconstruye. Al fondo, en tonos sombríos, un dramático claroscuro muestra las ruinas sembradas por el mal de un pasado que no ha de volver.

El gran salto adelante vendría a continuación. Para el verano de ese mismo año 1940, se planea realizar una gran exposición promocional sobre la obra y los proyectos de Regiones Devastadas. No conviene olvidar que la propaganda es una de las atribuciones del ministerio. El encargo de preparar dicha exposición recae nuevamente sobre un escogido grupo de estudiantes de arquitectura, todos ellos dirigidos por José Gómez del Collado.[39] La exposición se instaló en el Palacio de Bibliotecas

[39] Revista *Reconstrucción,* n.º 3, p. 30.

y Museos, el de la Biblioteca Nacional y El Museo Arqueológico. La inauguración oficial tuvo lugar el 14 de junio, justo con las tropas alemanas entrando en París. El mismo día en que, ante la apariencia de que el triunfo del Eje parecía asegurado, aprovechando la confusión internacional, tropas españolas tomaron la ciudad de Tánger.

La prensa[40] se hizo abundante eco de la exposición organizada para mostrar al público la labor realizada. También de las propuestas de futuro en la reconstrucción de los pueblos y ciudades «destrozados por la barbarie marxista».[41] Gómez estaba, sin duda, poniendo la primera piedra de la que después sería su exitosa carrera como organizador de eventos de este tipo; recibió elogios como el siguiente: «el acto revistió inusitado esplendor», ante una muchedumbre congregada en la avenida, incluyendo el despliegue de un regimiento con bandera y banda de música, varias centurias de FET de las JONS, de la OJE (Organización Juvenil Española) y la Sección Femenina, todos con sus correspondientes banderines, banderas y guiones, de modo que el aspecto del lugar era «sencillamente magnífico». La fachada estaba recubierta de tapices y colgaduras. Antes de la llegada del Caudillo, asistieron muchas autoridades del partido, de la Iglesia, el ejército, el gobierno y embajadores como el de Alemania. A las ocho de la tarde llegó Franco y fue recibido con vítores. El acto consistió en un discurso de Serrano Suñer. Achacó toda aquella destrucción no solo a los efectos de la guerra, sino también a la «anarquía, el desgobierno, la desidia y el abandono colectivos de la zona roja».[42] Cifró en tres mil millones de pesetas el monto de la destrucción. Recordó, sin rubor, que la iniciativa del esfuerzo reconstructor había sido suya y de sus colaboradores. Para finalizar, proclamó su satisfacción por lo realizado y su capacidad de seguir adelante «sin desmayo». Tras el discurso, Franco dio por inaugurada la exposición. El Caudillo, seguido de los invitados principales, recorrió las salas escuchando las explicaciones de Moreno Torres y otras autoridades.

Reconstrucción, la revista de la DGRD, dedica su número 3, publicado en julio como extraordinario, a la exposición. El contenido en sus primeras páginas son comentarios sobre el público y la llegada de autoridades, así como el discurso íntegro de Serrano Suñer. Contiene abundante material fotográfico y en su parte final se recogen comentarios de la prensa. Las páginas centrales del ejemplar se dedican a

[40] Diario *ABC,* 15-06-1940, *LVE,* 15-06-1940.

[41] Por muy comentado que esté, no podemos evitar resaltar la paradoja de que, entre los pueblos «adoptados» por el Caudillo, que habían sido arrasados por la barbarie, figuren poblaciones tan significativas como Guernica, cuya destrucción, sobradamente conocida, fue llevada a cabo por los bombardeos de la aviación alemana al servicio del general Franco, en la que, según el folleto explicativo de la propia exposición, «fue destruido un 75 % del lugar, y necesitó la reconstrucción de 1500 viviendas» (Anónimo, 1940).

[42] *ABC,* 15-06-1940.

un largo artículo que va de la página 13 a la 30, con imágenes intercaladas, firmado por José Gómez del Collado y titulado «La Exposición».[43] También se editó un folleto explicativo[44] en el que no figuran nombres de autores, pero que, por similitud al texto firmado, cabe suponer que es también obra de Gómez.

El texto aporta algunos elementos interesantes para entender al José Gómez del Collado de ese momento. El joven aprendiz de arquitecto ha asimilado bien el lenguaje y la retórica de la Falange y del hombre fuerte del momento. Arranca el prefacio del texto: «Habrá siempre, para las empresas de los españoles, rumbos claros de fe en la carta de marear de la Historia. Y qué bien les va».[45]

No faltan los símiles militares para aludir a la jerarquía, agradeciendo la elección que ha hecho. También se recuerda como «maliciosos» a los que, seguramente, no estaban de acuerdo con la designación.

> Y cuán consecuente es España en su constancia de este culto. Hoy —como ayer nuestros capitanes—, el director general de Regiones Devastadas no solo pone la reconstrucción de España en manos de técnicos jóvenes; confía a un grupo de alumnos de Arquitectura proyectar la Exposición que ha de llevarla a conocimiento de los españoles. Pudo emplear experiencias liberándose de los riesgos de toda empresa, y prefirió los riesgos del entusiasmo, porque es patrimonio de los fuertes. A nosotros, que llegamos a la Dirección por un concurso, y nos vamos de ella con hondas satisfacciones, no nos privarán los maliciosos —con lente de beneficios— de otra más: decirlo.[46]

Tras esta introducción se centra en justificar los criterios adoptados. Valora mucho el uso del color en el conjunto de la exposición. Debió de haber ciertas discrepancias en las que el joven Gómez habría sacado adelante sus propias ideas en aparente confrontación con otras adversas. Se percibe en el lenguaje vehemente, siempre plagado de retórica grandilocuente.

Seguramente hubo presiones para crear un ambiente de misticismo al que se enfrenta Collado con argumentos «mesetarios», pero negándose a aceptar una Castilla «cuadrada y triste» y proponiendo una fuerte y «risueña, porque solo los fuertes saben reír». Efectivamente, como se puede comprobar desde la sala inicial, sala de información, el estilo es rotundo, firme y espectacular. Junto a espacios sobrios se despliegan frescos e imágenes coloristas que dan al conjunto un aire solemne pero alegre.

Gómez defiende el empleo del color con diversos argumentos. Resulta coherente

[43] Gómez del Collado, 1940.

[44] Anónimo, 1940.

[45] Gómez del Collado, 1940, p. 13.

[46] Ibídem. Plural mayestático, dado que el concurso lo ganó él solo.

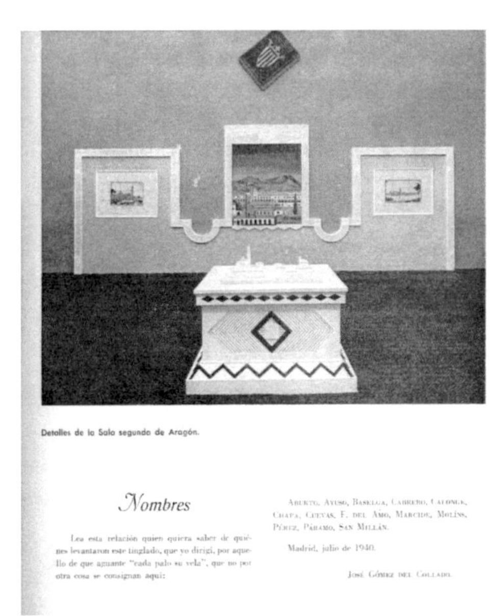

Reconstrucción, n.º 3-6-1940, p. 29. Detalles de la Sala segunda de Aragón. Nombres…

con su obra madura posterior a 1950 donde la presencia del color en sus edificios es fundamental. Se puede pensar en la fachada del Hostal La Truita de Cangas del Narcea, y otros muchos.

> En la persistencia de la escultura polícroma podemos centrar la característica más acusada de nuestra personalidad. He aquí, pues, que hemos de enfrentarnos con algo consustancial nuestro, el color, como resultado de una manera de concebir el mundo. Hasta cuando nos consumimos en un ideal místico sabemos hacerlo los españoles a todo color. ¿Por qué entonces hemos de desertar nosotros de tan singular fidelidad? Que lo hagan quienes por campos de filosofía ultrapirenaica llegarán a la monotonía insoportable de la falsa pureza.

Recurre a todo tipo de argumentos patrios y tradicionales: «Luz morada, del cristal de las andas o cirios amarillos» o «flores verdes». Pero sobre todo pega un repaso geográfico a la península reclamando su colorido: «tierras amarillas del Campo de Criptana, pardas de Tembleque, verde y cal de Bailén, azul y plata de Altea, esmeralda y rubí de Ampurias». Eso sí, es bastante discreto con su propia tierra asturiana a la que solo alude así: «Por contraste, he aquí la montaña del norte: cuando es dado esperar de verdes profundos del castaño y el roble, y morado y cadmio de retamas».

La conclusión es obvia:

> Si se tratase de llevar esencias del paisaje a una obra que formara en él, diríamos que su impresión fundamental es el color; sin él dejaría de ser donde comienza la existencia. En el Ática y el Nilo, policroman sus templos cuando son ellos y no cuando los trasplantan. ¿Y acaso les envidiamos su luz?
>
> ¿Por qué entonces hemos de traicionarnos precisamente al principio de un camino?

A continuación, enumera la estructura de la exposición, empezando por disculparse ante el planteamiento impresionante del conjunto. «Bien quisiéramos la humildad franciscana, Señor, bien la quisiéramos para nuestra exposición. No pudo ser. Hubo que tener en cuenta aquella jerigonza de cosas. Aquella verja "de gran palacio". Aquella escalera de "gran ópera"».[47]

A la hora de describir diferentes salas, se muestra un poco más sobrio dado que la publicación, bien pertrechada de buena fotografía, hacía que las imágenes hablaran por sí solas. «Si bien es cierto que la fotografía nos priva del color, y no faltará quien lo diga, afortunadamente, nos releva, en cambio, de explicaciones».

En primer lugar hay una sala de información, con una gran mesa central y tres grandes frescos con símbolos y mapas de las zonas destruidas, así como con indicaciones sobre los pueblos que el Caudillo «adoptó» para su reconstrucción. A continuación, hay una sala de estadística, la siguiente es el salón de conferencias y después se llega a las diversas salas, donde se exponen los proyectos de reconstrucción. Están ordenadas con criterio geográfico, empezando por dos salas dedicadas a Aragón, zona especialmente castigada y, por consiguiente, reconstruida. A continuación, varias salas de Castilla y Madrid, Cataluña, Levante, Andalucía y el norte. Una especial dedicada a Brunete subrayando su simbolismo.

En todas ellas el denominador común es una hábil mezcla de imágenes, planos y maquetas en los que se evidencia el esmero y el conocimiento del grupo de estudiantes de arquitectura. Evidentemente el propio Gómez es consciente del éxito logrado. A celebrarlo y contar sus esfuerzos dedica los últimos párrafos de su escrito.

[47] Ibídem. Como se ha dicho, la exposición se realizó en el Palacio de Biblioteca y Museos Nacionales, el edificio que hoy ocupan la Biblioteca Nacional y el Museo Arqueológico Nacional. Algunas de sus salas se utilizaban para exposiciones temporales, como la aludida más adelante en este mismo escrito, y allí se albergó durante mucho tiempo el llamado Museo de Arte Moderno. Precisamente, José Luis Fernández del Amo, uno de los, entonces, estudiantes de arquitectura que colaboró con Gómez del Collado en esa exposición, logró que mediante Decreto de 9 de octubre de 1951, el Museo de Arte Moderno fuera dividido en dos, el Museo Nacional de Arte del siglo XIX y el Museo Nacional de Arte Contemporáneo; sin variar de ubicación, el Museo de Arte Contemporáneo se mantuvo en la parte baja de la sede y el del XIX en la alta. Fernández del Amo fue su primer director, cargo en el que permaneció hasta 1958. El acceso se hizo por la gran escalinata de Recoletos «escalera de "gran ópera"», la del actual acceso a la Biblioteca.

Destacan las premisas de falta de tiempo que les obliga a trabajar con rapidez y eficacia:

> En abril de 1940, hace aún pocos meses, se creó la Dirección General de Regiones Devastadas, y ya es posible llevar a conocimiento de los españoles la inmensa obra de reconstrucción; es entonces cuando se piensa en la Exposición, que se abrirá al comenzar junio. Terminaba por aquel entonces de cerrar sus puertas una exposición de dibujante el Museo de Arte Moderno, y allí vamos con nuestros bártulos. Ya entrado mayo nos entregan el edificio. En veintitantos días hay que proyectar y llevar a cabo las obras, más la presentación del contenido. Frescos, grabados, pinturas y maquetas han de salir de aquel enjambre de nobles oficios que se reúne. Y también del artesano.

Esta probada capacidad para trabajar bajo presión y realizar con éxito obras en tiempos récord, sería escuela y trampolín para los siguientes años de la carrera de Gómez, los que lo convertirían en el gran arquitecto jefe de actos de la Vicesecretaría de Propaganda. En todo caso, reconoce que los medios no le faltaron.

> Centenares de albañiles, pintores y carpinteros trabajan de día y velan de noche. Hay que arreglar cubiertas, tender pisos, levantar infinidad de tabiques y falsos muros, poner techos, transformadores, instalaciones, ventilación y escayola, mucha escayola. Y después, las muestras de color, aquel inefable rito de los maestros pintores.

Es importante sopesar quiénes eran sus compañeros en la Escuela Superior de Arquitectura de Madrid que colaboraron en el proyecto. Gómez los enumera al final del texto y en la lista aparecen algunos de los nombres que modernizarían la arquitectura española en los años siguientes. Entre otros, Rafael Aburto que realizaría junto con Cabrero la Casa Sindical de Madrid —ahora Ministerio de Sanidad— en 1949; Francisco de Asís Cabrero, coautor de la Casa Sindical y autor del Recinto Ferial de la Casa de Campo en Madrid, en 1959; José Luis Fernández del Amo, que haría una larga carrera con notables construcciones en Regiones Devastadas; Martín José Marcide Odriozola, autor de importantes hospitales, entre ellos el de La Paz en Madrid; Eusebio Calonge Francés; José María Chapa y Juan Pérez Páramo.

Pero al final de la redacción, tras anunciar que el proyecto se terminó a tiempo para el 14 de junio, día inaugural, y tras la lista de todos los alumnos, comenta: «Lea esta relación quien quiera saber de quienes levantaron este tinglado, que yo dirigí, por aquello de que aguante cada palo su vela, que no por otra cosa se consignan aquí».[48] Figura su nombre, José Gómez del Collado. Volaba alto, una prometedora carrera se abría ante él.

[48] Ibídem.

Franco atiende a las explicaciones de Moreno Torres. En segundo término, Gómez del Collado, segundo por la derecha.
Foto de Martín Santos Yubero.
Se publicó en *Reconstrucción*, n.º 3.

En ese número de la revista hay unas reveladoras foto. Moreno Torres, director general de Regiones Devastadas, presenta la exposición al Caudillo, el joven arquitecto cangués, a solo unos pocos centímetros del poder, mira orgulloso a la cámara.

La exposición tuvo un notable éxito. Además de las virtudes políticas y económicas, también se realzó el aspecto técnico y estético. Según *Arriba,* diario oficial de FET de la JONS, «el esfuerzo y la sabiduría de jóvenes arquitectos, ingenieros y técnicos de la nueva España falangista, en su mayoría camaradas del SEU, ha creado, bajo la dirección de Regiones Devastadas, ese mundo asombroso de trabajo y estudio que jamás hasta hoy ha conocido España».[49]

En el semanario *Tajo,* dirigido entonces por Alfredo Marquerie y en el que colaboraban, entre otros, Xavier de Echarri, Giovanni Papini, Laín Entralgo, Gerardo Diego, Sánchez Mazas y Luis M. Feduchi, publicó un artículo firmado por Santos Alcocer.[50] Calificaba la exposición de magnífica y destacaba el que se hubiese reali-

[49] *Arriba,* 15 de junio de 1940.

[50] *Tajo,* 22 de junio de 1940, páginas 4 y 14.

zado «con vertiginosa rapidez y acierto en poco más de tres semanas», mostrando, «en un auténtico alarde de la capacidad de nuestros técnicos, un informe gráfico de aplastante elocuencia sobre lo que es y lo que importa de la reconstrucción de España». Por su parte, Francisco de Cossío[51] desde *ABC* escribía: «la Exposición de la Reconstrucción de España es algo más que una demostración de arte, de técnica y de trabajo; esta Exposición lleva dentro de sí un impulso de creación nacional. Plásticamente, vemos en ella presentado un anhelo restaurador, que puede aplicarse no solamente a las formas, sino a las esencias».

Fernando de Igoa del *El Correo Catalán*[52] de Barcelona resaltaba que el numeroso público que visitaba la exposición «se asombra en primer lugar, de la magnífica instalación que se ha llevado a cabo para el adecuado montaje de gráficos, planos, maquetas, etc.». Pero además incide en el aspecto estético: «el gusto artístico, sobrio y moderno ha presidido la disposición y ornamentación de sus grandes salas: esculturas, pinturas murales, decoración de paredes, de puertas, de techos..., conjugando todo ello con una técnica lumínica muy cuidada, dando por resultado un conjunto que, tomando de los estilos tradicionales lo básico y fundamental, ha sabido estilizarlo con un sentido muy actual y del mejor gusto decorativo».

Sin duda la mejor felicitación, aunque transmitida a través del director general Romero Torres, le vino directamente del ministro Serrano Suñer, que en ese momento y en los próximos meses será el auténtico número dos del país.

> Tengo la satisfacción de comunicarle mi felicitación, que le trasmito por encargo expreso del Excmo. Sr. ministro de la Gobernación, ratificando la que de palabra le hizo por el éxito alcanzado por Vd. en la dirección y ejecución de la exposición nacional de la reconstrucción de España. / Madrid a 2-9-40. / EL DIRECTOR DE REGIONES DEVASTADAS.[53]

De 1941 se conserva un folleto de propaganda[54] que lleva por título *Tres Pueblos en Castilla,* con un gran dibujo en la portada. Es una publicación de gran formato, 43 × 32,5 cm, desplegable. Consta en total de seis planchas donde se combinan textos y fotografías. Al pie de la página cinco, leemos: «Texto, dibujos y composición de José Gómez Del Collado». Utiliza citas de clásicos como Góngora o Valle Inclán y, nuevamente, la retórica poética del falangismo. El texto alude en primer lugar al ministro y lo enlaza directamente con la exposición de junio de 1940.

[51] *ABC,* 19 de junio de 1940.

[52] *El Correo Catalán,* 21 de julio de 1940.

[53] AGA, caja 3 42-4841. De Moreno Torres a José Gómez del Collado.

[54] Gómez del Collado, 1941.

Terminaba aquella febril singladura de los proyectos, diciendo Serrano Suñer en la Exposición de junio: «La reconstrucción nacional ha sabido desprenderse del lastre de la inercia secular. Y del dicho al hecho, el trecho difícil del gran camino de expresión vital: construir».

Algo que llama la atención tras el paso del tiempo es que son pueblos reconstruidos para usos netamente agrícolas, como Gómez proclama solemnemente. Uno de los pueblos era Brunete, que aún hoy conserva algunas trazas de aquella reconstrucción. Pero los otros dos son ¡Las Rozas y Majadahonda!, cuyos usos agrícolas en la actualidad han quedado bastante difuminados. Al lado de las fotografías, Gómez se atreve incluso con la poesía: «Tienen ya tejados las viviendas / Establos y bardas las contemplan».[55] O «Corrales que esperan / Gallinas y aperos. / Y en lo alto los graneros».[56]

El conjunto es un tríptico que pliega hacia dentro y aprovecha varios reportajes fotográficos de la evolución de las reconstrucciones en los tres pueblos cercanos a Madrid: Brunete, Las Rozas y Majadahonda. Entre las fotos no falta una de Serrano Suñer y séquito haciendo una visita de inspección en Las Rozas. Las imágenes, entre abril de 1940 y marzo del año siguiente, muestran el ritmo de progreso y cumplimiento con las ejecuciones prometidas. El final vuelve a ser exaltadamente poético:

Otro fue el destino, castellano de los calveros y trigales cenceños de tu heredad. Les estaba reservado revivir campañas de aires antiguos. Abre hoy tu nueva puerta, busca tus soles amigos, porque de quesos y mostos espera tu nueva casa los aromas. Y en tu apasionada austeridad tendrás, como antes, un Cristo en tu cabecera de cama de siete colchones, y en tu cómoda panzuda, si no holandas y ricos brocados, que no necesitas, tendrás, castellano, tu ajuar.

Planta tu parra, y tus altos chopos peinen aires altos, de neblí. Destierra de tus campos la tristeza amarilla. Vuelve a cobrar tu sonrisa de viejo teólogo en el aire galán de tus bienandanzas, en bautizos con albas y rizados roquetes de monja, que perduren las antiguas virtudes en nombres de los santorales, que darás, tú, penitente del yerno, que vuelves en la marcha solemne de tus ganados. Vuelvan tus mulas pardas a tus sementeras, y a las zarzas floridas de tus peñas grises, tu perdiz. Vuelva al campanario la cigüeña. Cuando a tu nueva casa, castellano, vuelves tú.

El trabajo realizado para la DGRD hubo necesariamente de compaginarse con los estudios académicos. Aprobó el tercer año en el curso 1940-1941 y el cuarto año,

[55] Ibídem. Junto a la foto de agosto de Brunete.

[56] Ibídem. Junto a la foto de enero de Brunete.

en 1941-1942. Sin embargo, aquí se plantea una duda. En julio de 1942 elevó una instancia al ministro de Educación Nacional. En ella comunicaba que habiendo terminado todos los estudios reglamentarios que comprende la carrera de arquitecto, deseaba obtener el título profesional. Adjuntaba a la instancia los justificantes de pago de los derechos correspondientes. El documento está fechado el 21 de julio de 1942. Sin embargo, según el resumen de su expediente, que viene firmado por el secretario de la ESAM Luis Mosteiro, en agosto de 1943, aún habría de realizar un quinto año en el curso 1943-1944. Quizás esta aparente contradicción se explique porque las asignaturas cursadas en ese quinto año aparentan ser de relativa importancia: Arquitectura legal, Economía Política, Urbanología, Historia de la Arquitectura y Proyectos Arquitectónicos. En todo caso, en el resumen de su expediente, que figura en el Archivo General de la Administración,[57] aparecen otros dos documentos al respecto. Uno de la Escuela Superior de Arquitectura de Madrid, firmado, una vez más, por el catedrático-secretario Luis Mosteriro, con fecha de 8 de enero de 1944. En él se certifica que José Gómez del Collado ha abonado en esa fecha la cantidad de cinco pesetas en metálico, cumpliendo así la orden ministerial para que le sea impreso el título. Otro más de la Subsecretaría de títulos del Ministerio de Educación Nacional del 26 de febrero de 1944, en el que se da cuenta del recibo del expediente del director de la Escuela de Arquitectura para que se le pueda expedir el título. En uno de los márgenes, con firma de un tal Jesús Rubio, se lee «Expídase» y más abajo «Expedido en 26 de febrero de 1944», fecha que cabe aceptar como la oficial de su titulación.

Entre el verano de 1940, en el que Gómez aparece bien instalado en Regiones Devastadas, hasta esa solicitud de título del verano de 1942, se van a producir una serie de cambios en la alta política del país. Cambios que afectarán a los espacios administrativos en los que se va a plantear su futuro inmediato.

El avance de las tropas alemanas en el occidente europeo parecía irresistible. El mismo día de la inauguración de la exposición de Regiones Devastadas, como se ha dicho, los alemanes entraban en París. Pocos días después, Francia firmaba el armisticio reconociendo *de facto* la invasión alemana y aceptando la partición del país con el gobierno títere de Vichy. En mayo ya habían sido conquistadas Holanda, Bélgica y Luxemburgo, mientras que las ciudades inglesas eran bombardeadas sistemáticamente. Con la entrada en guerra de Italia, el Eje avanzaba en el norte de África y en los Balcanes. Según algunos autores,[58] es el momento en el que Franco estuvo más cerca de entrar en la guerra. En todo caso, el inevitable acercamiento

[57] AGA, caja 31-1801.

[58] Por ejemplo, Tuñón de Lara, 1980, p. 174, o Payne, 1992, p. 53.

de posturas al Eje requería un cambio en el Ministerio de Asuntos Exteriores. En septiembre, Serrano Suñer, siendo todavía ministro de Gobernación, encabezó una delegación española en Berlín, y el 15 de octubre fue nombrado oficialmente ministro de Exteriores. Sustituía al general Beigbeder, de tendencias menos germanófilas, justo a tiempo para acudir a la célebre entrevista de Hendaya entre Franco y Hitler, que tuvo lugar el 23 de octubre.

Con el cambio de ministerio, Serrano se veía obligado a dejar vacante el de Gobernación. Formalmente el propio Franco había asumido la cartera. En la práctica la tarea fue ejercida por un hombre de confianza de Serrano: el subsecretario José Lorente Sanz. De ese modo seguía controlando tanto la policía como la prensa y la propaganda. Desde finales de año esa influencia se reforzaría con el nombramiento como delegado de Prensa y Propaganda de otro de sus próximos: Antonio Tovar, quien ya lo había acompañado en el viaje a Hendaya, aunque no participó en la reunión.[59] Filólogo, lingüista e historiador, era apreciado por Serrano como intelectual de gran valía. Lo consideraba parte del Grupo de Burgos, junto a personajes como Dionisio Ridruejo, Gonzalo Torrente Ballester, Luis Rosales, Pedro Laín, Luis Felipe Vivanco o Leopoldo Panero.[60]

Pero su buena estrella empezó a declinar a partir de la denominada «Crisis de mayo», los primeros días de ese mes de 1941. El día 2 Serrano pronunció un exaltado discurso en Mota del Cuervo reclamando más poder para Falange. El hecho preocupó a los militares, que transmitieron esa inquietud a Franco. El dictador, según Preston, empezó a sopesar la idea, sugerida por los militares, de que Serrano estaba tratando de convertir a la Falange en un partido como el nazi, «maduro para sus propios propósitos».[61] Como reacción, el Caudillo nombró el 5 de mayo al coronel Valentín Galarza, al que el propio serrano calificaba de «hombre muy alejado de Falange»,[62] como ministro de la Gobernación. Su primer cometido fue destituir a algunos de los más fieles seguidores de Serrano, incluyendo a Lorente Sanz, por «defectos en su gestión».[63] Serrano presentó a Franco su dimisión, pero el general la rechazó.[64]

Otra de las consecuencias de la crisis fue el nombramiento de José Luis Arrese para ocupar el cargo de ministro secretario del Movimiento. Esta designación se

[59] Serrano Suñer, 1977, p. 291.

[60] Ibídem, 421.

[61] Preston, 1994, p. 538.

[62] Serrano Suñer, 1977, p. 200.

[63] Preston, 1994, p. 540.

[64] Serrano Suñer, 1977, p. 200.

acompañó, además, del trasvase de todas las competencias de prensa y propaganda del Régimen a dicho ministerio, con la creación de la Vicesecretaría de Educación Popular (VSEP).[65] A este ministro y organismo volveremos en breve, puesto que en él se integraría a partir del año siguiente José Gómez del Collado.

Durante el verano y el otoño de 1941, continuó la hostilidad hacia Serrano por parte de sectores militares, monárquicos y también de la parte del falangismo más afín a Arrese. Este y Carrero Blanco ejercían cada vez mayor influencia personal sobre el Caudillo y, según diversos testimonios, incluyendo los del propio Serrano,[66] malmetían fomentando recelos ante los éxitos personales del ministro. Hay quien atribuye parte de su caída al cambio del transcurso de la guerra mundial, aunque Serrano lo niega categóricamente.[67] El desenlace sería un efecto colateral del llamado «Incidente de Begoña»,[68] a consecuencia del cual los militares le pidieron a Franco que rodaran cabezas. Todos los autores citados están de acuerdo en que el Caudillo, en principio, no pensaba ofrecer la de su cuñado, pero la insistencia de Carrero Blanco acabó con la vida ministerial y prácticamente con toda la vida política de Serrano.

Repasemos ahora brevemente los vaivenes de la organización franquista de la propaganda y del ministro Arrese, a cuyo cargo estará desde 1941 hasta 1945.

Ya en 1936, recién empezada la Guerra Civil, la denominada Junta de Defensa Nacional, creada en Burgos el 24 de julio de 1936 y presidida por el general Cabanellas, anunciaba en su boletín oficial la creación el 5 de agosto de un «Gabinete de Prensa que efectuará los convenientes trabajos relacionados con esa especialidad, la designación de D. Juan Pujol, para que, auxiliado por D. Joaquín Arrarás, dirija la organización y funcionamiento del servicio». El acuerdo de la Junta iba firmado por Federico Montaner.[69] El organismo cambiaría de nombre solo 19 días después, por una disposición del 24 de agosto, y pasa a llamarse Oficina de Prensa y Propaganda. El cambio, sin duda, obedece a un deseo técnico de precisar los campos de influencia. Será el departamento que se encargue de todos los servicios relaciona-

[65] Jefatura del Estado. Ley de 20 de mayo de 1941 por la que se transfieren los Servicios de Prensa y propaganda a la Vicesecretaría de Educación de FET. y de las JONS, que se crea por la presente ley. BOE 22-5-1941.

[66] Saña, 1982, p. 259, también Payne, 1992, p. 60.

[67] Serrano Suñer, 1977, pp. 357-358.

[68] El 16 de agosto de 1942, un falangista, Juan José Domínguez Muñoz, lanzó una granada a la salida de una misa en el santuario de Begoña, en Bilbao. Era una ceremonia organizada por los carlistas y se interpretó como un atentado contra el general Varela, que asistía al acto. El ejército lo consideró como un ataque de Falange y exigió responsabilidades. Puede verse Preston, 1994, pp. 580 y ss.; Payne, 1992; Payne, 1965, p. 228 y ss., etc.

[69] Para los organismos de propaganda en el periodo 1936-1941, véase Pulpillo Leiva, 2014.

dos con la información y propaganda por medio de la imprenta, el fotograbado y similares. También de un elemento que tuvo una gran influencia en la guerra: la radiotelefonía.[70]

Al ser elevado Franco a la Jefatura del Estado el 1 de octubre de 1936, se crea el gobierno, que aún llevará la denominación de Junta Técnica del Estado. La correspondiente ley,[71] en su artículo 4, anuncia la Sección de Prensa y Propaganda. La sección se encajaba dentro de la Comisión —equivalente a ministerio— de Cultura y Enseñanza, presidida teóricamente por José María Pemán. Quizás lo más chocante fue el nombramiento de Millán Astray como jefe de Prensa y Propaganda. Autores como Preston califican este hecho como el más desastroso de todos los nombramientos de esa junta, con una serie de errores, que más adelante Serrano Suñer iría remendando.[72] Millán Astray no solo llevaba la sección como si fuera un cuartel, sino que su actividad más sonada fue el célebre acto del 12 de octubre en el Paraninfo de la Universidad de Salamanca con Miguel de Unamuno como protagonista.

En enero de 1937, seguramente ante la evidente inviabilidad de Astray en el cargo, se producen cambios. Se crea en Salamanca la Delegación de Prensa y Propaganda. Se adscribe directamente a la Secretaría General del jefe del Estado motivada por:

> la gran influencia que en la vida de los pueblos tiene el empleo de la propaganda, en sus variadas manifestaciones, y el envenenamiento moral a que había llegado nuestra Nación, causado por las perniciosas campañas difusoras de doctrinas disolventes, llevadas a cabo en los últimos años, y la más grave y dañosa que realizan en el extranjero agentes rusos al servicio de la revolución comunista, aconsejan reglamentar los medios de propaganda y difusión a fin de que se restablezca el imperio de la verdad, divulgando, al mismo tiempo, la gran obra de reconstrucción Nacional que el nuevo Estado ha emprendido.[73]

Se nombra para dirigirla al catedrático de la Universidad de Valladolid Vicente Gay Forner. Sin embargo, el nombramiento no sentó bien entre los miembros de Falange, que lo consideraban demasiado cercano al ejército y a los monárquicos.

Pronto sería sustituido por el ingeniero gallego Manuel Arias Paz. Desde fe-

[70] Orden del 24 de agosto de 1936. *Boletín Oficial de la Junta de Defensa Nacional de España,* n.º 11, Burgos, 25 de agosto de 1936, página 4.

[71] Ley Estableciendo la Organización Administrativa a la que ha de ajustarse la nueva estructuración del Estado. *Boletín Oficial del Estado,* Burgos, n.º 1, 2 de octubre de 1936.

[72] Preston, 1994, p. 240.

[73] BOE del 17 de enero de 1937. Decreto 180, firmado en Salamanca el 14 de enero.

brero, ya estaba en Salamanca Serrano Suñer y planeaba en el aire el Decreto de Unificación, que se concretaría el 19 de abril. Prensa y propaganda sería uno de los territorios codiciados por el cuñado del general.

En la formación del primer gobierno propiamente dicho de Franco, que nace el 30 de enero de 1938, en Burgos, Serrano Suñer ya se convierte, como se ha dicho, en la figura dominante. Él mismo habría sugerido al general la mayor parte de los ministros,[74] quedándose para sí el de Interior, ministerio que abarcaba política interior, administración, turismo, regiones devastadas y reparaciones, beneficencia y sanidad; además de prensa y propaganda. Inmediatamente se rodeó de sus elementos afines. Tal y como se ha dicho, elegiría como subsecretario a José Lorente Sanz. En marzo Franco nombró, a propuesta de Serrano, como jefe del Servicio Nacional de Propaganda a Dionisio Ridruejo. Otros colaboradores de interés fueron José Antonio Giménez-Arnau como director general de Prensa y responsable de la nueva Ley de Prensa; Antonio Tovar, que se encargaba de la radio; Pedro Laín Entralgo, de ediciones; Luis Escobar, de teatro y o Eugenio d'Ors, de bellas artes. Al terminar la guerra, Serrano realizó algunos cambios. En el verano de 1939, reorganizó la institución denominándola Subsecretaría de Prensa y Propaganda. Nombró subsecretario a José María Alfaro Polanco,[75] escritor y periodista que estuvo en el cargo hasta octubre de 1940. A lo largo de ese año se hicieron algunos retoques. Quizás el más llamativo de todos fue el nombramiento, por una orden de 20 de enero de 1940, como secretario general de Propaganda a Carmen de Icaza León. Por una parte, llama la atención la distinción de una mujer para un puesto de responsabilidad, algo poco habitual en la época. Es cierto que se trataba de una escritora y periodista de bastante éxito implicada en Auxilio Social y en la Sección Femenina de Falange, sin embargo, no deja de crear suspicacias el hecho de que, en esa época, eran bastante conocidas las relaciones extramatrimoniales que mantenían su hermana Sonsoles de Icaza y Serrano Suñer. De esa relación nacería en agosto de 1942 Carmen Díaz de Rivera.[76]

[74] Serrano Suñer, 1977, pp. 255 y ss.

[75] BOE de 27 de agosto de 1939.

[76] Puede verse, por ejemplo, Romero, 2002.

de la ciudad de Málaga durante su mandato como gobernador de la provincia. También en Corella, Navarra, localidad natal de su esposa, donde se retiraría en los últimos años, ya fuera de la política. En la base de datos del Colegio de Arquitectos de Madrid,[80] solo hay alusión a dos obras suyas: dos colegios mayores de la Ciudad Universitaria, ambos en colaboración José Manuel Bringas Vega, el Colegio Mayor José Antonio, 1948 y el Colegio Mayor Santa Teresa de Jesús, 1953. Las fechas de ambos coinciden con su alejamiento temporal de la política activa entre 1945 y 1956. Eso no fue impedimento para que fuese propuesto y admitido como miembro de número en la Real Academia de Bellas Artes de San Fernando, en la Sección de Arquitectura en 1966. Su discurso de recepción se titulaba *La arquitectura del hogar y la ordenación urbana como reflejo de la vida familiar y social de cada época*.[81] Casado con una prima carnal de José Antonio, María Teresa Sáez de Heredia, se afilió a Falange poco antes de empezar la guerra.[82] En 1937, en el proceso de unificación de partidos, abrazó la causa de Hedilla y estuvo a punto de ser fusilado.[83] Pasó un tiempo en la cárcel, pero al salir manifestó su deseo ferviente de colaborar con el Régimen y convenció a Franco, quien, sorprendentemente, lo nombraría en 1939 gobernador de Málaga. Como queda dicho, en 1941, tras la crisis de mayo, pasó a ocupar la cartera de ministro-secretario general del Movimiento, con plenos poderes sobre prensa y propaganda a través de la Vicesecretaría de Educación Popular. Se mantuvo en el cargo hasta 1945, cuando, como ha dicho Javier Tusell, fue cesado por el «cambio cosmético»[84] que exigía el resultado de la segunda guerra mundial. Reaparecería como premio a su fidelidad personal hacia el Caudillo en 1956. Volvería de nuevo a ocupar la cartera de ministro del Movimiento, y después la de Vivienda. En 1960 dejaría los altos cargos, pero continuaría siendo procurador en Cortes y miembro del Consejo Nacional del Movimiento y del Consejo del Reino. Fue uno de los procuradores que se ausentó en la votación en noviembre de 1976 de la Ley para la Reforma Política, promovida por Adolfo Suárez, para liquidar las Cortes franquistas. Murió en su casa de la localidad Navarra de Corella el 6 de abril de 1986. La Ley de la Memoria Histórica ha ido retirando su nombre de las calles de España. La que tenía en Madrid, en el barrio de La Elipa, se cambió por Blas de Otero; la avenida de su nombre en Valladolid fue nombrada como Miguel Ángel Blanco.

[80] COAM, disponible en línea en <http://212.145.146.10/biblioteca/fondos/ingra2014/index.htm#aut.0835>. Última consulta: 14 de diciembre de 2107.

[81] Pardo Canalís y Hernández Díaz, 1984.

[82] Payne, 1987, p. 58.

[83] Serrano Suñer, 1977, p. 191.

[84] Tusell, 2007, p. 164.

Sobre Arrese, a quien se le suele considerar como un personaje más fiel a Franco que a los ideales falangistas, domesticador del partido unificado, se ha dicho mucho y poco bueno.

> La llegada de Arrese a la dirección del partido quedaría altamente reducida en beneficio del propio régimen. Habría, a partir de entonces, mucho partido —un partido domesticado y entregado a Franco—; pero cada vez menos fascismo.[85]
>
> Los modales de Arrese, agradables, aduladores y muy serviles, impresionaron al Caudillo, que le consideró, correctamente, apto del todo para un puesto elevado. Arrese completaría la tarea de burocratizar y domesticar a la Falange, lo que Serrano Suñer nunca había sido capaz de completar. Conservando un radicalismo verbal que gustaba a la vieja guardia, Arrese hizo lo que pudo para acelerar la «compra» y domesticación de los falangistas.[86]

Fue, precisamente, su inicial mentor, Serrano Suñer, quien le dedicó algunas de las palabras más duras para referirse a él como el «arquitecto oscuro».[87]

> Conocí personalmente a Arrese por primera vez cuando al salir de la cárcel vino a darme las gracias por todo cuanto yo había hecho en favor suyo. Era un hombre con un aspecto vulgar.
>
> Arrese —entre otras cosas— cultivó la poesía —su pasión desgraciada— y escribió un largo poema dedicado a José Antonio que envió al periódico *Arriba,* órgano de la Falange, y que quien entonces lo dirigía —Xavier de Echarri, hombre de buen juicio— consideró que no tenía calidad suficiente para ser publicado. Pero tenaz Arrese en sus aspiraciones a la gloria literaria, cuando años más tarde fue ministro, ordenó su publicación al mismo director, que en esta ocasión ya no tuvo libertad para rechazarlo.

Tampoco tiene inconveniente Serrano en reproducir en sus memorias los comentarios más negativos que sobre él hace Ridruejo.

> Le dijo a Arrese ante un grupo y sin rodeos: «No te hagas ilusiones, Franco te ha nombrado porque cree que tienes poco arraigo, porque eres el más dócil e insignificante de los falangistas que tiene a la mano y el más fácil de manejar. Tendrás que contar con ello si no quieres fracasar», y siguió Ridruejo comentando con todos que la mediocridad y falta de calidades fueron la recomendación suprema que decidieron la suerte de Arrese.

[85] Box Varela, 2008, p. 179.

[86] Payne, 1992, pp. 58 y 59.

[87] Serrano Suñer, 1977, pp. 190 y ss.

Se podrían llenar unas cuantas páginas más con este tipo de comentarios sobre el personaje que estaría en la cúspide de la pirámide del sistema oficial de propaganda. Sobre la comentada vulgaridad de Arrese también ha opinado otro de sus críticos implacables, Emmet John Hughes, quien fuera agregado de prensa en la Embajada de Estados Unidos en Madrid desde 1942 a 1946.[88] En su libro *Report from Spain* de 1947, no faltan lindezas acerca de Arrese: «lucía inquietantemente como si fuese el barbero o el sastre del Caudillo, cuya vanidad hubiese sido complacida al ser invitado a un acto de Estado».[89]

La Vicesecretaría de Educación Popular (VSEP) se establece oficialmente por ley en mayo de 1941.[90] En el preámbulo se medita la posibilidad de que llegue a ser formalmente un ministerio independiente, si bien se valora como prematuro. En septiembre se hace oficial el nombramiento del vicesecretario responsable, que recae en la figura de Gabriel Arias-Salgado y Cubas,[91] hombre con fama de católico integrista y de absoluta fidelidad al Caudillo. Raymond Carr cuenta una anécdota sin citar su procedencia:

> Franco había preferido la absoluta lealtad a su persona, a la eficiencia.
> Cada vez que las más absurdas medidas de Arias Salgado (ministro de Información, a cargo de la prensa, la radio y el cine entre 1951 y 1961) eran criticadas, Franco respondía: «Sí, pero me es fiel».[92]

Arias-Salgado, nacido en Madrid en 1904, doctor en Filosofía, permanecería en ese cargo de subsecretario mientras duró el organismo, hasta 1945. En ese periodo y bajo su gestión, se creó la Escuela Nacional de Periodismo, el NO-DO, y las modernas instalaciones de Radio Nacional en Arganda,[93] a las que contribuiría de forma muy directa, como veremos, José Gómez del Collado. Después, en 1951 sería nombrado titular del nuevo Ministerio de Información y Turismo, que comandaría durante una década hasta ser sustituido por Fraga Iribarne.[94]

[88] Hughes se incorporó al servicio diplomático por deseo del embajador Carlton J. H. Hayes, ambos profundamente católicos, como parte de una estrategia del presidente Rossevelt, que consideró que sus creencias religiosas serían bien acogidas por Franco (Pizarroso Quintero, 1998, p. 227).

[89] Hughes, 1947, p. 100.

[90] BOE de 25 de mayo de 1941.

[91] BOE de 8 de setiembre de 1941.

[92] Carr, 1979, p. 671.

[93] *LVE*, 20 de julio de 1944.

[94] Pese a cargos tan notables, no es un personaje muy referenciado en los clásicos de la historia de este tiempo. Al respecto puede verse Vadillo López, 2011.

La Vicesecretaría[95] se estructura de acuerdo con el Decreto de 10 de octubre de 1941.[96] Por el artículo 1 se establecían cuatro delegaciones nacionales, que se correspondían con Prensa, Propaganda, una tercera para Cine y Teatro, y la cuarta Radiodifusión.

La Delegación Nacional de Prensa respondió a las órdenes de Juan Aparicio López. Abarcaba cometidos que iban desde la censura a la depuración de periodistas, pasando por el control de empresas o la asignación de cupos de papel.

Respecto a la Delegación de Propaganda, que es la que afecta más directamente a nuestra investigación, abarcaba: Asuntos generales, Ediciones y publicaciones, Información e inspección y Plástica, si bien, en un principio, aún no quedaba bien perfilado un espacio para actos propagandísticos, que a la postre sería el lugar donde encajase Gómez del Collado. La propuesta le llegó a Arias-Salgado desde El Consejero Nacional en Funciones de la Delegación Nacional de propaganda, en una comunicación de marzo de 1942.[97] En ella se le sugería la creación de una Jefatura de Ceremonial que se encargase del servicio de protocolo, con su correspondiente departamento de estudio de ceremonial antiguo y moderno. Así como otro de estudio y proyección de actos públicos, exposiciones y propaganda plástica. Dentro de él se formaría una Sección de Organización de Actos Públicos y Plástica. La sección tendría su propio archivo, registro administrativo, un negociado de organización de actos público y exposiciones y otro de intervención de actividades plásticas privadas, además de servicio de arquitectura, decoración y fotografía. Por último, debería contar con sus propios almacenes para materiales como tribunas, adornos de locales y calles, etc. En la notificación se proponen cargos, sueldos e incluso nombres. Entre ellos, el arquitecto gallego Germán Álvarez de Sotomayor, los artistas pintores Romero Escassi, Domingo Viladomat o José Caballero, que también trabajaría en decorados de cine y teatro.[98] Arias-Salgado aceptó buena parte de esas sugerencias y contesta al camarada secretario nacional de Propaganda, en un escrito de fecha 20 de marzo de 1942, anunciando la transformación de la sección.

[95] Véase, por ejemplo, Bermejo Sánchez, 1991. En la página 85 lo cita con una pequeña errata como «Luis Gómez Collado».

[96] BOE de 15 de octubre de 1941.

[97] AGA, caja 3-102. El documento lleva una firma ilegible.

[98] Madrigal Neira, 2001, pp. 224 y ss. Esta tesis se convertiría en libro, que mereció el Premio Domínguez Ortiz de Biografías de 2010. En el relato del paso de José Caballero por la subsecretaría, se comenta la anécdota de que uno de los que trabajaron allí algún tiempo, fue quien luego sería popular actor José Luis López Vázquez, miembro de la plantilla del Departamento de Plástica, le expedientaron varias veces por falta de asistencia, por retrasos, y en una ocasión por hacer un desfile de Flechas y Pelayos con los pantalones remangados hasta la rodilla y gorros de papel, como si fueran niños, por todos los despachos de la Delegación.

> A los fines de acercamiento, proyección, informe y dirección de todos aquellos actos públicos de presentación exterior organizados por esta Vicesecretaría a mi cargo, se crea la Jefatura de Ceremonial a la que son asignadas las funciones que a continuación se indican: 1.º Conocer y desenvolver todas las cuestiones protocolarias y de ceremonial en recepciones, desfiles, concentraciones, viajes, recibimientos, obsequios y hospedajes de aquellas personalidades que sean invitadas o intervengan en los actos organizados. 2.º Orientar y preparar inicialmente la organización y presentación de las exposiciones que en España o en el extranjero realice la Vicesecretaría, o en aquellas que esta intervenga de algún modo, aunque la ejecución de los proyectos sea llevada a cabo por la Sección de Plástica de la Delegación de Propaganda. 3.º Orientar y preparar los proyectos de organización, presentación y realización de todas las manifestaciones al exterior de la Vicesecretaría de Educación Popular, desfiles, concentraciones, viajes, etc. 4.º Estudiar las manifestaciones y problemas de ceremonial y tradicional para que sirvan de base al ceremonial del Partido y de todos los actos públicos de carácter político, así como los del Calendario Nacional y normas de procedencia de Autoridades y Jerarquías.[99]

En un segundo escrito[100] con la misma fecha y destinatario, anuncia la creación de una Sección de Organización de Actos Públicos y Plástica, cuya estructura constaría de un negociado de organización de actos públicos y exposiciones y otro de intervención de actividades plásticas privadas. La sección constaría en plantilla administrativa de un jefe de sección, dos jefes de negociado, tres oficiales, dos auxiliares de taquigrafía y otros dos de mecanografía. Además, tendría adscritos a una serie de personal técnico del que se enumera y se indican los salarios. En ella aparecen sin nombres propios un arquitecto jefe retribuido con 15 000 pesetas, un ayudante de arquitecto que ganaría 7200 pesetas y, además, delineante, fotógrafo, decorador, etc.

A la cabeza de la Delegación de Propaganda, Arias-Salgado colocó a Manuel Torres López, abogado y jurista de prestigio que había sido alcalde de Salamanca entre 1930 y 1940, cuando Arias-Salgado era gobernador de la provincia.[101] El secretario general de propaganda era Patricio González Canales, que desde el cargo editó las obras completas de José Antonio.

[99] AGA, caja 3-102.

[100] Ibídem.

[101] Como ha señalado Bermejo Sánchez, 1991, pp. 85, nota 33, en esa época Juan Aparicio era, además, director del diario local *La Gaceta Regional.*

1942. Los comienzos

En este marco y poco antes del verano, José Gómez del Collado solicita documentos que recuerden sus méritos de guerra, probablemente para aportarlos en sus aspiraciones a la plaza que desea en la Vicesecretaría. Nos referimos a la ya aludida certificación de Luys Santa Marina, consejero nacional de FET de la JONS y antiguo jefe territorial de Falange en Cataluña, con fecha de 13 de mayo de 1941,[102] en la que se recuerda su heroico comportamiento en los días finales de la guerra, en Valencia, y su vinculación con el quintacolumnismo.

El 11 de junio recibe su nombramiento, firmado por el propio Arias-Salgado, como «arquitecto de la Sección de Organización de Actos Públicos y Propaganda». En él se hacía constar que el sueldo del «camarada José Gómez del Collado» tendría un haber anual de 16 640 pesetas.[103]

Por esas mismas fechas hemos encontrado un primer documento que muestra a Gómez como miembro activo en la Vicesecretaría. Son unas notas con fecha de 23 de junio de 1942, en las que se especifica que el camarada Collado ha abonado varias facturas, aunque no consta de qué acto se trata.[104]

Como ya se ha comentado, paradójicamente, eleva una instancia[105] al ministro de Educación Nacional, con fecha de 21 de julio de 1942, solicitando su título de arquitecto. En dicha instancia hace constar que su domicilio está en la calle Fernando el Santo, número 14, lo que podría indicar que o bien se había trasladado para estar cerca del trabajo, o bien no tenía domicilio fijo y, por ello, da el de la Subsecretaría, que entonces estaba en esa misma calle.

Solo un par de semanas más tarde se desencadenan los referidos acontecimientos de Begoña y el consecuente fin político de Serrano Suñer. Esto sacaría a la luz lo que, pensamos, era una de las grandes capacidades de Gómez: la habilidad de adaptación a los cambios. En este momento sus jefes son Arias-Salgado y Arrese, el falangismo dócil de Franco, si se prefiere, la *franquización* de la Falange domesticada. El arquitecto de Cangas, como veremos, supo interpretar muy bien lo que había que dar a cada uno en cada momento. Fue de acierto en acierto, hasta cometer su error fatal, pero eso no sucedería hasta seis años más tarde.

El 8 de agosto de 1942, solo un día antes de que el Generalísimo destituyese a su cuñado, Gómez del Collado recibe de José Pajares Miguel, en calidad de jefe de Sección Superior de la Sección Central de la Vicesecretaría de Educación Popular,

[102] AGA, caja 3 42-4841.

[103] Ibídem.

[104] Ibídem.

[105] AGA, caja 31-1801.

una notificación en la que se certifica: «El camarada José Gómez del Collado es jefe de los Servicios Técnicos de Arquitectura de la Sección de Organización de Actos Públicos y Plástica, con jurisdicción sobre todo el territorio Nacional que depende del Ministerio Secretaría General del Movimiento».[106]

Sin duda, se estaba cubriendo la posibilidad de que se desplazase a aquellos lugares del país donde pudiese ser útil la actividad, pero además dejándole las manos libres de injerencias de los jefes provinciales y locales del partido.

De octubre es otro informe que emite la jefatura de Falange de Valencia, y que seguramente era habitual que se solicitase para dar el visto bueno a los nuevos cargos de cierta relevancia. En él, si bien se reiteran sus méritos como destacado quintacolumnista, se le hacen algunos reproches:

> Al anunciar en Valencia la feria de muestras, vino nuevamente el informado a esta para montar los pabellones de la Vicesecretaría de obras sindicales y el de Unión Nacional de Cooperativas del Campo. Con este propósito llegó a la CNS y, en las oficinas provinciales de los mencionados departamentos que en Valencia tiene instalados, dejó unos planos para la construcción de los citados pabellones, no apareciendo más por la casa provincial sindical, por cuyo motivo tuvo esta que encargarse de instalar y costear el pabellón de la Unión Nacional de Cooperativas del Campo. El importe de estas obras ascendió a unas 15 000 pesetas, que según referencias han sido notificadas a la nacional de dicho servicio y cobradas.[107]

En todo caso esos últimos comentarios no debieron dañarle demasiado, ya que en otoño lo vemos desarrollando su cargo con confianza y asegurando diligentemente el cumplimiento de las normas. La documentación lo muestra bien adaptado al lenguaje oficial:

> Madrid, 21 de octubre de 1942. Pahnos Inmobiliaria S. A. Madrid.
> Muy señor mío:
> Le adjunto facturas por trabajos efectuados por esa casa para esta Vicesecretaría de Educación Popular, significándole que para su aprobación es necesario que estas vengan desglosadas por unidades de obra y precios aplicados. Atentamente le saluda brazo en alto.
> Firmado: José Gómez Collado. Jefe del servicio técnico de OAP y Plástica.[108]

[106] AGA, caja 3 42-4881.

[107] Ibídem.

[108] AGA, caja 3 9533.

El primer 20 N

En noviembre intervendría en el primer acto importante del que tenemos constancia. Era uno de los días señalados del «nuevo calendario nacional», el que remarcaba las fechas claves del régimen recién instaurado. Se recogían en un documento de marzo de 1942.

> Estudiar las manifestaciones y problemas de ceremonial y tradicional para que sirvan de base al ceremonial del Partido y de todos los actos públicos de carácter político, así como los de *Calendario Nacional* y normas de procedencia de Autoridades y Jerarquías.[109]

Dicho calendario creado oficialmente por el propio Serrano Suñer[110] ha sido estudiado con detenimiento por algunos especialistas como Zira Box.[111] Incluía, además de las tradicionales fiestas religiosas, otras que exaltaban el carácter nacional o contrarrestaban las efemérides de la recién liquidada República. Se instauraron o reinstauraron la Inmaculada Concepción, como revancha por haberla abolido la República, y Santiago Apóstol, del que se subrayaban sus dotes guerreras. El conjunto se completaba con las fechas propias del Movimiento Nacional. También estaban las fiestas locales o regionales de la *liberación,* que conmemoraban la entrada de los ejércitos franquistas en tal o cual población. Las más importantes tenían carácter festivo en todo el país: el 1 de abril, Día de la Victoria;[112] el 19 de abril, Día de la Unificación, conmemoraba el decreto que unificaba todos los partidos en FET de las JONS; el 18 de julio, obviamente era el Día del Alzamiento y, además, por designación del Fuero del Trabajo,[113] se convirtió en Fiesta de Exaltación del Trabajo. El 1 de octubre se celebraba el enaltecimiento de Franco a la Jefatura del Estado, por lo que se proclamó como Día del Caudillo.[114] Finalmente, el 20 de noviembre se recordaba solemnemente el fusilamiento de José Antonio. Había otras fiestas menores, que no tenían el carácter de no laborable, como el Día del Estudiante Caído, que se celebraba en recuerdo del asesinato de Matías Montero, y que sí era fiesta escolar.

[109] AGA, caja 3 102.

[110] BOE de 13 de marzo de 1940.

[111] Box Varela, 2010, pp. 197 y ss.

[112] No figuraba en el primer calendario; se incorporó por una orden del 18 de marzo de 1940, BOE de 19 de marzo de 1940.

[113] Fuero del Trabajo II-4, BOE de 10 de marzo de 1938.

[114] Al coincidir la fecha con la de la «liberación» de Cataluña, durante los primeros años después de la guerra, las portadas de la prensa catalana se debatían entre la proclamación de uno u otro acontecimiento, haciendo a veces auténticos malabares.

Naturalmente este calendario afectaba profundamente al desarrollo de los trabajos de los Servicios Técnicos de Arquitectura de la Sección de Organización de Actos Públicos y Plástica. La organización de los actos del 20 de noviembre de 1942 ya está rubricada por «el arquitecto» José Gómez del Collado.[115]

La parafernalia de la conmemoración de la muerte de José Antonio fue un ceremonial que se originó a partir de 1938, al cumplirse dos años de su fusilamiento en la cárcel de Alicante. Al año siguiente, el Caudillo decretó[116] que los restos del mártir de la Falange fuesen trasladados desde la ciudad de Alicante a la iglesia del Monasterio del Escorial y que se le concedieran honores de capitán general. El traslado,[117] con características de mistificación religiosa, fue realizado a pie. Durante diez días se recorrieron los 467 kilómetros de distancia, a hombros de falangistas y militares, con relevos cada diez kilómetros tanto de noche como de día. Durante nueve días la comitiva recorrió las provincias de Alicante, Albacete, Cuenca y Toledo, para llegar en la madrugada del 28 al 29 a Madrid. El cortejo atravesó la Plaza de España de la capital a las 11 de la mañana, pasando por lugares significativos como la Cárcel Modelo o la Ciudad Universitaria. A las seis de la tarde del día siguiente fue enterrado en la Basílica del Escorial, lugar donde se rememoraría al mártir cada 20 de noviembre.

A partir de 1942, y hasta 1947, el ritual sería estética y materialmente organizado por Gómez del Collado. En los actos de 1940 y 1941, si bien se ponen crespones en los balcones de la población, o en la lonja, en la gran explanada del monasterio tan solo forman escuadras militares, concretamente, en 1941 el Batallón Ciclista, que tenía su acuartelamiento en el lugar. Si observamos las imágenes de la prensa en las ceremonias de esos dos años previos a la primera intervención de Gómez, lo habitual era mostrar la llegada de Franco y de otras autoridades al lugar. Pero en 1942 se abre el plano, y probablemente no por casualidad. Sin duda, los fotógrafos habían advertido la profusa decoración de los muros.

Este va a ser uno de los escenarios preferidos de Gómez, al que volverá cada 20 noviembre hasta en cinco ocasiones más. El lugar es magnífico, solemne y majestuoso. Probablemente pasarían por su cabeza las imágenes de los actos grandiosos celebrados en el Foro Mussolini o las grandes reuniones nazis que con tanto esmero había filmado Leni Riefenstahl.

Gómez es consciente del elevado coste de lo que proyecta. En el detallado presupuesto[118] para justificar las 198 983,77 pesetas que costará el acto destacan una serie

[115] AGA, caja Cultura 126.

[116] Decreto de 9 de noviembre de 1939, BOE 17 de noviembre de 1939.

[117] Puede verse el minucioso artículo de Box Varela, 2005.

[118] AGA, caja Cultura 126.

DIARIO ILUSTRADO DE INFORMACION GENERAL. 25 CENTIMOS

ABC

FUNDADO EN 1905 POR D. TORCUATO LUCA DE TENA

EN EL V ANIVERSARIO DE LA MUERTE DE JOSE ANTONIO

S. E., el Caudillo de España y jefe nacional de Falange, Generalísimo Franco, presidió ayer los solemnes y emocionantes funerales celebrados en la Basílica de El Escorial por el alma del Fundador. El Jefe del Estado, en el momento de salir del Monasterio, acompañado del ministro secretario del Partido, Sr. Arrese. (Foto Zegri.)

DIARIO ILUSTRADO DE INFORMACION GENERAL. 25 CENTIMOS

ABC

FUNDADO EN 1905 POR D. TORCUATO LUCA DE TENA

Duelo nacional en el VI aniversario de la muerte de José Antonio

S. E. el Jefe del Estado, Jefe Nacional de F. E. T. y de las J. O. N. S., depositó sobre la tumba de José Antonio, en el VI aniversario de su muerte, una corona de laurel, ofrenda votiva de España al Fundador. Fué un acto lleno de grandeza y emoción, en el marco único escurialense, relicario de nuestras glorias. Recogemos en esta página el momento de la llegada de Su Excelencia, seguido del Gobierno y las jerarquías, y el instante en que el Caudillo deposita la corona sobre el sepulcro. (Fotos Zegri.)

Portadas de *ABC* del 20 N de los años 1941 y 1942. En la del 42, no ha pasado desapercibido para el fotógrafo el muro engalanado con crespones y los coros de monaguillos. Era la primera intervención de Gómez en este ceremonial.

de elementos: los costes de los mástiles y cruces, los pedestales para colocar a los coros, los graderíos, las tribunas, los gastos de transporte y los jornales para los 50 hombres que harán el trabajo. También figuran los desplazamientos y estancia del personal técnico. Todo se justifica por su «significación, su emplazamiento y sus extraordinarias dimensiones, que arrojan una inmensa cantidad de unidades en todos los elementos ornamentales a emplear, cantidad impuesta por dichas dimensiones».

Solicita que los elementos que figuran en el proyecto sean construidos exclusivamente con tela, madera y hierro, desechando los de fábrica o de escayola que, «aparte su precaria nobleza, no serían recuperables en su integridad». Destacan los dos estrados de tres peldaños de 3 metros de fondo y 60 de largo respectivamente, que se encuadran en el Patio de los Reyes para la colocación de los coros de religiosos. El empleo de figuras humanas en este tipo de actos es uno de los elementos preferidos de Gómez.

Recogía una larga tradición histórica, con épocas de especial esplendor, como el barroco o los sistemas totalitarios del siglo xx. El uso de *arquitecturas humanas*, utilizando las masas compactas o destacando elementos aislados para marcar lugares significativos, será una constante en sus creaciones.

Mástiles, doseles, timbales… Foto: Vidal para EFE.

El éxito de la experiencia fue arrollador. La prensa se entusiasmó ante el nuevo sesgo que había tomado esta celebración. A la ya aludida diferencia en las informaciones gráficas, se unen los comentarios que relatan el acto. *ABC* hace una descripción bastante detallada de la decoración:

> En la lonja se habían levantado cruces y mástiles negros que portaban coronas de laurel. Treinta y dos doseles de igual color y altura eran ocupados por timbales. […].
>
> En el lateral derecho había sido colocada una tribuna doselada por la que entró el Caudillo. Al final de la lonja, se hallaba instalado un severo altar, ante el cual estaba colocada la monumental corona de laurel cuya ofrenda ha sido transportada a pie por la Falange desde Madrid […]. En los laterales de la ancha calle que formaban las cruces y mástiles, concentraciones falangistas ocupaban los lugares destinados al mando. En el eje de simetría con la puerta de entrada al Patio de los Reyes, se levantaron cuatro severísimas tribunas ocupadas respectivamente por la Sección Femenina, División Azul, Vieja Guardia y Frente de Juventudes. El Patio de los Reyes, de soberana grandeza sencilla, había sido adornado con inmensos lienzos negros ribeteados de amarillo cubriendo las paredes. Sendas cruces sobre pirámides completaban el decorado. En dicho patio se hallaba la capilla coral de la basílica y delante de ella la representación de las órdenes religiosas. El interior del templo estaba asimismo adornado con gran severidad.[119]

[119] *ABC*, 1942-11-21.

Pero es el cronista de *La Vanguardia* quien más claramente insiste en la novedad del formato: «La decoración, suntuosa y severa a un tiempo, daba al marco monumental de la lonja un aspecto impresionante de duelo antes desconocido».[120]

Y también describe fascinado el escenario:

> Predominaban altos mástiles, revestidos de negro, con coronas de laurel y parejas de banderas falangistas. Entre ellos se habían levantado 28 estrados, con dosel a cada lado de una calle ancha por la que avanzaría el Caudillo seguido de su Gobierno. Frente a la entrada del Monasterio se abría otra calle con cuatro tribunas. Así ambas calles formaban una cruz. En uno de los extremos de la primera se levantaba una puerta monumental toda revestida de negro, de acceso a la lonja, por la carretera. En el otro extremo había un altar, frente al cual se situó la Vieja Guardia llegada de Madrid con la corona monumental, que más tarde el jefe del Estado y jefe nacional de la Falange depositaría sobre la tumba del Fundador. Por último, completaban la ornamentación de la lonja, sobre los estrados, los timbaleros del Frente de Juventudes, que desde la llegada de los primeros asistentes comenzaron a redoblar sobre los grandes tambores enlutados, a son pausado. En el Patio de los Reyes, a su vez, se veían grandes lienzos negros, que cubrían las paredes laterales por completo. Sobre ellos destacaban aplicaciones doradas y el conjunto significaba el duelo y gloria por la muerte de José Antonio.[121]

Gómez no había descubierto nada nuevo en cuanto a los criterios estéticos generales de este tipo de actos. Cuestiones como la severidad, austeridad, simetría, claridad, ritmo y orden estaban siempre presentes. Quizás él le aportó cierto toque de espectacular teatralidad, que sin duda agradó a quien debía, pues se iría incrementando en actos sucesivos.

1943. Año de triunfos

La Viceconsejería se sentía satisfecha: reconoció y premió la labor del nuevo arquitecto. El 8 de febrero de 1943, Arias Salgado firma la orden por la que el salario del camarada Gómez del Collado pasa a ser de 30 000 pesetas anuales.[122]

En los primeros meses de 1943, se observa un proceso en el que salen a relucir sus altas capacidades de adaptación y su habilidad para encontrar las soluciones a los problemas más diversos. Recibe las instrucciones directamente de Arias-Salgado

[120] *LVE* 1942-11-21.

[121] Ibídem.

[122] AGA, caja 3 42-04841.

o, en ocasiones, del responsable de propaganda Torres López. El 23 de enero presenta sus cartas credenciales el nuevo embajador de Alemania Hans von Moltke.[123] El vicesecretario le comunica en una nota[124] que se ocupe de la ornamentación del trayecto comprendido entre la avenida del Generalísimo[125] y el Palacio de Oriente.

En febrero colaboró en la preparación del Consejo del SEM (Servicio Español del Magisterio) celebrado en Madrid del 1 al 7. Conllevaba una exposición de libros, para lo que hubo que preparar vitrinas, pupitres, banderas, guirnaldas, etc.[126] Por las mismas fechas engalanó los cines Europa y Padilla de Madrid para actos de imposición de medallas a miembros de la Vieja Guardia.[127] También decoró el Teatro Español para los actos correspondientes al Día del Estudiante Caído.[128]

Estos engalanamientos, a lo largo de sus años de permanencia en el puesto, abarcaron los espacios más diversos. Podían ser cuarteles, como el de artillería de Colmenar Viejo para una «entrega de despachos y jura de bandera»[129] en junio de 1944 o para el juramento de la Guardia de Franco.[130] Podía tratarse de la ornamentación de la plaza de toros de Las Ventas, en Madrid, para una corrida extraordinaria que homenajeaba a los excombatientes[131] o de la de una bolera donde se celebró un campeonato nacional de la especialidad.[132]

También podían ser sesudas reuniones intelectuales, como un ciclo de conferencias que organizó la Vicesecretaría «para conmemorar con la debida solemnidad el cuarto centenario del Concilio de Trento».[133] El ciclo se celebró en el «salón de actos de la Delegación Provincial de Educación» (Prado, 21). En realidad, era el local del Ateneo.[134] Abrió las jornadas el obispo Morcillo y seguiría una serie variopinta de

[123] El cometido de este embajador fue muy breve, pues moriría en Madrid el 22 de marzo por complicaciones de una apendicitis. *ABC*, 23-03-1943.

[124] AGA, caja 03 21-1755.

[125] Paseo de la Castellana. Todo él o parte se llamó así desde 1939 hasta 1980. Tuvo varios cambios de nombre, durante la guerra fue la «Avenida de la Unión Proletaria» y en 1911 había sido la «Avenida de la Libertad».

[126] AGA, caja 03 21-1755.

[127] Ibídem y *ABC* 9-02-1943.

[128] Ibídem.

[129] AGA, caja 03 21-2082. Entrega de despacho, jura de bandera cuarteles Colmenar Viejo.

[130] AGA, caja 03 21-2088. Ornamentación para el juramento de la Guardia de Franco en la Plaza de la Facultad de Medicina en la Ciudad Universitaria.

[131] *ABC*, 26 de octubre de 1944, p. 16. AGA, caja 3 21-2086. Ornamentación de la plaza de toros de esta capital con motivo de la corrida extraordinaria celebrada el día 26 a beneficio de los excombatientes.

[132] AGA, caja 3 21-2086. Ornamentación del acto celebrado en la bolera del Colegio Apóstol Santiago con motivo del campeonato nacional de bolos.

[133] *ABC*, 4 de abril de 1945.

[134] En el proyecto firmado por Gómez del Collado se alude a él como «antiguo Ateneo», AGA, caja 03 21-2090. Ornamentación del Aula de Cultura (Antiguo Ateneo) Conferencias sobre Trento.

conferenciantes. Entre ellos destacan Laín Entralgo, que hablaría de «La ciencia de España en Trento», o Eugenio d'Ors, cuya conferencia se titulaba «El arte de Trento». Finalizaban con la disertación del escritor falangista Eugenio Montes que llevaba el rotundo título de «España, Trento y Falange».[135] Para engalanar el lugar, Collado utilizó fundamentalmente una serie de reposteros. Uno de gran tamaño, 4,30 × 4,50 metros, servía de fondo tras la mesa de los oradores. Enfrente, al otro lado de la sala, se había dispuesto una instalación provisional para la proyección de películas. Otros reposteros y guirnaldas verdes se distribuyeron en lugares estratégicos de la sala. Algunos lucían el escudo nacional, otros más pequeños de damasco exhibían el yugo y las flechas. En la fachada, al lado de la puerta se colocó un trío de mástiles de 8 metros con las correspondientes banderas. Para cubrir el camino desde la entrada se utilizaron 30 macetas con plantas y 4 peanas para mástiles y banderas. El gasto total se presupuestó en 3027,91 pesetas.[136]

También fue habitual en su desempeño en la Vicesecretaría que se utilizasen sus habilidades para los fines más diversos como simple arquitecto cuando había que hacer reparaciones o remodelaciones en los propios edificios de la sección. En las oficinas de la calle Monte Esquinza, 2, se hicieron unas reformas para ganar espacio y lograr una distribución más funcional. Afectaban a los departamentos de Censura y Prensa extranjera. También él se encarga de presentar un proyecto para pavimentar un patio exterior del edificio y atajar problemas de humedades.[137] Podía echar una mano en las obras de secciones hermanas de la Vicesecretaría, como el edificio de la Editora Nacional en la avenida de José Antonio,[138] para el que se le reclama atención por parte de su superior Pajares.[139] El mismo jefe le encomienda, en ocasiones, otro tipo de tareas, como el desarrollo de sus habilidades para el diseño gráfico. Realizará la señalética para la verja y el interior de la Vicesecretaría «a fin de que el público, una vez cumplimentado el boletín de visitas, pueda encontrar fácilmente el departamento o servicio que le interesa». También trabaja en el diseño de ciertos productos, como un archivador que planificó para esas mismas oficinas.[140]

[135] *ABC*, 4 de abril de 1945.

[136] AGA, caja 03 21-2090. Ornamentación del Aula de Cultura (Antiguo Ateneo) Conferencias sobre Trento.

[137] AGA, caja 3 49.2-9533.

[138] La Gran Vía de Madrid, que se llamó así desde el 24 de abril de 1939 hasta 1982, año en que siendo alcalde Tierno Galván pasó a llamarse Gran Vía. Antes había tenido diversos nombres, los más curiosos durante la Guerra Civil, en la que un tramo se llamó calle de la CNT; después, en 1937, una parte de ella se llamó Avenida de Rusia y otra Avenida de México (Del Corral, 2002, pp. 214 y 215).

[139] AGA, caja 03 2-1850.

[140] AGA, caja 3 21-1943.

DIARIO ILUSTRADO DE INFORMACION GENERAL. 25 CENTIMOS

ABC

DIARIO ILUSTRADO DE INFORMACION GENERAL. 25 CENTIMOS

FUNDADO EN 1905 POR D. TORCUATO LUCA DE TENA

Su Excelencia el Jefe del Estado inaugura la colonia municipal Moscardó

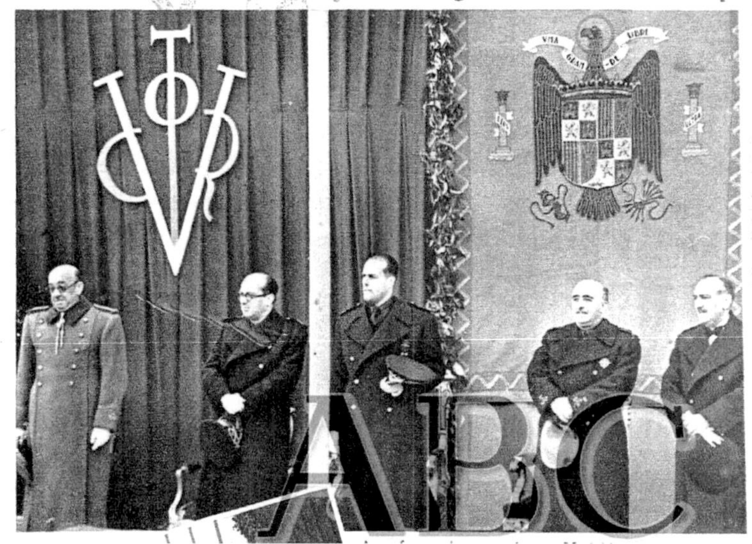

Si al acto está previsto que acuda Franco, el protocolo de ornamentación es más severo y los elementos de adorno más notables. Es el caso de la inauguración oficial del grupo de viviendas General Moscardó, en el barrio madrileño de Usera. Como se puede observar en una imagen del acto publicada en la portada de *ABC*.[141]

A la espalda del Caudillo y las autoridades que le acompañan en la tribuna figura un repostero con el escudo nacional; a su lado y de dimensiones equivalentes, aparece uno de sus símbolos preferidos: el vítor o símbolo de la victoria. El elemento se tomó de la tradición bajo imperial romana. Tras utilizarse en el desfile de la Victoria que se celebró por primera vez en mayo de 1939, fue adoptado desde entonces como emblema personal del Caudillo. Conviene recordar que la autolegitimación tanto del Régimen como de su propio jefatura se basaban en la victoria militar.[142]

[141] *ABC*, 28-02-1943.

[142] Ellwood, 2000.

Tribuna en el Campo Grande. AGA, caja 3 21-01755.

Conmemoración de la fusión de Falange. Valladolid, 5 marzo 1943

En marzo se realizaba otra de las conmemoraciones habituales: la celebración del aniversario de la fusión de la Falange Española de José Antonio con las Juntas de Ofensiva Nacional-Sindicalista (JONS), lideradas por Ramiro Ledesma Ramos. El acto, que habría dado lugar al nacimiento de FE de las JONS, se había realizado solemnemente el 4 de marzo de 1934 en el Teatro Calderón de Valladolid. El hecho confería a la ciudad un cierto carácter de cuna del partido.[143] No asistieron ni Franco ni Arrese, sin embargo, había un cuidado simbolismo en la representación oficial. El evento se celebraba por segunda vez. En la anterior, las únicas jerarquías presentes habían sido el gobernador provincial y el jefe local del partido.[144] En el año 1943 asistieron dos ministros para oficiar el ceremonial. Uno de ellos, el de Agricultura, lo hacía en representación del secretario general del partido de Arrese. Se trataba, nada más y nada menos, que de Miguel Primo de Rivera y Sáenz de He-

[143] Gómez Cuesta, 2007, p. 113.

[144] *ABC*, 5-03-1942.

El teatro Calderón. AGA Caja 3 21-01755.

redia, hermano del fundador y camisa vieja[145] auténtica. El otro ministro también tenía una gran carga simbólica: José Antonio Girón de Velasco, miembro fundador del otro partido que celebraba la unión, las JONS.

La celebración supuso una autentica «invasión» falangista de la ciudad. Requirió por parte de la Vicesecretaría de Propaganda tres intervenciones. Por un lado, se levantó en el Campo Grande «una monumental y artística tribuna presidencial»,[146] en la que destacaba el uso de los colores rojo y negro, símbolos del partido. En el centro, el escudo laureado de la ciudad y el de otras ciudades castellanas.

Además, grandes mástiles con banderas nacionales y del Movimiento completaban el adorno de la tribuna. Frente a ella, un «sencillo altar, presidido por una monumental Cruz negra»[147] serviría para los actos religiosos de la evocación. Al acabar la misa se impusieron medallas a miembros de la Vieja Guardia y familiares de los caídos. Después, desfilaron por las calles de la ciudad varias centurias del Frente de Juventudes con bandas de cornetas y tambores, hasta llegar al Teatro Calderón.

[145] Expresión que se utilizaba habitualmente para referirse a los afiliados a Falange antes de febrero del 36, para distinguirlos de los «camisas nuevas», término utilizado a veces peyorativamente en el sentido de advenedizos (Barruso, 2013, p. 73).

[146] Puede verse en *ABC*, 5-03-1943, o *LVE*, de la misma fecha. Ambos diarios reproducen el mismo texto.

[147] Ibídem.

Allí tendría lugar el colofón, en el mismo lugar que en 1934 había sido, nunca mejor dicho, el espacio donde se escenificó la fusión de ambas formaciones. «La sala ofrecía un imponente aspecto. En el escenario había grandes bambalinas con los colores de la Falange y en el fondo, sobre el rojo y el negro, un monumental emblema».[148]

Ante la presencia de Pilar Primo de Rivera, como cabeza visible de la Sección Femenina, se culminó la evocación con sendos discursos del gobernador y de Girón. La disposición de todos los elementos se había hecho mediante «trabajos dirigidos por el arquitecto del servicio técnico, camarada José Gómez Collado».[149]

Es evidente que en poco tiempo Gómez había generado un alto grado de estimación ante sus superiores, los cuales le confiaban los cometidos más diversos. Uno que llama la atención es una petición que recibe del vicesecretario de Servicios del Movimiento, Manuel Valdés. Debe designar a un camarada en representación de los Servicios de Plástica para que asesore a un jurado que ha de elegir en un concurso el emblema de la Delegación Nacional de Deportes. El elegido por Collado es el camarada José Caballero, que, como ya se comentó antes, era parte del equipo de artistas de plástica.[150]

Seguramente verse rodeado de esa confianza le hace sentirse parte fundamental de la organización. Como consecuencia salen a relucir detalles de su carácter que volveremos a encontrarnos en varias ocasiones. Estarán muy presentes en las acusaciones que recibirá en 1948. Nos referimos al aspecto de férreo guardián de sus subordinados. A menudo denuncia el incumplimiento de tareas o de supuestos abusos:

> Es frecuente que el personal del almacén, que tiene asegurado un jornal por cierto muy remunerador, pretenda cobrar horas extraordinarias por toda clase de trabajos o gestiones que realizan, hasta el punto de presentar reclamaciones de media hora a nuestro administrador a cargo de un supuesto trabajo realizado. Como de todo esto pudiera muy bien ocasionarse abusos, creo necesario que nuestro aparejador controle de vez en cuando los trabajos extraordinarios realizados por este personal, ya que siempre las nóminas de estas horas extraordinarias he de firmarlas yo en barbecho.
>
> Por dios, España y su Revolución Nacional-Sindicalista.
> Madrid 28 de junio de 1943.
> EL ARQUITECTO JEFE DEL SERVICIO TÉCNICO.
> Firmado: José Gómez del Collado.[151]

[148] Ibídem.

[149] AGA, caja 03 21-1755.

[150] AGA, caja 03 21-702.

[151] Ibídem.

18 de julio de 1943

Sin duda una de las fechas más importante del calendario del nuevo Estado era el 18 de julio. Como se ha dicho en ese día no se celebraba solamente el Alzamiento, sino que el Fuero del Trabajo le había conferido el carácter de «Fiesta de Exaltación del Trabajo». Esa consideración dejaba a un lado el aspecto meramente militar, que se reservaba para el 1 de abril, Día de la Victoria, y se cargaban las tintas en aspectos más sindicales y sociales. Ese fue el carácter primordial de la celebración hasta que el 1 de mayo 1955, el papa Pío XII, en su discurso en la Plaza de San Pedro,[152] en Roma, lo declarara solemnemente la festividad de San José Obrero.

Naturalmente el eco en España no tardó en oírse. Una orden[153] firmada precisamente por Girón, que seguía siendo ministro de Trabajo en 1956, movió la fiesta al 1 de mayo, aunque teóricamente se siguió manteniendo el 18 de julio como Fiesta del Trabajo Nacional. A partir de 1958, siendo ministro Sanz Orrio, empezaron a realizarse las célebres demostraciones sindicales del 1 de mayo en el estadio Santiago Bernabéu.[154]

Tal vez la importancia de la fecha explique, en parte, las exigencias de Gómez del Collado a sus subordinados. Consideremos la presión a la que debía de estar sometido y el deseo de llevar a cabo con brillantez su primer gran 18 de julio. Desde finales de junio, aparecen notificaciones firmadas por él que lo demuestran:

> Por la extraordinaria importancia de los actos a celebrar el próximo 18 de julio, actos cuyo peso principal soportará este Servicio, se hace imprescindible disponer durante los 12 días anteriores a dicha fecha de un vehículo para trasladar al personal técnico a multitud de gestiones, y poder exigir su continua permanencia a pie de obra.[155]

A primeros de julio la tensión va en aumento:

> Para tenerte al corriente de cuanto se relaciona con este asunto, te adjunto una copia de la comunicación que con esta fecha dirijo al camarada jefe de la Sección de Radiodifusión, proponiéndole solución para poder nosotros utilizar el hierro de Arganda, lo que solucionaría un problema que considero fundamental para el éxito del acto del 18 de julio. Hoy me comunican de la Delegación Nacional de Transportes que, a partir del lunes, ponen a nuestra disposición un coche y un camión.[156]

[152] Discurso de Su Santidad Pío XII para conmemorar la festividd de San Giuseppe Artigiano. Plaza de San Pietro Domenica.

[153] BOE, 27 de abril de 1956.

[154] Calle Velasco, 2003, pp. 103 y ss.

[155] AGA, caja 3 21-702.

[156] Ibídem.

Flechas desfilando en bicicleta ante el Caudillo en la Plaza de la Armería el 1 de octubre de 1944. Foto: Vidal para EFE. Tribunas y decoración de la plaza: Gómez del Collado.

E incluso se encuentra con problemas de logística que trata de solucionar acudiendo a todo tipo de ayudas:

> Te ruego que, si te es posible, nos destines un Flecha-ciclista más de los que tenemos, puesto que el número de gestiones y cartas a llevar en mano es extraordinario, y su retraso nos ocasiona graves perjuicios. Solamente hasta el 18 de julio.[157]

Flecha era la palabra que se utilizaba para designar a los miembros adolescentes de la Organización Juvenil de Falange, creada en 1937.[158] Se encuadraban por edades que afectaban tanto a la rama masculina como a la femenina. Los niños eran *Pelayos,* de 7 a 10 años, mientras que para la rama femenina eran *Margaritas.* El siguiente tramo, de 10 a 17, años lo forman los *Flechas* y las *Flechas Femeninas.* Entre los 17 y los 19, ellos eran *Cadetes* y ellas *Flechas Azules.* A partir de ahí ya se ingresaba en los respectivos partidos adultos, FET de las JONS, o la Sección Femenina

[157] Ibídem.

[158] BOE, 7-08-1937.

de FET de las JONS.[159] El nombre de *flechas* fue creación del mismísimo Hedilla. Lo había cambiado del inicial *balillas*, que procedía del fascio italiano, por considerarlo extranjero: *flechas* era «palabra evocadora de nuestro escudo, que significa agilidad, ímpetu ofensivo y afán de servicio a la Falange».[160]

Cabe suponer que los muchachos que ejercían de repartidores en bici para agilizar las comunicaciones entre organismo oficiales estuviesen afiliados al Frente de Juventudes. Recordemos que estamos hablando del ministerio del partido. Sin embargo, algunos de estos flechas parece que no tenían tanto afán de servicio. El arquitecto de Cangas, en una nota dirigida a sus superiores, denuncia lo siguiente:

> Habiéndole comunicado durante la mañana del día de hoy al Flecha Manuel López Juste que era imprescindible que como siempre acudiese a la oficina esta tarde, puesto que había pendiente reparto de correspondencia importante, hizo caso omiso de esta advertencia y no apareció por la oficina por la tarde. Lo que te comunico por si juzgas procedente tomar las medidas oportunas para que no vuelvan a repetirse casos como este, que desgraciadamente son bastante frecuentes.[161]

Estas recurrentes llamadas al orden a sus empleados serán una constante en su cometido. A finales de ese año 1943 hay un escrito firmado por él en el que comunica a sus superiores lo siguiente:

> Te ruego que, por estimarlo necesario y conveniente, se le imponga al delineante de esta Sección camarada GERARDO VICH dos días de haber por haberse ausentado de la oficina sin la debida autorización, estando pendientes trabajos urgentes. Por Dios, España y su Revolución Nacional-Sindicalista.
>
> Madrid 15 de diciembre de 1943.
> EL ARQUITECTO JEFE DEL SERVICIO TÉCNICO.
> Firmado J. G. Collado.[162]

Y pocos días después, otra nota en la que se comunica que Arias Salgado le ha impuesto la sanción solicitada.[163]

En 1944, el responsable de la sección Pajares comunica a uno de los trabajadores, el camarada José Luis Morales Ruiz, un apercibimiento «a raíz de la oportuna información del arquitecto José Gómez del Collado a esta jefatura, de tu falta de

[159] Sáez Marín, 1988, pp. 36 y ss.

[160] Hedilla Larrey, 1972, p. 334.

[161] AGA, caja 03 21-702.

[162] Ibídem.

[163] Ibídem.

seriedad en el servicio».[164] Aunque no siempre utiliza el palo y a veces lo sustituye por la zanahoria: a finales de 1943, sin duda, agobiado por las prisas que le están metiendo para que finalice los trabajos de las emisoras de Arganda, que más adelante se comentarán, eleva un escrito, de nuevo a Pajares, solicitando lo que sigue: «Te ruego que, si lo estimas conveniente, estudies la posibilidad de incrementar las dietas de desplazamiento de 11,25 pts. que hoy cobran los aparejadores de este servicio técnico, camaradas Enrique Valentí, Adolfo Carril y Bernardino González, hasta 15 pts., que es lo que les cuesta la comida que hacen en Arganda».[165] En este caso su superior no acepta de tan buen grado sus peticiones, y le recuerda que la dieta de 15 pesetas es únicamente si incluye la pernoctación, que no es el caso.[166]

Pero hay que considerar que el acontecimiento que se preparaba seguramente merecía todo tipo de ayudas. Gómez del Collado proyectó, para esa celebración del 18 de julio, un gran acto en los terrenos del futuro Stadium de la Ciudad Universitaria, una obra compleja que se valoraba en 125 000 pesetas, cantidad respetable si consideramos que el salario mínimo de un obrero textil en 1942 se estima en 261,9 pesetas mensuales. Más aún teniendo en cuenta que el de una mujer de idéntica profesión era de 141,6 pesetas.[167]

El trabajo que iba a dirigir el arquitecto José Gómez del Collado con todo el personal técnico a sus órdenes,[168] pretendía crear un gran escenario para la concentración de «100 000 hombres enmarcados y con accesos propios». Es decir, un grandioso acto de masas en el que se distribuirían por gradas a construir en el terreno del futuro estadio. El colofón sería «la construcción de una tribuna monumental para las Jerarquías nacionales, Autoridades, Cuerpo Diplomático, etc.». Monumental es, seguramente, la palabra que resonaba en la cabeza del arquitecto. Monumentales eran las grandes concentraciones de las potencias hermanas: un Campo Zeppelín de Núremberg en cartón piedra. Para ello preveía la construcción y montaje de un gran pórtico de seis pilastras de 1,40 × 1,40 × 16 metros, una escalinata de 20 metros, una plataforma de 7 × 4 × 3 metros y la gran tribuna: el marco excelso que centraría al gran protagonista, el Caudillo, sobre el que confluiría todo el poder visual del conjunto.

[164] AGA, caja 03 21-1850.

[165] AGA, caja 03 21-702.

[166] AGA, caja 03 21-1850.

[167] Fondo documental del Instituto Nacional de Estadística.

[168] AGA, caja 3 21-1946. La caja contiene dos documentos diferentes que afectan a la fecha, el primero que mencionaremos se encabeza como «Memoria y liquidación del acto del 18 de julio de 1943. Fiesta de Exaltación del Trabajo Estadium».

Algo que a esas alturas ya tenía muy claro el arquitecto organizador de actos, era que la ideología del Régimen ya no consistía en destacar tanto falangismo, tradicionalismo o nacional-sindicalismo, sino, fundamentalmente, el franquismo. El acto requería además obras de explanación.

Con toda celeridad empiezan los trabajos, pero un aviso de última hora de los servicios de inteligencia aborta el acto. El estupor y la frustración se reflejan en una breve nota que firman conjuntamente el delegado nacional de Sindicatos y el jefe de sección de la organización de actos públicos y el arquitecto jefe (Collado).

> A las 11 horas del día 12-7-1943, cuando faltaban tres días para la terminación de las obras, se comunicó verbalmente a la Vicesecretaría de Educación Popular, desde la Delegación Provincial de Sindicatos, que quedaba suspendido el Acto del Stadium. Comprobando posteriormente que altas razones de seguridad aconsejaban el cambio de emplazamiento de la gran concentración de la Fiesta de Exaltación del Trabajo a la que asistiría S. E. el Jefe del Estado, fueron interrumpidas las obras al terminar la jornada del día.

Se había quedado, solo temporalmente, como veremos, sin su Campo de Marte sindical. Un lacónico final cuadra las cuentas, de las que de lo presupuestado inicialmente solo se ha gastado 60 227,05 pesetas. La mayor parte en trabajos encargados a Marsá Prat, a quien Collado, ya se ha dicho, había conocido en su época de la guerra en Valencia, y al que hará numerosos encargos mientras fuera arquitecto de la Viceconsejería. También será Marsá uno de los testigos claves en su proceso de 1948.

Pese al desengaño de no poder realizar la gran demostración, el 18 de julio estaba a la vuelta de la esquina. El acto en ese u otro formato debía celebrarse. Una vez más, Gómez dio muestra de su agilidad y de su inmensa capacidad para improvisar y adaptarse a las necesidades. En unos pocos días se concibe un nuevo proyecto.[169]

No sabemos cuáles fueron los «motivos de seguridad». Quizás los servicios de inteligencia detectaron algo o simplemente que la celebración del acto aconsejaba otro espacio distinto al solar, entonces aún muy abierto, de la Ciudad Universitaria. El caso es que el escenario alternativo fue un lugar que ya se había empleado y que utilizaría con frecuencia: la Plaza de la Armería del Palacio de Oriente, frente a la fachada de la, entonces, semicostruida Catedral de La Almudena. El presupuesto fue relativamente modesto: 26 068,20 pesetas, todo él abonado a la empresa de Agustí Marsá, que esencialmente se invirtió en construir una tribuna.

[169] AGA, caja 3 21-1946; igual que la anterior pero esta figura como «Memoria y liquidación del acto del 18 de julio de 1943. Fiesta de Exaltación del Trabajo. Plaza de la Armería».

Estructura del gran pórtico en la Ciudad Universitaria. AGA, caja 3 21-1946.

Plaza de la Armería, 18-07-1943. Foto: Miguel Cortés, EFE.

Para la ornamentación se estableció un perímetro en la explanada exterior del frente del palacio mediante una gran alineación de mástiles de hierro de 8 metros, con banderas del Movimiento. En el recuadro del terreno se marcaron franjas de cal para la colocación de las formaciones. Además, los pórticos laterales de la plaza se cubrieron con reposteros y guirnaldas de 250 metros de longitud. También se utilizaron tapices de las colecciones de Patrimonio sobre resaltes colocados sobre la fachada.

Las tribunas estaban habilitadas para 400 plazas con un fondo de 4 metros y un desarrollo de 100 metros. Se dividían en tres cuerpos: «uno central principal, destinado a S. E. el Jefe del Estado, Gobierno, Cuerpo Diplomático, Generales, etc., la de la derecha dedicada a las jerarquías sindicales y la de la izquierda, a las autoridades civiles, periodistas, etc.».

En una nota anexa al proyecto, se recuerda que todo ello se había llevado a cabo en cuatro días y se adjunta una copia de la orden de suspensión de los actos previstos originariamente en la Ciudad Universitaria.

El esfuerzo tuvo su premio, la prensa comentó entusiasmada el acto. Para *La Vanguardia Española,*[170] «el aspecto que ofrecía la hermosa Plaza de la Armería del Palacio Nacional era realmente espléndido». *ABC*[171] destacaba el éxito de los encuadramientos de masas.

> En el orden más perfecto, y con arreglo a las indicaciones del jefe de la concentración José Manuel Quiroga y de Gil de la Vega fueron situándose en sus respectivos lugares los concentrados: en primer término, y dando frente a la fachada principal del Palacio de Oriente, la centuria en honor de la Vieja Guardia, e inmediatamente detrás las Milicias de los distritos. Formaba después el Frente de Juventudes y, a continuación, los grupos de atletas de Educación y Descanso, en número de 5000, masculinos y femeninos, con traje blanco y banderas. Por último, los distintos sindicatos con banderines y guiones.

No olvida los aspectos estéticos. Se resaltan detalles de la tribuna, el esplendor de los tapices de Patrimonio, así como el efecto de las arcadas del entorno con sus guirnaldas y reposteros. En la enumeración de jerarquías asistente al acto, el responsable superior del evento, el vicesecretario de Educación Popular Arias-Salgado, aparece citado en cuarto lugar.

Los veranos. Marín, agosto de 1943

Otra de las tareas reiteradas, auténtica tradición durante los seis veranos que Gómez del Collado mantuvo la responsabilidad de arquitecto jefe de Actos, se correspondía con las vacaciones veraniegas del Caudillo. Podían llegar a alargarse más de un mes entre julio y agosto, en ocasiones, llegaron a septiembre. Lo habitual consistía en desplazamientos por la cornisa cantábrica y Galicia. Generalmente se iniciaban en San Sebastián, para terminar en el Pazo de Meirás, aunque había todo tipo de variantes. En ellas Franco podía moverse por mar en el yate Azor o por tierra con su comitiva de motos y coches. Mezclaba los placeres con actos oficiales, como inauguraciones o proclamaciones de discursos. También, en ocasiones, se celebraron Consejos de Ministros en San Sebastián o en Galicia. Todo un equipo de propaganda viajaba con él comandado por Collado. Su cometido era ir montando y desmontando escenarios en los lugares por los que pasaba. El asunto requería pericia y agilidad, sobre todo si tenemos en cuenta que, bien por motivos de seguridad o bien por el simple capricho del Generalísimo, se producían

[170] *LVE,* 20-07-1943, p. 1.

[171] *ABC,* 20-07-1943, p. 7.

constantemente cambios inesperados. Ello obligaba a hacer auténticos malabarismos para adaptarse. El propio Gómez alegó este tipo de maniobras en su proceso de 1948, tratando de justificar así las dificultades de fiscalización que conllevaba la inevitable improvisación:

El Caudillo mezclaba lo público y lo propio. Sus aficiones lúdicas o deportivas se convertían en actos estatales. Para oficializarlos, ahí estaba la Vicesecretaría, que transformaba la tarima de cualquier espectáculo al que el general gustase asistir en un palco oficial. Uno de sus deportes favoritos[172] eran los concursos hípicos, a los que acudía tanto en Madrid como en sus giras norteñas de verano. A modo de ejemplo recordamos aquí la ocasión en la que Gómez preparó la instalación para la asistencia del Caudillo al concurso hípico internacional[173] celebrado en la Casa de Campo de Madrid, en junio de 1943. Para el evento utilizó 130 mástiles de hierro de dos longitudes diferentes, varios toldos, banderas, gallardetes, así como los materiales para forrar y pintar la tribuna de honor. El presupuesto, que ascendió a 15 523,75 pesetas, incluía la mano de obra y los traslados que los responsables hacían en taxis.[174]

Aunque el deporte en general, y el fútbol en particular, fue ampliamente manejado como elemento propagandístico por la dictadura, pese a que se le han atribuido intervenciones partidistas en la eterna lucha Madrid-Barcelona, es difícil saber si a Franco le entusiasmaba realmente el fútbol. No tenemos constancia de que acudiese a muchos encuentros, salvo las casi obligadas[175] finales de la Copa del Generalísimo,[176] para las cuales la tribuna en cuestión se engalanaba convenientemente.

[172] Naturalmente nos referimos a la función de espectador. Como practicante, aparte de su conocida afición a la caza y a la pesca, se le vio en algún No-Do golpeando pelotas de golf. La revista *Interviu* publicó en su número del 19 de noviembre de 2012 una serie de fotos inéditas del dictador, muchas de ellas practicando deportes. Pero, sin duda, las más llamativas son las que reúne el reportaje «El tenista» (pp. 8-13) que lo muestran jugando a ese deporte en una pista que se hizo construir en El Pardo en los años 1940.

[173] El carácter «internacional» de estos concursos, durante años, se lo otorgaban la mera presencia de jinetes portugueses. Tanto los lusos como los españoles, en estos primeros años de posguerra, solían ser militares.

[174] AGA, caja 03 21-1946. Concurso Hípico Internacional con asistencia de S. E. el jefe del Estado.

[175] En ocasiones, ni siquiera acudió a entregar el trofeo que llevaba su nombre; en 1945 y 1946 se jugó en Barcelona y no asistió. En su lugar lo hicieron el general Moscardó, que era un gran aficionado y que a partir de 1951 sería delegado Nacional de Deportes (*LVE*, 25-05-1945), y Suanzes, en calidad de ministro de Industria y Comercio (*LVE*, 11-06-1946). En 1947 la final fue en La Coruña y el acto lo presidió el ministro de Marina (*ABC*, 24-06-1947). Esos días la atención estaba puesta en Barcelona, donde llegaría el Caudillo para reunirse con Eva Perón.

[176] El Campeonato de España es la competición más antigua del fútbol español. Empezó a celebrarse en 1903 como «Campeonato de España-Copa de Su Majestad el Rey» (1903-1930), después sería el «Campeonato de España-Copa de Su Excelencia el Presidente de la República» (1931-1936), tras la guerra, el «Campeonato de España-Copa de Su Excelencia el Generalísimo» (1940-1976), y en 1976 el «Campeonato de España-Copa de Su Majestad el Rey». Puede consultarse, por ejemplo, Moreno, 2009.

Tribuna erigida por la Viceconsejería para la asistencia del general Franco a un campeonato hípico. Madrid, mayo de 1944. AGA, caja 3 21-02082.

Por los toros sí parece que sentía pasión o al menos era frecuente verlo presidir corridas. Frecuentemente lo hacía en compañía de su esposa Carmen Polo, que también debió de ser una buena aficionada. Muestra de ello es el regalo que le hizo para celebrar el día de su santo en 1944: ni más ni menos que una corrida de toros privada para los «*íntimos*» en el Pardo. Por supuesto, una vez más, el regalo se lo hacía el General a costa del dinero de todos los españoles. La Vicesecretaría se encargó de su organización bajo la dirección de Gómez del Collado: «Con motivo de la onomástica de la Exma. Sra. Dña. Carmen Polo de Franco se instalará una plaza de toros con materiales de la Vicesecretaría, para lo que se desplazan 12 carpinteros».[177] No encontramos en la prensa ninguna referencia al acto, no sabemos exactamente quiénes asistieron, qué toreros actuaron y qué toros se mataron. Solo tenemos información del montaje de la plaza de toros portátil realizada por operarios de la Vicesecretaría y con materiales de esta. De hecho, la mayor parte del gasto fueron las comidas de los carpinteros desplazados.

En agosto de 1943, coincidiendo con una de sus giras estivales, se inauguraba solemnemente la Escuela Naval de Marín, acto recogido abundantemente por

[177] AGA, caja 03 21-2086. Actos en el Pardo.

NO-DO 35 A.

prensa y NO-DO.[178] Fundamentalmente se trató de un desfile militar con misa y entrega de despachos a los nuevos oficiales. Se engalanó la explanada con una serie de tribunas, estandartes y mástiles, frente a un cuerpo simétrico con una gran cruz en el centro. Bajo la cruz se instaló el altar, donde el arzobispo de Santiago celebró la ceremonia religiosa. Se trataba esencialmente de mástiles y tejido. En principio, no debería de haber dado muchos problemas, sin embargo, hay un inquietante telegrama[179] dirigido al jefe de la sección Carlos Núñez: «Es imprescindible ordene a Valentí[180] telefónicamente que se desplace a Madrid de orden de vicesecretario ruego nos des dirección para llamarte pues asunto desmontaje Marín es una catástrofe. Arriba España. Collado».

[178] El NO-DO, una de las grandes iniciativas de la Vicesecretaría, creado oficialmente en septiembre de 1942, empezó a emitirse en enero de 1943. Incansable acompañante de los movimientos del Caudillo, resulta una formidable fuente de información visual. Para las imágenes de la inauguración de la Escuela Naval de Marín, NO-DO 1943-08-30 N.º 35ª.

[179] AGA, caja 03 21-1946.

[180] Enrique Valentí era uno de los aparejadores del servicio.

Milenario de Castilla. Burgos, septiembre de 1943

Sin embargo, a lo largo de ese mes de agosto, tuvo que compartir su atención directa a los viajes del Caudillo con otro acontecimiento que se estaba preparando desde el mes de julio: los denominados actos del Milenario de Castilla.[181]

La iniciativa parece ser que surgió en la revista *Vértice*, de la pluma del falangista Víctor de la Serna.[182] Se trataba de conmemorar el surgimiento del Condado, asociado a la figura del Fernán González, subrayando a Castilla como estandarte del nuevo Régimen. Al principio no tuvo demasiado éxito, pero en los primeros meses de 1943 el Ayuntamiento de Burgos, con su alcalde Aurelio Gómez Escobar a la cabeza, asumió el proyecto. Pronto se incorporaron la Iglesia y FET de las JONS local.

También se implicaron personajes como fray Justo Pérez de Urbel, el erudito profesor local Teófilo López Mata e incluso el mismísimo Ramón Menéndez Pidal.[183] Se comenzaron a diseñar actividades, como conferencias históricas o juegos florales, pero pronto se puso en evidencia la limitación de recursos y posibilidades. De modo que el alcalde buscó ayuda a través de sus relaciones personales y de burgaleses influyentes. Consiguió apoyos como el de José María Alfaro, que había dirigido el diario *Arriba*, y estaba al frente es ese momento de las revistas *Vértice* y *Escorial*;[184] o Alejandro Rodríguez de Valcárcel, entonces meritorio joven falangista que, andando el tiempo, llegaría a ser presidente de las Cortes. A través de ellos accedió hasta el delegado nacional de Prensa, Juan Aparicio, que secunda oficialmente el Milenario.[185] La consecuencia inmediata será el apoyo de toda la prensa y medios de propaganda oficiales. Además, pone en manos de la Vicesecretaría de Educación Popular la responsabilidad del resultado: «Todo lo relativo a la organización de la cabalgata está encomendado a la Vicesecretaría de Educación Popular, bajo la dirección del arquitecto señor Collado».[186]

El alcalde Gómez Escolar, tal y como se desprende de la correspondencia mantenida,[187] tenía como interlocutor en la Viceconsejería a Patricio García Cana-

[181] Hay bastantes alusiones y análisis políticos de estos actos. Preston (1994, p. 619) lo comenta en clave de acercamiento por parte de Franco a los orígenes monárquicos tras la caída de Mussolini. Rafael Tranche (2001, p. 226) lo considera «imagen idealizada, de cartón piedra». Para Sánchez-Biosca (2001) es clave la identificación del Caudillo con Fernán González. Pero sin duda el estudio más minucioso que conocemos es el de Gustavo Alares López (2017), que dedica un largo y riguroso capítulo a desgranar el acontecimiento.

[182] (Alares López, 2017, 62).

[183] Archivo Municipal de Burgos, en adelante AMB LI-92.

[184] Iáñez Pareja, 2008, p. 320.

[185] Alares López, 2017, pp. 66 y ss.

[186] AMB 14-978. Acta de la Sesión de 16 de agosto de 1943.

[187] AMB 14-978 10 y AMB 14-978 12.

les, secretario general de propaganda de la FET de las JONS. Había sido designado por Arrese, pese a su reconocido hedillismo.[188] Aunque era cordobés, de Bujalance, se atribuía ser descendiente en línea directa del conde Fernán González, que habría vivido y muerto en la fortaleza de Canales. Sin duda, este debió de darle largas en primavera y hasta comienzos del verano, pero el 20 de julio, Aurelio le escribe recordándole el asunto:

> Burgos, 20 de Julio de 1943. Sr. D. Patricio G. Canales. Mi querido amigo y camarada: Pasó el 18 de Julio y me permito recordarte la necesidad de que se traslade a nuestra Ciudad un técnico de «Plástica», a fin de que sobre el terreno pueda determinar lo necesario para la colocación de tribunas y adorno general de la Ciudad. Bien sé que sobra tiempo, pero quiero tener todo previsto con la antelación necesaria. A la persona designada la pondré en contacto con los arquitectos, para que puedan darse idea cierta de las necesidades respecto al particular. Aprovecho la ocasión para quedar siempre tuyo buen amigo y camarada.
>
> Firmado Aurelio Gómez Escolar. Alcalde de Burgos.[189]

Canales le responde de inmediato comunicándole que ya ha dado las oportunas órdenes al arquitecto jefe del Servicio Técnico de la Sección de Organización de Actos Públicos «para que se desplace a esa capital con la antelación necesaria para la preparación de los actos». A primeros de agosto hay otra misiva recordatoria, y esta vez con resultados más tranquilizantes para el alcalde. El día 12 le envía a Canales esta esclarecedora nota:

> Mi querido amigo y camarada. La visita de tu enviado el arquitecto Sr. Collado nos ha sacado, como vulgarmente se dice, los pies de las alforjas. Muchacho competentísimo y emprendedor, nos ha proporcionado el enfoque definitivo de lo que debe ser la fiesta militar, figurada en el programa que tuvo a bien aprobar la Vicesecretaría de Educación Popular.[190]

En efecto, Gómez pasaría a ocuparse del asunto. Aunque los actos comenzaron en Covarrubias el 22 de agosto,[191] el punto fuerte de las celebraciones se desarrollaría en la ciudad de Burgos a partir del sábado 4 de septiembre. Ese día llegaba Franco, y el día 5 se celebrarían las grandes ceremonias que organizó la Vicesecretaría. En la mañana del domingo, tras solemne misa en la catedral, se inicia una procesión cívico-religiosa, tras la cual el Caudillo se retira a descansar. El resto de las persona-

[188] González Canales, S. F.

[189] AMB 14-978 10.

[190] Ibídem.

[191] Alares López, 2017.

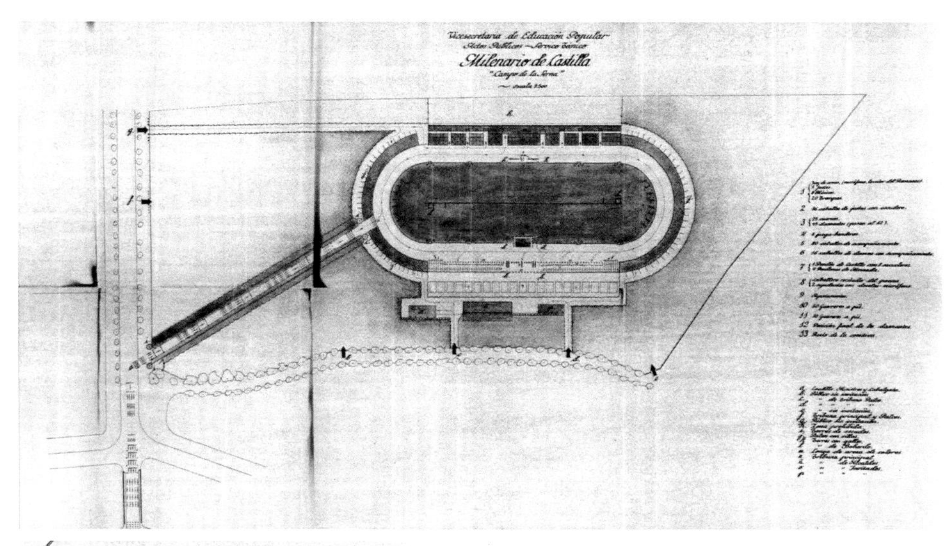

▲ Campo de La Serna.
Plano de conjunto con indicaciones de distribución. AMB 14-978 12.

1 { Juez de armas, (micrófono. Locutor del Romance). 5 Jueces. 8 Músicos. 20 Trompas.
2 16 caballos de justas con escudero.
3 { 25 cuernos. 19 danzantes (pasan al 12).
4 8 juega-banderas.
5 80 caballos de acompañamiento.
6 16 caballos de damas con acompañamiento.
7 { 1 Pendón de Castilla con 8 escuderos. 4 Pendones de Mesnada.
8 { Caballero recitador del poema. 2 ayudantes con doselas - micrófono.
9 Ayuntamientos.
10 50 Guerreros a pié.
11 10 Guerreros a pié.
12 Posición final de los danzantes.
13 Resto de la comitiva.

◄ Detalle de la anterior ilustración con las referencias a la situación de personas y elementos.

lidades se dirigen al Arco de Fernán González, especialmente engalanado, donde el alcalde da un discurso. Por la tarde, se celebraría la parte más fuerte y espectacular: la Fiesta Medieval. Por la noche el Caudillo asistiría a un concierto de gala. Al día siguiente se inaugurarían tres exposiciones y en el teatro Avenida, un certamen poético. En él se contaría con la presencia de la hija de Franco, Carmen Franco Polo, como reina del festejo, que cerraría el ministro de Educación con un discurso.[192]

[192] *LVE* 7-09-1943.

El trabajo de Gómez en principio iba a centrarse en lo más complicado, que era la Fiesta Medieval, pero acabaría ayudando un poco en todo. La fiesta pretendía rememorar las justas o torneos, para lo cual hubo que idear todo el escenario. El emplazamiento elegido fue el denominado campo de Laserna o campo de La Serna,[193] un terreno en la orilla sur del río Arlanzón, que en ese momento se utilizaba como anexo a la Academia de Ingenieros del Ejército, que ocupaba el edificio del antiguo Convento de la Merced.

Gómez del Collado y su equipo organizaron detalladamente todo el espectáculo, la distribución de tribunas, la disposición de las autoridades e invitados e incluso escribieron el guion y la coreografía del acto. Además, gestionaron el vestuario y, por supuesto, los elementos de cartón piedra que brindarían el aspecto medieval.

El festejo estaba inspirado en la denominada Fiesta del Bohordo. Se fundaba en el relato de P. González Pintado en su obra *En la Antigua Burgos.* Un informe de la denominada «representación militar en la comisión organizadora»[194] la describe así:

> En la pista se edificaban dos torres de madera, que simulaban ser de piedra, contra las cuales los caballeros admitidos a la liza arrojaban desde bastante distancia el bohordo, lanza corta, como de seis palmos, en cuyo extremo llevaba una divisa. Cada justador podía arrojar tres lanzas y las torres estaban dispuestas de tal forma que únicamente se conseguía derribarlas clavando el bohordo en un sitio determinado.

El arquitecto jefe de Actos de la Vicesecretaría estudió minuciosamente el terreno y preparó los planos del lugar. Detalló la distribución de actores y espectadores hasta el último detalle, a veces de forma presencial y otras actuando desde Madrid.

> El arquitecto Sr. Collado en conferencia telefónica mantenida el día 24 preguntó si se había designado heraldo para la fiesta del Bohordo, indicándosele que, en definitiva, nada se había hecho aun cuando se tiene previsto que actúe el teniente del Regimiento de Infantería de San Marcial Sr. Tobalina, que vuelve de permiso a fines de este mes.[195]

En la misma conferencia telefónica se comunica que el guion «de lo que se ha de leer en el campo» se le encargó a Darío Fernández Flórez, «autor del Poema del Cid, editado recientemente por la Vicesecretaría de Educación Popular».[196] Gó-

[193] Aparece aludido de ambas formas en numerosos escritos, prensa, etc.

[194] AMB 14-978 12, nota mecanografiada y rubricada a mano con esa expresión.

[195] AMB 14-978 12. Nota mecanografiada con fecha a mano de 24 de agosto de 1943.

[196] Darío Fernández Flórez entonces trabajaba, efectivamente, en la Vicesecretaría, donde se encargaba de la censura literaria y de ediciones. Alcanzaría cierta notoriedad como novelista con *Lola, espejo oscuro,* de 1950; acababa de sacar ese mismo año un *Breviario de Mío Cid,* al que, sin duda, se refiere esa anotación. Bermejo Sánchez, 1991, p. 85.

mez también se había encargado de cuestiones como el vestuario; «aseguró que estaba resuelto todo lo referente a los trajes a cuyo efecto se seguía trabajando intensísimamente». Incluso de buscar orquesta: «habían contratado la Orquesta del Teatro Español para actuar en dicha fiesta, ya que conservaba música antigua y en especial cuando se representó el Mío Cid». Aunque la parte fuerte, evidentemente, era lo referente a las tribunas, para lo cual se enviaban «ocho vagones de material con objetos y tablados procedentes de Madrid». Como efecto colateral, tal como veremos, también ayudó a engalanar el Arco de Fernán González, donde el alcalde daría su discurso la mañana del día 5. «Y en cuanto al Arco de Fernán González, que saldrían inmediatamente cinco o seis camiones cargados con las dos torres y demás afectos que habrían de colocarse».[197] Para dirigir las operaciones artísticas desplazó a Burgos a Juan Antonio Morales,[198] uno de los artistas de la Vicesecretaría. También pide insistentemente que se contraten carpinteros y peones.

Para el acto del Arco de Fernán González se elaboraron unos elementos decorativos que flanqueaban el monumento original. El arco es una construcción del siglo XVI con notable influencia herreriana,[199] especialmente detectable en una serie de chapiteles que rematan sus dos cuerpos. Estos elementos parecen haber sido la inspiración de los añadidos de Gómez. Arrancaban vistosamente desde el suelo finalizando en un gallo estilizado que se agrega al remate de la bola. Este elemento, que funciona como una especie de marca de autor, se utilizará también en los castilletes de la fiesta medieval. Posteriormente lo retomaría en los decorados de la Feria del Libro de Madrid en 1947.

Para la fiesta propiamente dicha, las tribunas ocupaban los laterales del terreno, especialmente la principal, en cuyo centro se situaría Franco. Estaban engalanadas con abundantes mástiles y pendones, frente a ellos estaba el panel divisorio donde se celebraría la primera parte del torneo, la tradicional acción de *romper cañas*. Al otro lado se situaría la torre que habría de derribarse en el juego del bohordo, un torreón de cartón piedra, provisto de un mecanismo antifallos:

> Quedará convenido de antemano, para el mejor lucimiento del juego, que uno de los caballeros sea el que ha de hacer blanco sobre la torre, desplomándose por medio de un cable oculto se tirará de él al tocar el bohordo sobre el tablado.[200]

[197] AMB 14-978 12. Nota mecanografiada con fecha a mano de 24 de agosto de 1943.

[198] Amigo personal de José Caballero, había estado preso por su adhesión durante la guerra a la Alianza de Intelectuales Antifascistas, aunque después alcanzaría cierta notoriedad como retratista de las clases altas, incluso llegó a realizar un retrato del Caudillo. Madrigal Neira, 2001, p. 229.

[199] Aramburu-Zabala Higuera, 1993, p. 391.

[200] AMB 14-978 12. Memoria de los actos de evocación histórica que se han de desarrollar en el *stadium* de la Serna de Burgos con motivo de la celebración del Milenario de Castilla, pp. 3 y 4.

El Arco de Fernán González engalanado para la ocasión. A los lados los elementos introducidos por Gómez. En el remate superior, el gallo sobre esfera, firma de la casa. AMB FO-15266.

Croquis con indicaciones de forma y color para los castilletes del torneo.
Aparece el gallo esquemático. AGA, caja 3 21-02094.

En los extremos del campo se sitúan los castilletes, unas estructuras con aspecto de torreón circular. Se basaban en un mástil coronado por una cúspide cónica rematada con el mismo tema de bola y gallo estilizado. De la base del cono cuelgan maromas y en ella se sitúan escudos que la envuelven y le dan el aspecto de torreón.[201] En una plataforma convenientemente decorada se colocaban jueces y músicos.

El guión-memoria[202] describe detalladamente el ceremonial apoyándose en el plano con las correspondientes indicaciones. El comienzo, cómo no, lo daría la llegada del Caudillo, que haría su entrada triunfal a través de un espacio flanqueado por mástiles y castilletes. Allí sería recibido por las autoridades. Una vez situado

[201] AGA, caja 3 21-02094. Hay unos dibujos de Gómez con indicaciones de colores que combinan con el atuendo de los participantes en la justa. La idea también la reaprovecharía en la Feria del Libro de 1947.

[202] AMB 14-978 12. Memoria de los actos de evocación histórica que se han de desarrollar en el Pardo.

Los castilletes y la avenida de mástiles por donde entran el Caudillo y los contendientes.
AGA, caja 3 21-02094.

Aspecto general del campo. En primer término, la torre que debía ser derribada como colofón del torneo. AGA, caja 0 21-02094.

en su tribuna, entraría en el campo la cabalgata. A la cabeza, veinte portadores de cuernos con túnicas fresa y gualda, el recitador a caballo, danzantes y tamborileros vestidos de *stadium* de la Serna de Burgos con motivo de la celebración del Milenario de castilla. Después el rey de Armas, los jueces de campo, guerreros, el portador del pendón de castilla, caballeros a caballo,[203] grupos de mesnadas, guerreros a pie, señoras a caballo…, todos van entrando, cada uno con su propia indicación y ocupando sus lugares, y con los tiempos estrictamente medidos.[204]

[203] Los caballos tuvieron un importante protagonismo en la celebración. Los animales y jinetes fueron proporcionados por el coronel de caballería Eduardo Motta Miegimolle, que junto a otros dos coroneles formaban parte de la ponencia militar constituida en el seno de la comisión organizadora. En AMB 14-978 12 hay varios intercambios de correspondencia con detalles y planos entre el alcalde y el citado coronel.

[204] AMB 14-978 12. Memoria de los actos de evocación histórica que se han de desarrollar en el *stadium* de la Serna de Burgos con motivo de la celebración del Milenario de Castilla, p. 2.

La caída de la torre. AGA, caja 3 F 00847, sobre 17.

Tras la presentación oficial, empezarán los juegos a partir de una señal simbólica del rey de Armas. Mientras se disponen los artilugios para los juegos, un locutor explica al público lo que va a suceder. A su lado está el grupo musical formado por tres trompetas, tres trombas, un timbal, una tuba, bajo y una caja de percusión. Se interpretan fragmentos de *Las Mocedades del Cid* del Maestro Parada.[205] Después comenzará el juego de romper cañas, el tradicional torneo. Los caballeros presentarán previamente sus armas ante el Caudillo. Después se enfrentarán con la valla separadora de por medio. Tratarán de coincidir en el centro y con una pequeña bolsa de polvo en la punta de la lanza se marcan los toques.

El acto final será la ya descrita competencia del bohordo, que terminaría con el derribo de la torre construida con tal fin.

[205] Ibídem, p. 3.

La entrada del Caudillo. EFE.

Los actos transcurrieron como estaban previstos y así lo reflejaron los medios de comunicación.[206] Especialmente el NO-DO le dedicó un excepcional reportaje de casi cinco minutos, cerca de la mitad de lo que duraba el noticiario entero.[207]

El éxito y los parabienes debieron alegrar los oídos del joven arquitecto de la Viceconsejería, que ya preparaba su nuevo espectáculo.

1 de octubre de 1943. Plaza de la Armería

Entre la fiesta de Burgos y el gran acto que se celebraría el 12 de octubre, Gómez aún tuvo tiempo y oportunidad para preparar el escenario de la celebración del 1 de octubre. Ese año tendría lugar la conmemoración del VII aniversario de la Exaltación del Generalísimo Franco a la Jefatura del Estado. Las circunstancias condujeron

206 Puede verse, por ejemplo, *ABC* o *LVE* del martes 7 de septiembre de 1943.

207 Sánchez-Biosca, 2001, p. 283 y ss. Se trata del NO-DO, nº 38 B, emitido a partir del 20 de septiembre de 1943. Véase a partir del minuto 8:29.

a que los actos tuviesen un cariz especial. La situación en el exterior del país y el curso de la guerra estaban cambiando. En julio los aliados habían desembarcado en Sicilia, isla que tomarían por completo en agosto. El 19 de julio se bombardea Roma, al mismo tiempo Mussolini cae en desgracia ante el Gran Consejo Fascista. Detenido, aunque después sería rescatado por comandos alemanes, aún intentaría poner en pie la llamada República Social Italiana o República de Saló. Estos acontecimientos provocaron ciertos cambios. El gobierno amigo de Oliveira Salazar en Portugal, por ejemplo, viró claramente a favor de los aliados, a los que cedió las bases de las Azores. Sin embargo, no caló de la misma forma en Franco, que optó por movimientos más suaves, aunque con acercamientos hacia los aliados.

El programa del día comenzó con una misa y *tedeum* en San Francisco el Grande, con amplia presencia del Gobierno, incluido Arias Salgado, y representación diplomática. Después hubo una recepción en el Palacio Real, en la que, según relata Preston,[208] el dictador fue cordial con los embajadores aliados y solo intercambió un saludo protocolario con el alemán. Ese día se utilizaría por primera vez la palabra *neutralidad*.

Por la tarde, se quitó el traje de almirante que había usado en los actos de la mañana y se vistió con el uniforme de gala de jefe nacional de FET de las JONS. Dedicó el resto de la jornada a actos protagonizados por Falange y sus juventudes.

Cabe interpretar este acercamiento al partido como reacción interna ante lo acontecido a Mussolini. Aunque trataba de tener contentas a todas las facciones, indudablemente, ese era el lugar en el que se sentía más arropado en aquel momento.

A primera hora de la tarde se celebró un gran acto con las juventudes de Falange; sin duda el que más trabajo dio a Gómez.[209] La celebración principal era en la Plaza de la Armería, a la que comenzaron a llegar, como tituló literalmente *La Vanguardia Española,* las «Falanges Juveniles de Franco».[210] Procedían de sus campamentos de La Chopera y La Casa de Campo. Los accesos por la calle Bailén estaban adornados con banderas y gallardetes con los colores nacionales y del Movimiento. En los balcones del Palacio Real lucían tapices, colgaduras y reposteros. Ante la puerta principal, la Vicesecretaría había levantado una gran tribuna con un templete central que ostentaba un escudo nacional. Desde él, el Caudillo saludaría a los jóvenes falangistas. En los cuerpos laterales de la plaza se elevaban sendas tribunas, en las que los tapices con el escudo nacional se entremezclaban con los escudos de las banderas regionales. Varios grupos de mástiles exhibían banderas del Movimiento

[208] Preston, 1994, p. 622.

[209] AGA, caja 3 21-02094.

[210] *LVE* 2-10-1943.

Desfile de falangistas en la Plaza de la Armería. 1 de octubre de 1943. AGA, caja 21-02094.

y nacionales. Desde la tribuna alta, acompañado de Arrese y del delegado nacional del Frente de Juventudes, José Antonio Elola presenció y saludó el desfile de los jóvenes falangistas. Tras los jóvenes, se unieron a la marcha excombatientes de la División Azul y de la Cruzada. A continuación, desfilaron flechas y cadetes, incluyendo los flechas ciclistas, montañeros y navales. El desfile duró una hora, en el que pasaron ante el Caudillo 25 000 camaradas.[211]

Tras el desfile, Franco se retiró brevemente al Pardo. Reapareció a las siete en el llamado Palacio Nacional de la FET de las JONS, que era el anterior Palacio del Senado. Allí compareció ante el Consejo Nacional de la Falange. En su discurso hizo hincapié en la unidad del Movimiento, los peligros de la guerra y la amenaza comunista. También habló sobre los problemas del campo.

[211] Ibídem.

12 de octubre de 1943. Ciudad Universitaria

Seguramente, mientras se llevaban a cabo las celebraciones de Burgos y la Plaza de la Armería, Gómez del Collado ya estaba inmerso en su siguiente proyecto, uno de los más impresionantes de su carrera como constructor de escenarios efímeros. Se trataba, además, de volver al lugar de las frustraciones del pasado julio, la Ciudad Universitaria. La fecha, 12 de octubre, guardaba en el santoral franquista una cierta ambigüedad o si se prefiere polivalencia. Ante todo, se celebraba una tradición que arranca de 1892, IV Centenario del Descubrimiento. Había sido una iniciativa de Cánovas durante la regencia de María Cristina. No tuvo demasiado éxito, pero se recuperó en 1918 por un decreto de Alfonso XIII durante el gobierno conservador de Maura. Pervivió en la dictadura de Primo de Rivera y en la República.[212] La celebración hacía referencia fundamentalmente al concepto de hispanidad, aunque frecuentemente era denominada Fiesta o Día de la Raza.[213] Acabada la Guerra Civil, además de continuar con ese espíritu de hispanidad, Franco puso especial énfasis en la coincidencia providencial con la celebración de la Virgen del Pilar. Así lo destacó en su discurso del acto celebrado en Zaragoza el 12 de octubre de 1939. En él, las alusiones a la intervención divina en los hechos militares era incuestionable: «Capitana Invencible de nuestra independencia, firme sobre la línea del río, cara a las líneas de los montes, lo mismo en la hora memorable de los Sitios, que en la hora decisiva de nuestra batalla del Ebro».[214]

Sin embargo, quizás debido a la casualidad de las fechas en las que se solía comenzar entonces el curso universitario, sí que aparecen diversas celebraciones académicas que añaden un nuevo sesgo a la festividad. Un 12 de octubre, el de 1936, en el acto de inauguración del curso académico en Salamanca, tuvo lugar el comentado enfrentamiento entre Unamuno y el general Millán Astray; aunque la conversión en fiesta universitaria fue precisamente cuando la organizó por primera vez Gómez del Collado, en 1943. En 1945 volvería a retomar ese carácter, inaugurando el Caudillo varios edificios universitarios.[215] En 1946 se inaugurarán unas instalaciones del CSIC.[216] En 1947 las relaciones hispano-argentinas estaban en plena luna de miel, Evita acababa de visitar España en junio. Entonces se hizo entrega de unos terrenos en la Ciudad Universitaria de Madrid, por parte de los ministros de

[212] Box Varela, 2010, pp. 242 y ss.

[213] Aunque la expresión hoy pueda no sonar muy bien, aludía a la idea de panhispanidad.

[214] *LVE* 13-10-1939.

[215] *LVE* 13-10-1945.

[216] *LVE* 13-10-1946.

Exteriores y Educación, al embajador argentino para la construcción de un colegio mayor universitario.

El ímpetu especial de la celebración de 1943 añadía a la tradicional hispanidad la inauguración del curso académico y, sobre todo, la inauguración oficial de la Ciudad Universitaria.[217] El proyecto surgido en tiempos de Alfonso XIII[218] se empezó a elaborar en 1928 por un equipo dirigido por López Otero. La guerra no solo frenó la construcción, sino que convirtió el lugar en frente de batalla. Los combates llevaron a la ruina buena parte de lo construido. La reconstrucción se inició en 1940. En los primeros años afectó a las facultades de Filosofía y Letras, Ciencias Químicas y Farmacia, así como a las escuelas de Arquitectura y Agrónomos, al edificio central, algunos campos de deportes, un colegio mayor y al Pabellón de la Junta, lo que se inaugurará el 12 de octubre de 1943.[219]

Dada la complejidad de los actos en los que Gómez trabajaba desde julio, se realizó una reunión previa en el Pabellón de Gobierno de la Universidad. En ella participaron el ministro de Educación, Ibáñez; varios directores generales, el obispo auxiliar de Madrid monseñor Morcillo, los delegados nacionales de propaganda y del SEU[220] y López Otero. También estuvieron presentes varios mandos de las milicias universitarias que protagonizarían la parada militar. Por parte de la Vicesecretaría, el jefe de la Sección de Actos Públicos y Plástica y el arquitecto jefe del servicio técnico, es decir, el propio Gómez del Collado. En esa reunión se estableció el programa y se fijó un tope de gastos establecido en 200 000 pesetas.[221]

Los actos comenzarían sobre las 10 de la mañana con la llegada del Caudillo al Pabellón de la Junta de Gobierno de la Universidad. Allí sería recibido por un nutrido grupo de ministros y autoridades. El Caudillo, vistiendo uniforme de jefe nacional de FET de las JONS, llegó acompañado del ministro de Educación y del teniente general Muñoz Grandes en calidad de jefe de la casa militar. En el lugar le fueron mostradas una serie de maquetas que exhibían las futuras construcciones del campus, así como el proyecto de Arco de Triunfo o Arco de la Victoria que se realizaría en Moncloa.

A continuación, venía el plato fuerte, el deseado *Zeppelinfelde* en la explanada de la Facultad de Medicina donde se disponía el gran escenario que combinaba varios

[217] La profesora Diéguez Patao ha destacado la relación entre Ciudad Universitaria y el ideal panhispánico (Diéguez Patao, 1992).

[218] Puede verse para la construcción en general Chías Navarro, 1983.

[219] Ibídem p. 160.

[220] Sindicato Español Universitario, fundado por José Antonio en 1933 y reconvertido tras la guerra en el único sindicato estudiantil legal. Consúltese Ruz Carnicer, 1996.

[221] AGA, caja 3 21-1947.

matices: universitario, pero ante todo religioso y militar. Allí se había combatido por la fe y se había triunfado. El propio Generalísimo lo recordaría en su discurso en el Aula Magna de Filosofía:

> Las armas crearon nuestra España de hoy, por si ello pudiera olvidarse, aquí está la realidad inmortal de este campo de Marte, hoy trocado en campo de Minerva. Todo es reciente a pesar de la inmensa transformación. Aquí acampó nuestra cruzada victoriosa, aquí se tremolaron nuestras banderas, aquí se clavó con tenacidad la avanzada sitiadora, y aquí se empapó la tierra con la sangre generosa de nuestros caídos.[222]

Allí estaba dispuesto el escenario, principal ocupación de Gómez, al que enseguida nos referiremos. Se celebró la solemne misa, tras la cual Franco y el ministro Ibáñez llevaron al alimón una corona de laurel en memoria de los caídos. Después desfilaron diversas fuerzas de la Falange y del ejército. Una escuadrilla aérea sobrevoló los actos mientras se disparaban salvas reglamentarias desde unas baterías. A continuación, la comitiva se dirigió a la facultad de Filosofía y Letras en cuya Aula Magna se sucedieron los discursos. Se empezó por uno de carácter más o menos académico pronunciado por el profesor Hernández Pacheco, geólogo y cartógrafo.

Seguiría el discurso del jefe nacional del SEU, Carlos María Rodríguez de Valcárcel, que recordó la joven sangre vertida en el terreno. El discurso del rector Pío Zabala destacó «la cristianización de la universidad, desterrando para siempre de las aulas el laicismo». Pese a su condición de historiador no renunció a la poesía en su forma más épica y exaltada: «Aquí, en esta Ciudad Universitaria, regia iniciativa hace años, y durante la guerra emancipadora, glorioso arpón clavado en el corazón de la España roja por el heroico esfuerzo de vuestro ejército y milicias».[223] Antes del discurso final de Franco, el turno fue para el ministro de Educación Nacional José Ibáñez Martín.

Rindió ante el Caudillo el «homenaje de la adhesión de la noble milicia de la cultura». Consideró providencial que «la apertura de este curso académico se verifique en una Ciudad reconstruida sobre un escenario de guerra». Y comunicó: «No hay ámbito más adecuado para el estudio y la meditación que aquel que fue testigo del heroísmo y la muerte». Finalmente, el general pronunciaría el discurso de cierre ya comentado. Comenzó por recordar que el destacado lugar que ocupaba en esa ceremonia lo había ganado sobradamente con la victoria y lo mantenía con su sacrificio cotidiano:

[222] Del discurso de Franco, tomado del *ABC*, 13 de octubre de 1943, p. 7.

[223] El diario *ABC* del 13 de octubre de 1943 recoge todos los discursos íntegros.

Vista general de la explanada frente a Medicina. AGA, caja 3 21-1947.

> Profesores y alumnos universitarios: hace ya cerca de cinco años, desde que el clarín anunció el final de nuestras batallas y desde que ondearon sobre nuestros campos y ciudades las banderas victoriosas de la paz, que vivimos día a día una vida penosa y dura consagrada por entero a la empresa generosa de reconstruir una Patria en ruinas.

Tras el acto se sirvió una comida. Por la tarde, el Caudillo visitó varios de los edificios en obras y presenció en el gran estadio en construcción un partido de *rugby*.

Pero centrémonos en el Campo de Marte-Campo de Minerva, el solar frente a la inconclusa Facultad de Medicina. Gómez había meditado detenidamente todo el ceremonial que había que desarrollar en ese espacio.

> El acto principal consistirá en una misa de campaña en la gran explanada de las Facultades de Medicina, Farmacia y Odontología, seguida de la ofrenda de una corona de laurel por el Caudillo y a continuación un desfile.
>
> Durante la ofrenda se izará en un gran mástil colocado en la parte superior del Hospital Clínico, la bandera nacional.[224]

Un aspecto que domina a la perfección es la extrema adulación al gran jefe, lo que le lleva a plantear lo siguiente: «A lo largo del eje central de la Facultad de Me-

[224] AGA, caja 3 21-1947. Actos Inauguración de la Ciudad Universitaria y Fiesta de la Hispanidad.

dicina se dispone una gran cruz y altar, la tribuna de S. E. y del Gobierno dominará el desfile, y por estar colocada entre la cruz y las tribunas obliga a considerables alturas en la construcción». El desfile se haría por la calzada principal de la Ciudad Universitaria, que pasaba ante la tribuna de Franco y la de invitados y público. Los grandes pórticos y alineación de mástiles actúan como cierre a la perspectiva del campo de 300 metros. El altar y las tribunas formaban una plaza de 150 × 50 metros, en las que se construyeron con arenas de colores y juntas de ladrillo motivos alegóricos y lonjas enlosadas. En el perímetro de la citada explanada de 300 metros se colocaba el público. Las tribunas estaban dotadas de mil plazas. Como escribió el propio Gómez, «en todo caso se trata de conjugar lo grandioso con eficacia práctica». Las construcciones han de satisfacer la condición de hacer posible los tres citados actos sin desplazamientos de los asistentes, por lo cual la tribuna de Franco se colocó entre la del público y el altar, dando la suficiente altura a estas para conseguir el efecto visual buscado.

El elemento principal, el más notorio del conjunto, fue la recuperación de los grandes pórticos que ya había empezado a construir para el frustrado acto del 18 de julio en el mismo emplazamiento. «En la línea que cierra la perspectiva de la gran plaza de las facultades se dispuso la construcción de un gran pórtico de seis pilastras cuadradas de 14,50 metros de altura y 1,20 de lado con dintel de la misma sección». Se cimentaron sobre seis grandes dados de hormigón, empotrados 2,50 metros sobre el terreno y anclados inferiormente en pilotes. En ellos se encajaron 24 perfiles laminados de siete metros, a los que se cosieron mástiles metálicos de 10 metros con suplementos de 5,50.

El pórtico parece sugerido por las naves laterales de pilastras, el mismo detalle que Speer había utilizado para el primer gran encargo que le hizo Hitler en 1934, la gran tribuna del Zeppelindfield para los congresos del partido nazi en Núremberg. El arquitecto alemán se había inspirado, según cuenta él mismo en sus memorias,[225] en el Altar de Pérgamo. Los pórticos colosales, guardaespaldas de la tribuna principal donde estaría el Caudillo, cortaban las líneas de fuga y proporcionaban una gran solemnidad. A los inconvenientes técnicos de la elaboración se sumaron otros temores. «La dificultad principal en las grandes estructuras de 17 metros de altura, forradas de paño y planchas de escayola era su considerable superficie, expuesta a los empujes del viento en terreno despejado».

Al pie del gran telón de fondo, se situaba la tribuna del pórtico. Se vuelve a jugar con la idea de elementos humanos como parte del decorado, en este caso, muchachos con instrumentos musicales y enseñas.

[225] Speer, 2001, p. 101.

El Pórtico. Foto: Miguel Cortés. EFE.

> Un gran cuerpo central de 2,40 de altura sobre el que se dispuso en los intercolumnios del pórtico cinco grandes dados para colocar sobre ellos grupos con trompetas y banderas de 9 metros de altura. Los paramentos verticales van decorados con tapices y reposteros de paño sobre lona con motivos heráldicos de las 50 provincias, 180 mástiles de 8 metros pintados a dos tonos y con banderas forman el fondo.

Inmediatamente antes estaba colocada la tribuna del Caudillo. Se componía de dos cuerpos superpuestos, similar a la de los invitados, con cuatro escalinatas y dos frentes, rematada por una balaustrada de pináculo y maroma. Los paramentos verticales iban forrados con reposteros y plisado de paños. En el frente del desfile se coloca un gran «VICTOR». Sobre los tableros de pino se colocaron alfombras, sillones y cojines para el Caudillo y Gobierno. Todas las aristas se rematarán con guirnaldas de laurel.

Y finalmente el altar y la gran cruz. Una cruz de 16 metros de altura por 3 de ancho sobre cimentación de hormigón, revestida con planchas de escayola en su parte principal y con reposteros. Rodeando la estructura se construyó una gran base que componía una pirámide de 15 metros de base por 5 de altura escalonada de 1,60 metros. También había una escalinata con barandilla de pináculos con maroma que conduce al altar. Los laterales estaban tapizados con reposteros de paño negro y verde.

La tribuna. Foto: Vidal, efe.

La prensa se volcó en elogios, «ofrecía un aspecto inigualable»[226]. El acto, sin duda, consagraba el buen hacer de Gómez del Collado. Sin ser nombrado llamó la atención de los historiadores. Hay un artículo de Bonet Correa[227] publicado en *Bulletin d'Histoire Contemporaine de l'Espagne* el año 1996 que lleva el significativo título de «La arquitectura efímera en el primer franquismo». En él alude a «los anónimos escenógrafos españoles», y añade: «anónimos mientras no se haga una investigación a fondo de los archivos de la época». Los declaraba fascinados por Troost y Speer. Y al referirse a esta celebración, comenta: «La culminación de este tipo de manifestaciones fue la solemne inauguración, el 12 de octubre de 1943, coincidiendo con la Fiesta de la Raza, de los restaurados edificios de la Ciudad Universitaria de Madrid». Aún desde su evidente perspectiva crítica, no dejaba de mostrar cierta admiración:

> El despliegue con que se ritualizó la inauguración fue grandioso. En el lugar en el que más tarde se erigiría el actual Arco de Triunfo de la Moncloa, se levantó uno provisional, rodeado de banderas y gallardetes. El Caudillo, tras contemplar en el pabellón de Gobierno la maqueta y los planos de la Ciudad Universitaria, fue aclamado en el llano que hay

[226] *ABC,* 13 de octubre de 1943, p. 11.

[227] Bonet Correa, 1996.

La cruz. Foto: Cortés, EFE.

delante de la Facultad de Medicina, en medio del cual se había levantado un altar con una gigantesca cruz de 18 metros de altura, «improvisado Monumento a los Caídos», que tenía una corona de laurel con lazos que con los colores de la bandera española mostraban la inscripción: «La Universidad Española a los héroes de la Ciudad Universitaria». Frente al altar se encontraban la tribuna para Franco y su gobierno. A sus pies se extendía un tapiz rojo con el anagrama «Víctor». A un lado y otro había formaciones del Frente de Juventudes y del SEU —secciones de ciclistas,[228] banderas y bandas de cornetas y tambores—, además de varias centurias de la Milicia Universitaria. Durante la ceremonia unas escuadrillas de aviones hicieron vuelos rasantes por encima de la explanada.[229]

El Escorial. 20 de noviembre de 1943

Antes de terminar el año, aún faltaba celebrar el ritual del 20 de noviembre, el reencuentro con El Escorial y el recuerdo de José Antonio. Tras los éxitos del Milenario

[228] Aunque el Batallón Ciclista n.º 1, acuartelado en San Lorenzo del Escorial, era un clásico en los actos que se celebraban en el monasterio, especialmente la conmemoración de la muerte de José Antonio el 20 de diciembre —puede verse, por ejemplo, *ABC,* 21 de noviembre de 1943—, en la ceremonia del 12 de octubre no estaba presente. Los que desfilaron ese día, según el *ABC* de 13 de octubre de 1943, fueron, por parte del ejército, un batallón del Regimiento de Infantería n.º 42, también un batallón del Regimiento Mixto de Ingenieros n.º 1, las compañías de las diversas Armas de las Milicias Universitarias, dos baterías del Regimiento de Artillería n.º 36, el Escuadrón de Lanceros del regimiento n.º 11, en traje de gala; y por parte de Falange dos centurias de los Albergues Especiales del SEU, en el que figuraban dos bloques de trescientos camaradas cada uno, el primero de afiliados al SEU, con uniforme de deporte, y el otro de camaradas de Sección Femenina del SEU.

[229] Bonet Correa, 1996, p. 156.

y de los actos de la Ciudad Universitaria, Gómez se veía con fuerzas para subir la apuesta. En la memoria del proyecto que firmó el 9 de noviembre[230] recalca la importancia de los actos a celebrar. Se refiere a la grandiosidad y las proporciones del emplazamiento, para el que proyecta construir elementos que destaquen en la rememoración más considerable de las realizadas hasta la fecha. Sin embargo, se propone presentar presupuestos inferiores. Es una de las filosofías que irá imponiendo en la sección: reaprovechar. A esas alturas el arquitecto ya es consciente de que muchos de los actos se repiten año tras año, por lo que empieza a plantear no solo la reutilización de elementos, sino tratar de amoldarlos para usarlos en diferentes celebraciones. En ese acto, como reza la propuesta, «se empleará la totalidad de los elementos de nuestros almacenes y los 2000 m^2 de los paños negros comprados en 1942». Ahora bien, reutilizar no supone repetirse, sino utilizar esos componentes buscando una disposición distinta. En sus propias palabras: «Los actos tienen carácter eminentemente religioso y tienden a la máxima grandiosidad del programa litúrgico; son, en concepto, formas y dimensiones distintas a la celebración en años anteriores».

El planteamiento se basa en una serie de construcciones. En primer lugar, para la recepción del Caudillo, idea levantar a la entrada del recinto dos grandes pilonos escalonados. Deberán sostenerse con una estructura resistente, y van forrados con grandes reposteros negros portadores de emblemas religiosos. El gran acto externo, en la lonja, consistirá en la celebración de un espectacular viacrucis. Ocupan toda la extensión de la amplia superficie «14 altares monumentales compuestos de grandes pirámides escalonadas cada 1,20 m marcadas por un templete con la cruz». Sobre esas gradas colocará uno de los elementos reiterados en sus composiciones: los elementos humanos. Lo había hecho anteriormente con abanderados y percusionistas, para aquella celebración «en los distintos niveles se colocarán religiosos revestidos y con cirios que llevarán el rezo de cada estación».

Repetirá uno de los planteamientos de la Ciudad Universitaria, acotando las líneas de fuga. «Al fondo de la lonja y terminación de la gran perspectiva enmarcando los citados 14 altares, se elevará el monumental calvario de 20 m de base por 3,60 m de altura sobre las que se eleva el cuerpo principal de 10 m rematado por las cruces».

El elemento implica un desafío que se subraya: «Es la estructura más considerable de cuantas se construyeron hasta hoy. Toda ella va asimismo revestida con reposteros negros de temas y composición similares a las restantes del conjunto exterior».

[230] AGA, caja 3 21-1948. Actos VII Aniversario José Antonio, El Escorial.

▲ Vista general de la lonja.
AGA, caja 3 21-1948.

◀ El calvario, fin de perspectiva.
AGA, caja 3 21-1948.

AGA, caja 3 21-1948.

También maneja la idea de enmarcar todo el perímetro del Patio de los Reyes con 14 doseles de 9 metros sobre elementos escalonados. Allí colocaría a los niños, portando cirios, de los coros del Seminario de Madrid, que entonarían salmos «al paso del Caudillo y su comitiva».

Para el interior proyectó forrar con tela negra los bancos para 2000 invitados, una especie de pabellón desciende desde el tambor de la cúpula en paños negros hasta el arranque del crucero. También hay un túmulo y elementos para la liturgia funeraria.

Tal y como el arquitecto había prometido, en el balance final, de las 232 372,80 pesetas presupuestadas, solo se habían gastado 174 450,90, por lo tanto, la Vicesecretaría ahorraba 58 270,90 pesetas,[231] lo cual apareció reflejado en los medios como «monumental».[232]

[231] AGA caja 03 21-1947. Aunque del mismo expediente que la documentación anterior, en esta caja aparecen las facturas y balances del acto. Los proveedores fueron Marsá, Bernardo Díez y Luis Ibáñez.

[232] *ABC*, 21 de noviembre de 1943, y *LVE* de la misma fecha presentan el mismo texto, que por otra parte coincide con lo expresado en el proyecto, así que no es disparatado pensar que la propia Vicesecretaría proporcionase la crónica y descripción de lo acontecido. También se puede ver el NO-DO 48 A, emitido a partir del 29 de noviembre.

NO-DO 48 A.

Cambio en el organigrama. Más Falange

En diciembre se produciría un cambio en el organigrama de la Delegación de Propaganda. Manuel Torres López es cesado y en su lugar se nombra a David Jato Miranda.[233] Desconocemos los motivos del cese de Torres. Domínguez Arribas apunta a la sospecha de masonería,[234] pero él mismo aclara que las denuncias vertidas sobre su persona se hicieron en 1944. En todo caso, su carrera oficial posterior como catedrático de Derecho, miembro del Instituto de Estudios Políticos y del Consejo de la Hispanidad y del Consejo Nacional de Educación,[235] podría hacer pensar que sus inclinaciones profesionales iban más allá del papel de censor. El sustituto, el joven falangista, «camisa vieja», David Jato, había sido de los primeros

[233] Algunos autores (Domínguez Arribas, 2009, p. 04; De la Cierva, 1975, p. 236) dan la fecha de 1942; la confusión es fácil de entender, ya que en diciembre de 1942 y dentro de la misma Vicesecretaría había sido nombrado delegado de Información e Investigación de FET de las JONS. Puede verse en *ABC*, 2-12-1943.

[234] Domínguez Arribas, 2009, p. 303.

[235] Pérez-Prendes Muñoz Arraco, 2004.

en alistarse en la División Azul. Combatió en el frente ruso,[236] donde se ganaría la Cruz de Hierro de segunda categoría. No tuvo mucho inconveniente, pese a su línea purista-hedillista, en incorporarse a la nueva Falange de Arrese.[237] Jato y Gómez del Collado habrían tenido, al menos, dos buenos motivos para establecer una relación personal. Ambos eran asturianos, Jato había nacido en Campomanes, Lena, cinco años después que Gómez. Pero sobre todo les unía su participación en la quinta columna durante la guerra. El lenense siempre actuó en Madrid, fue uno de sus miembros originarios más activos, como relató detalladamente en sus conversaciones con Ronald Fraser.[238] Sin embargo, no ha llegado a nuestro conocimiento que se estableciese una especial relación entre ellos. Gómez del Collado ya se estaba forjando una cierta categoría y aprecio dentro de la Vicesecretaría. El carácter jovial y las maneras convincentes del arquitecto quizás no encajasen con la sobriedad y el carácter un tanto austero de Jato, del que Ricardo de la Cierva escribió: «falangista no siempre definido con claridad, pero que aporta a la historia reciente, junto a un proverbial malhumor[...]».[239]

Sí que es cierto que durante el año en el que trabajaron ambos en propaganda, Gómez ejerció funciones de censor, seguramente no tanto por agradar a Jato como porque era labor habitual de la Vicesecretaría.

Desde el final de la guerra, surgió en todo el país una fiebre por construir monumentos. Con mayor o menor ambición, mediante diversas fórmulas, trataban de exaltar las glorias de la pasada guerra. Los protagonistas solían ser la figura del «gran salvador» o el recuerdo a los caídos por la causa. Algunos de ellos alcanzaron características excepcionales, el más sobresaliente, sin duda, fue el Valle de los Caídos.

Otros muchos siguieron la idea, generalmente no exenta de cierto carácter lisonjero, de ayuntamientos, a veces pequeños, especialmente los reiterados monumentos a los caídos. Ángel Llorente, en su colosal trabajo de investigación,[240] ha rastreado hasta 291 expedientes en el Archivo General de la Administración, sin que la búsqueda haya sido exhaustiva. Ante esta avalancha, se dictaron normas de estilo para dichos monumentos. La revisión del cumplimiento de dichas normas —el uso de la cruz era el elemento más común— le fue encomendada a la Vicesecretaría de Educación Popular. Por lo tanto, sería la sección la encargada de los veredictos relativos

[236] *ABC*, 2-12-1943.

[237] Domínguez Arribas, 2009, p. 304; De la Cierva, 1975, p. 236.

[238] Archivo Histórico de la Ciudad de Barcelona (AHCB). Fuentes orales. Colección Ronald Fraser. Entrevista a David Jato, Madrid, 12-06-1974.

[239] De la Cierva, 1975, p. 236.

[240] Llorente Hernández, 2002.

a la conveniencia de autorizar o no determinados monumentos, estos se archivaban como «Informes sobre censura de monumentos».[241] En muchos de ellos aparece la firma del arquitecto jefe de los Servicios. Gómez del Collado los remitía al camarada delegado nacional de Propaganda, que no era otro que su coterráneo David Jato.

En agosto de 1944, Gómez despachó dos informes de censura con argumentos similares. La fórmula del obelisco, tan cara a nuestro arquitecto en múltiples circunstancias, no le parecía adecuada en esos casos. Seguramente más por las normas de la sección y para evitar llevarle la contraria al escrupuloso Jato, que por sus propios gustos personales. Uno de ellos fue sobre el proyecto del pueblo vizcaíno de Carranza. El diseño se basaba en el uso de un obelisco que combinaba con cruces, además de yugo, flechas y corona, y remataba en lo alto con un recipiente para el fuego simbólico. Pese a que la Dirección General de Arquitectura había dado el visto bueno, el arquitecto de la Vicesecretaría lo rechazaba con el siguiente argumento:

> En cumplimiento de tu orden, fecha 6 de junio próximo pasado, tengo el gusto de informarte sobre los reparos que encuentra este Servicio en el proyecto de Monumento a los Caídos de Carranza (Vizcaya), y que fundamentalmente son los siguientes: 1.º En el Proyecto de Cruz de los Caídos, la cruz debe ser elemento fundamental. 2.º Que esta cruz debe estar colocada en lugar preeminente, y eje principal, siendo precisamente el motivo fundamental de volumen del monumento. 3.º Que el obelisco es un elemento poco apropiado para la liturgia cristiana. 4.º Que los pebeteros están asimismo prescritos por la citada liturgia. 5.º Que el proyecto de la citada cruz debe ser reformado teniendo presentes estos extremos, y que para su aprobación será necesario un plano de emplazamiento en lugar que admita una concentración para misa de campaña. Por Dios, España y su Revolución Nacional-Sindicalista.
>
> Madrid, 17 de agosto de 1944
> El arquitecto jefe de los Servicios.[242]

Consideraciones similares fueron las empleadas para desautorizar otro monumento. El de Carcagente, Valencia, había elegido la plaza del Caudillo, entre la iglesia parroquial y el edificio consistorial. Para él se había proyectado, además del monolito, un grupo escultórico con un ángel que sostenía a un cadáver.[243] Gómez rechaza la idea con fundamentos similares a los que utilizó para el de Carranza.

Además del uso del obelisco «más o menos disfrazado», le achaca ausencias simbólicas: «la falta de emblemas del Movimiento»; problemas funcionales: «debe

[241] Ibídem, p. 175.

[242] AGA Caja 3-5374. Sobre proyecto Monumento Caídos Carranza, Vizcaya.

[243] Llorente Hernández, 2002, p. 213).

tenerse asimismo presente que, para celebrar misas en el citado Monumento, es preciso que este tenga un ara»; e incluso carencias estéticas: «la composición escultórica es totalmente desafortunada de fondo y de forma».[244]

1944. Los trofeos

En diciembre de 1943 y los primeros meses de 1944, apenas hay constancia de la celebración de actos importantes. Aparecen muchas notas relacionadas con las emisoras de radio de Arganda, seguramente fue el motivo de que estuviera apartado de sus ocupaciones habituales. Muchas de las tareas aparecen firmadas por uno de sus ayudantes, otro de los arquitectos de la Vicesecretaría: Jesús Valverde.

Seguramente 1944 podría considerarse el año triunfal de Gómez como arquitecto de Propaganda. Sería un año vertiginoso, plagado de trabajo y también de éxitos. Durante ese periodo mostraría con largueza sus enormes capacidades de inventiva, improvisación y de saber agradar a sus superiores. Sus logros, como veremos, serían recompensados. Pero también es posible que todo ese éxito empezase a hacerle sentir cómodo, a repetirse y a descuidarse. Especialmente extenuante fue el trabajo para las emisoras de radio de Arganda, de las que hablaremos.

El 1 de enero su sueldo se eleva oficialmente a 30 000 pesetas anuales.[245] El día 8 abona las tasas para la impresión de su título académico.[246] A finales de mes, es admitido en el Colegio Oficial de Arquitectos de Madrid.

Sus primeras actividades, aparte de las obras de las emisoras, las detectamos en marzo, cuando prepara el escenario para una concentración falangista en el Paseo de Coches del Parque del Retiro de Madrid.[247] Se trataba de una concentración de militantes de todos los rangos, tanto veteranos como jóvenes y Sección Femenina. El motivo era otorgar medallas acreditativas de vieja guardia y, sobre todo, dar rienda suelta entre los más jóvenes a sus impulsos marciales en desfiles y alardes en formación. El ornamento que proporciona la Vicesecretaría consiste en «una doble plataforma donde se erige el altar para la misa de campaña, que se flanquea por una gran cruz de líneas sencillas, altos mástiles a ambos bordes de la avenida, con banderas y reposteros».[248] Y, claro, no podían faltar sus *acróteras humanas,* ya que el altar y la cruz están situados sobre la tribuna donde «se distribuyen artística-

[244] AGA Caja 3-2387. Sobre proyecto Monumento Caídos Carcagente, Valencia.

[245] AGA Caja 3 42-4841.

[246] AGA caja 31-1801.

[247] AGA, caja 03 21-2082.

[248] *ABC,* 25 de marzo de 1944.

mente los portaestandartes».[249] Tras la entrega de las 379 medallas, 50 a familiares de camaradas caídos y 12 a camaradas de la Sección Femenina, con los asistentes debidamente colocados en sus marcas, la banda de tambores trompetas, pífanos y gaitas del Frente de Juventudes, una centuria en representación de excombatientes, columnas cerradas de a cuatro de los distintos distritos del Frente de Juventudes de Madrid, y una bandera ciclista, desfilan a los gritos de «¡Viva Franco!» y «¡Arriba España!».

La Feria del Libro de 1944

En mayo el arquitecto se concentrará en dos grandes realizaciones novedosas que debió planificar con tiempo, ya que, además de complicadas, coinciden cronológicamente.

El 28 de mayo se inaugura la Feria del Libro de Madrid. El acontecimiento tenía una connotación importante, era la primera vez que se realizaba el evento desde la Guerra Civil. Esto la convierte en una celebración evidentemente especial. A Gómez del Collado, que será su organizador material, le produjo una gran satisfacción.[250]

El acontecimiento, aunque con características diferentes, retomaba una tradición que se había iniciado en 1933, en plena República. Durante el denominado bienio social-azañista que, para entonces, ya estaba bastante tocado tras la crisis de Casas Viejas de enero, aquella feria reunió 20 casetas, entre los días 23 y 29 de abril en el Paseo de Recoletos de Madrid. Había surgido como una idea de la Cámara Oficial del Libro de Madrid, con la oposición de los libreros, pero con el decidido impulso de los editores madrileños. Ellos fueron los auténticos protagonistas de la feria, entre los que figuraban Espasa-Calpe, Manuel Aguilar, Saturnino Calleja, la *Revista de Pedagogía* o la *Revista de Occidente*.[251] Los gastos fueron sufragados por los editores y la Cámara del Libro. La inauguración se realizó con toda solemnidad el domingo 23 de abril por el ministro de Instrucción Pública, Fernando de los Ríos, el alcalde de Madrid Pedro Rico y el presidente de la Cámara del Libro José

[249] *LVE*, 28 de marzo de 1944.

[250] Así nos fue relatado por Antonio Murias, en conversación mantenida el 4 de agosto de 2017 en Cangas del Narcea. Aunque Gómez no solía contarle a Murias demasiadas cosas sobre su paso por la Vicesecretaría, sí que recuerda que varias veces se refirió a las ferias del libro que había organizado y de las que se mostraba satisfecho, subrayando un cierto carácter pionero.

[251] Martínez Rus y Sánchez García, 2001, pp. 21-22.

Ruiz Castillo.[252] Entre el 6 y el 16 de mayo de 1934 se celebró la segunda edición, que abandonaba el carácter local y daba entrada a editores de Barcelona y México.[253] La tercera edición reunió 45 casetas y tres pabellones, bajo la organización de la Agrupación de Editores Españoles, que dirigía Gustavo Gili, entre los días 5 y 16 de mayo de 1935.[254] La cuarta edición, primera que tenía carácter oficial, contó con la participaron de 24 editoriales y 8 librerías. Fue inaugurada por el entonces presidente de la República Manuel Azaña, al que acompañaba el presidente del gobierno, Casares Quiroga. La feria duró desde el 24 de mayo al 2 de junio de 1936.[255] Seis semanas más tarde comenzaría la Guerra Civil.

El vacio que abarca los tres años de guerra se explica por sí solo, pero cabe preguntarse por el correspondiente al periodo 1940-1943. Se ha mencionado el lavado de cara del Régimen, ante el cambiante curso de la guerra mundial:

> No se volvieron a organizar ferias del libro hasta que, en 1944 (después de Stalingrado, del desembarco en Sicilia y de la caída de Mussolini), era ya seguro el triunfo de los Aliados en la segunda guerra mundial. La Feria de 1944 respondería a un intento de revocación de fachada del régimen totalitario.[256]

Ciertamente Franco era consciente del transcurso de la guerra, aunque su neutralidad no fuese siempre voluntaria. El 2 de mayo, se había logrado el acuerdo con británicos y estadounidenses por el que terminaba un angustioso bloqueo a la importación de combustible. El desfile de la Victoria, del 1 de abril, se había hecho sin tanques ni camiones por la escasez.[257] A cambio, España restringió las exportaciones a Alemania, especialmente las de wolframio.[258] En esa línea, el motivo del retraso en la recuperación de la Feria del Libro, probablemente, fuera la penuria. Había escasez de novedades, de ejemplares de los títulos más solicitados, así como falta de posibilidades económicas de la mayor parte del público.[259]

La feria se envolvía en una serie de celebraciones adjuntas: la Exposición Histórica del Libro Español, que se instaló en la Biblioteca Nacional; también una Asamblea del Libro Español que se inauguraría el 31 de mayo, y cuyas sesiones

[252] Cendán Pazos, 1987, p. 9.

[253] Ibídem, pp. 13 y 14.

[254] Ibídem, p. 15.

[255] Ibídem, p. 16.

[256] Peña, 2009, p. 276.

[257] Así lo publicó *The Times* el 3 de abril de 1943 y, si se observan las imágenes que sacó la prensa, véase por ejemplo *ABC* del 2 de abril, solo aparecen en el desfile varios cañones arrastrados por caballos.

[258] Preston, 1994, pp. 636 y 637).

[259] Rodrigo Echalecu, 2016, p. 180.

El día de la inauguración. EFE.

se celebraron en los salones del CSIC, en la calle de Medinaceli. Dicha asamblea pretendía aumentar la eficacia de la política editorial, reuniendo a los distintos sectores implicados, tanto organismos oficiales (Exteriores, Educación, Sindicato del Papel) como editores. Así lo proclamó en su discurso de apertura el presidente del Instituto Nacional del Libro Español (INLE), Julián Pemartín.[260] Se presentaron cinco ponencias que trataron sobre la dignificación profesional del escritor, la Ley de Propiedad Intelectual, los derechos y deberes de los editores, la difusión del libro y la misión específica de los libreros.[261] Se clausuró, al igual que la feria, el 9 de junio con la solemne presencia del Caudillo. El acto central debiera haber sido un discurso de Eugenio d'Ors, pero, como ya había advertido días antes la prensa,[262] hubo de ser distribuido en copias impresas por los problemas de salud del escritor catalán.

Para la feria se creó una Junta de Honor de la que formaban parte el jefe del Estado y el ministro de Asuntos Exteriores Jordana, el ministro secretario del Movimiento Arrese y el de Educación Nacional, Ibáñez Martín. La organización se puso en manos de una de las secciones de la Vicesecretaría de Educación Popular,

[260] Ibídem, p. 157.

[261] Se trataba de revisar una ley que ya databa de 1879.

[262] *ABC*, 7 de junio de 1944.

el Instituto Nacional del Libro. Un organismo establecido en 1939 que se integró en la Vicesecretaría desde su creación. En ese momento lo dirigía el ya aludido falangista, primo carnal de Pemán,[263] Julián Pemartín Sanjuan. La comisión ejecutiva la formaban Arias Salgado como vicesecretario de Educación Popular, Sanz Orrio en su calidad de delegado nacional de Sindicatos, el propio Pemartín y otros miembros relacionados con el libro y el comercio. También se formó una comisión de actos culturales en la que participaron Laín Entralgo y Gerardo Diego, entre otros. Se convocó un concurso para la elección del cartel. El jurado del que formaban parte D'Ors, Vázquez Díaz y Saturnino Calleja, eligieron la obra presentada por Ricardo Summers Isern, que firmaba como Serny. Se embolsó 5000 pesetas como premio.[264]

El presupuesto de la feria ascendió a cerca de 150 000 pesetas. Las partidas principales las proporcionaron la Delegación Nacional de Sindicatos y los ministerios de Comercio y Educación. Los fabricantes de papel contribuyeron con 5000 pesetas y el Ayuntamiento de Madrid y otros organismos también aportaron cantidades menores. Los editores contribuyeron, según categorías, con entre 3000 y 7000 pesetas y los libreros con cantidades de 2000 a 3000. En total participaron 55 editoriales, once librerías, seis distribuidoras y ocho centros oficiales. Madrid ocupó 54 casetas, Barcelona 25, una Valladolid y otra San Sebastián. Además, se instalaron una estafeta de correos y un grupo con tres departamentos para las oficinas de información del INLE. En total, 70 casetas estándar y cuatro especiales, que se distribuyeron a lo largo de 300 metros.[265]

Se eligió volver al lugar tradicional de las ediciones republicanas, el Paseo de Recoletos, anexo a la Biblioteca Nacional —por esas fechas se llamaba Paseo de Calvo Sotelo—.[266] El Instituto Nacional del Libro Español encargó la organización material del evento al arquitecto jefe de su sección hermana: Organización de Actos Públicos.[267] Las casetas, diseñadas por el arquitecto municipal, no podían alterarse en su aspecto exterior.[268]

Para su instalación se debían seguir unos criterios establecidos por la Vicesecretaría en un informe que rubricó el propio Gómez. Según dicho comunicado, la estructura de las unidades que componían la feria se atendría a determinada uniformidad de altura, elementos decorativos, color y dimensiones. La Vicesecretaría no quería hacer «arquitectura pastiche», es decir, imitar piedra o bronce u otros

[263] El nombre completo era José María Pemán y Pemartín.

[264] Summers de Aguinaga, 2005, p. 156.

[265] Rodrigo Echalecu, 2016, pp. 180 y ss.

[266] Así se denominó hasta 1981 en que el alcalde Tierno Galván recuperó su nombre tradicional.

[267] AGA, caja 03 21-2082, Feria Nacional del Libro.

[268] Rodrigo Echalecu, 2016, p. 182.

El día de la clausura. En primera fila: Arias Salgado, Pemartín, de oscuro tapado por el brazo de Franco, y Arrese. Foto: Hermes Pato. EFE.

materiales nobles utilizando contrachapado o cartón. También se requería la utilización de elementos desmontables y reutilizables. Se muestra preocupación porque el arbolado del paseo impedía hacer construcciones de grandes dimensiones para conferencias o proyecciones.[269] Se conserva una memoria del Instituto del Libro, donde se explica que la feria tenía como primera meta «ser el exponente de la cultura española bajo el signo de Franco», así «superará las que se hicieron en tiempos anteriores al Movimiento», entre otras cosas porque ya no se dará únicamente de «carácter madrileño, sino que se plantea como una feria nacional». Y solicita un presupuesto:

> Es ferviente deseo del Instituto que la instalación material de la feria exprese por su grandiosidad y riqueza el estado de florecimiento alcanzado hoy por la industria editorial española y al mismo tiempo revele por sus líneas arquitectónicas y decorativas la etapa histórica que vive España, para lo cual se reconoce que sin el apoyo moral y material de la vicesecretaria de educación popular no se podría alcanzar las altas finalidades propuestas. En consecuencia, este Instinto solicita de la Vicesecretaría de Educación Popular la aportación de 200 000 pts.[270]

[269] AGA, caja 03 21-2082. Feria Nacional del Libro.

[270] Ibídem

Las casetas presentaban alineadas en el paseo un aspecto efectivamente uniforme. Estaban inspiradas en sobrias líneas clasicistas, pintadas de blanco, y utilizaban el tema de la pilastra toscana para marcar las divisiones entre ellas. En su parte alta cada caseta remataba en una ligera cúpula rectangular achatada que se coronaba con una piña ornamental. Asistieron a la inauguración los ministros Arrese, Carceller e Ibáñez, así como Arias Salgado. La feria iba a clausurarse en día 6, pero dado el éxito, y a petición de los expositores, se alargó hasta el día 9 de junio.[271] Ese día el Caudillo acudió con su uniforme blanco de gala, de jefe nacional de FET de las JONS, en compañía de los ministros, que también llevaban uniforme blanco.

Cerro de los Ángeles. 30 de mayo de 1944

En ese ajetreado final de mayo, Gómez, además de lidiar con la Feria del Libro, tuvo que resolver otro gran acontecimiento. El 30 de mayo de 1919, Alfonso XIII había consagrado España al Sagrado Corazón de Jesús.[272] El acto se solemnizó inaugurando en el Cerro de los Ángeles, en Getafe, un colosal monumento que se elevaba 28 metros, realizado por el escultor Aniceto Marinas.[273] Durante la guerra, en el verano de 1936, fueron fusilados cinco jóvenes por defender el lugar. En agosto, milicianos republicanos hicieron primero un simulacro de destrucción del monumento y finalmente lo dinamitaron.[274] El cerro se convirtió así en un símbolo de las víctimas de la persecución religiosa. Ese 30 de mayo de 1944 se cumplían 25 años desde la consagración de Alfonso XIII. El obispado llamó a los fieles a acudir

[271] Cendán Pazos, 1987, p. 18.

[272] Para el fenómeno de la devoción y consagración del Sagrado Corazón desde el punto de vista devoto, puede verse Cano Medina, 2007. A la consagración oficial por parte de Alfonso XIII había precedido una del aspirante carlista al trono Carlos María de Borbón y Austria-Este. El fenómeno tuvo mucha difusión en Hispanoamérica y Filipinas. De hecho, el primer país en «consagrase» fue Ecuador, ya en 1874. También El Salvador, Guatemala, Venezuela y Colombia precedieron a España. Polonia fue en 1920 el primer, y hasta ahora único, país consagrado no hispano.

[273] La imagen del Sagrado Corazón era majestuosa e inspiraba devoción. En el pedestal, bajo la inscripción «Reino en España», estaba representada la Inmaculada Concepción, que tenía a sus pies un escudo nacional llevado por ángeles. A los lados del monumento se levantaban dos grupos escultóricos. Uno representaba a la «Humanidad santificada», en él figuraban varios santos relacionados con la devoción al Sagrado Corazón: santa Margarita María Alacoque, santa Gertrudis y el venerable P. Hoyos; también otros que se distinguieron por su amor ardiente a Cristo: san Juan Evangelista, san Agustín, san Francisco de Asís y santa Teresa de Jesús. El otro grupo escultórico representaba a «la Humanidad que tiende a santificarse», y estaban representadas la Caridad, la Virtud y el Amor, la Humildad y el Arrepentimiento en formas alegóricas. Las dimensiones del complejo eran colosales: 28 metros de altura por 13,5 de anchura y 16 de fondo (Cano Medina, 2007, p. 240).

[274] Puede verse Guijarro, 2006.

a Getafe a rememorar la consagración de España al Sagrado Corazón de Jesús. «Para servirlo y honrarlo han aceptado gustosamente puesto en la Junta de Honor, presidida por nuestro glorioso Caudillo, las más altas autoridades de la nación».[275] La simbiosis Estado-Iglesia se iba a dar un gran festín abrazándose en el cerro. El Régimen decidió hacer coincidir el aniversario con un gran acto de desagravio que además supusiese el pistoletazo de salida para la reconstrucción del monumento.[276]

El programa de actos comenzaba el lunes 29 con varios eventos que según la prensa convocaron a más de 4000 fieles. Muchos de los ellos acudieron descalzos y otros de rodillas.[277] A las doce de la noche comenzó la «santa vigilia», que ofrecía un «cuadro imponente». Contribuyó de forma determinante la iluminación proporcionada por potentes proyectores antiaéreos que instaló el ejército. El rezo se alargó hasta las cinco de la mañana. La actividad diurna se recuperó a las diez y media con la misa oficiada por el obispo. Los actos fuertes estaban reservados para la tarde con la presencia del Caudillo.

Las crónicas periodísticas hablan de una muchedumbre de 150 000 fieles reunidos en el Cerro de los Ángeles desde primeras horas de la tarde. Es muy probable que las cifras se exagerasen, pero si se consulta la documentación gráfica de esos años, la presencia de masas en casi todos los actos resulta arrolladora. No deja de asombrar el poder de convocatoria del Régimen en sus grandes demostraciones públicas. Algunos de estos actos, que se comentarán más adelante, contaron con la presencia de Eva Perón y previamente con la de Radío, embajador de Argentina. La simple presencia de Franco en lugares como Bilbao o Barcelona parecía tener un poder de convocatoria apabullante. Sin despreciar la afección que el Régimen hubiese podido crear,[278] habría que considerar, además, otros motivos: seguramente existió cierto temor a la delación, —«ese no asistió»—, que desacreditase en círculos sociales, en parroquias, etc. Cabe añadir un aspecto más: la simple curiosidad mezclada con el aburrimiento. No cabe la menor duda de que los años de la década de 1940 suponen una de las épocas más tristes y penosas de nuestra historia en tiempo

[275] *ABC,* 28 de mayo de 1944.

[276] El proyecto de reconstrucción se le encargó al arquitecto oficial del Régimen Pedro Muguruza, que presentó varias opciones megalómanas (Bustos Juez, 2015, pp. 522-527). La ejecución realizada por Luis Quijada Martínez las simplificó rotundamente. El monumento se inauguraría oficialmente en 1965 (González-Varas, 2015, p. 92).

[277] Los detalles ceremoniales y fragmentos de discursos están tomados de *ABC,* 31 de mayo de 1944.

[278] Es interesante considerar argumentos como los expuestos por historiadores nada sospechosos de simpatizar con el franquismo, como el profesor Xavier Moreno Juliá, buen conocedor de los años 1940. Por ejemplo, las circunstancias imperantes en la Barcelona de la Guerra ivil, donde se vivieron muchas situaciones de terror, contribuyeron a que una parte importante de la sociedad entre las clases medias y los trabajadores viesen también el final de la guerra como una liberación. Véase Moreno Juliá, 2004, pp. 1-6.

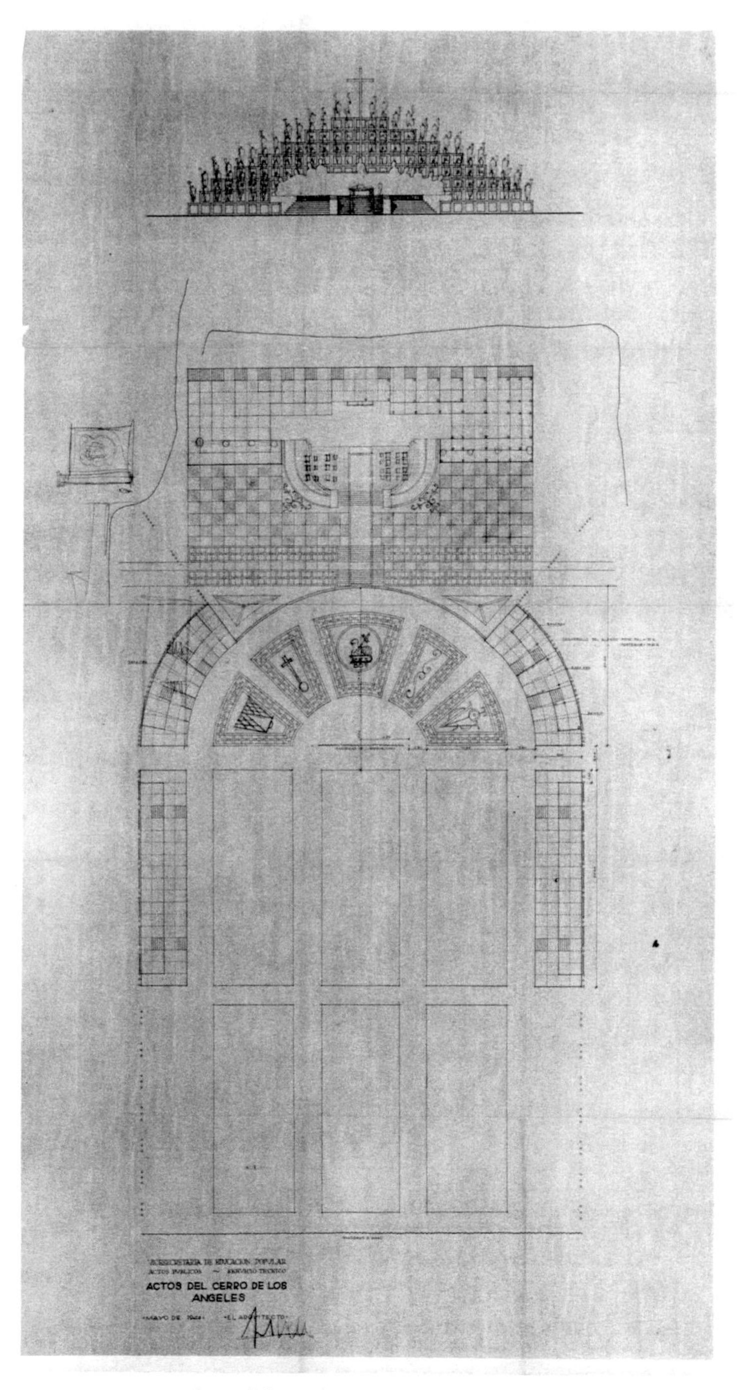

Plano del escenario. AGA Caja 3 21-02082.

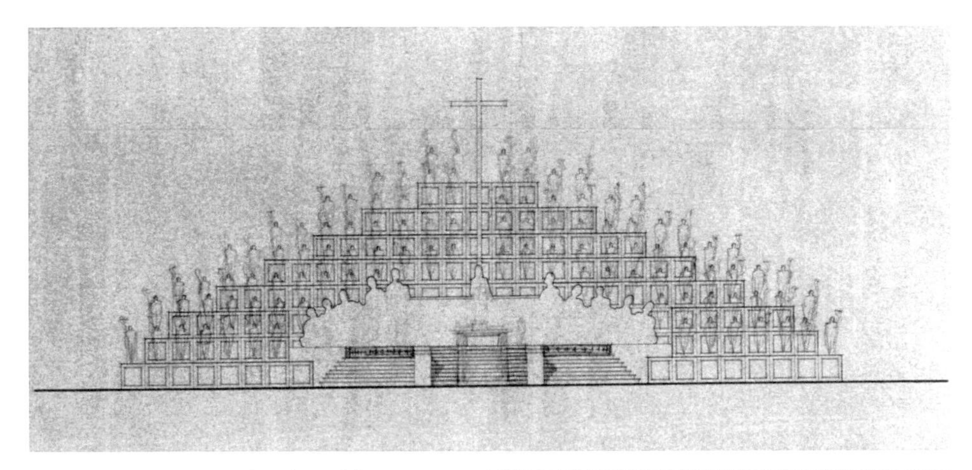

▲ Plano del escenario.
AGA Caja 3 21-02082

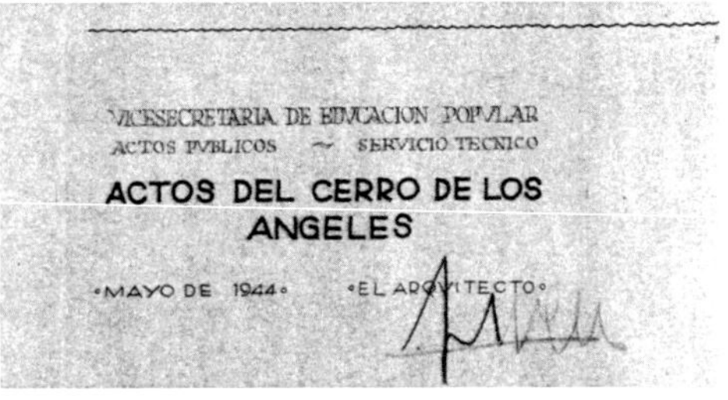

▶ La firma inconfundible de Gómez bien visible en el proyecto.
AGA Caja 3 21-02082

de paz. No había prácticamente nada que hacer. De modo que un acto de masas, por el simple hecho de convocar gente, de poder ver automóviles, tal vez la Guardia Mora, de tener un motivo para salir a la calle, seguramente también contribuyó notablemente a engordar las cifras de asistencia a ese tipo de actos.

Sobre las seis y media de la tarde, estaba prevista la llegada del Caudillo, que acudió en uniforme de capitán general, y Carmen Polo. Por si alguien dudaba del componente militar *liberador* de aquel escenario, también asistieron el capitán general y el gobernador militar de la región. Se pasó revista a una batería del regimiento de Artillería de Getafe. Por supuesto, también concurría una buena representación de la Iglesia y varios ministros. Los discursos corrieron a cargo de las autoridades eclesiásticas. El de clausura lo dio el cardenal primado Plá y Daniel, que aludió a la evolución político-religiosa que hizo arrancar el Tercer Concilio de Toledo,[279] trasladándonos de «aquellas épocas de fe religiosa a aquellas otras tan próximas, de bárbaras profanaciones». Finalmente, el Caudillo fue despedido con clamorosos vítores del público, que acompañó el coche un rato.

[279] Año 589. Fue el de la conversión al cristianismo del rey visigodo Recaredo.

El altar principal. EFE.

Para abordar ese escenario —entonces prácticamente era una explanada desnuda—, José Gómez del Collado[280] aprovechó los restos del conjunto escultórico destruido. Encajó a su espalda una gran pantalla-escenario, reciclando las estructuras cúbicas guarecidas de paño negro y verde que había empleado en El Escorial. Las dispuso formando una muralla escalonada, sobre la que, como era habitual, situaba acróteras humanas. En este caso, adultos portando banderas nacionales, tradicionalistas con la Cruz de Borgoña, banderas de Falange, de Acción Católica y también de las Juventudes Marianas. En lo más alto, una gran cruz. El conjunto daba, como dijo la prensa, «un fantástico aspecto de solemnidad y fervor religioso»; las ruinas quedaban «enmarcadas en un catafalco gigantesco de ocho pisos».[281] En medio de las esculturas destruidas, emplazó el altar con una pequeña talla que reproducía la que había sido arrasada. A los lados, sendas tribunas principales. La de la derecha reservada para el Caudillo, su esposa y su séquito, la de la izquierda era ocupada por las principales autoridades religiosas. Ante el altar, separado por

[280] AGA, caja 03 21-2082. Acto en el Cerro de los Ángeles.

[281] *ABC*, 31-05-1944.

Foto Cortés. EFE.

una gran escalinata, se abría una explanada decorada con «los Víctor del Caudillo, alegorías de la Victoria y cruces gigantescas dibujadas en el suelo».[282] Un poco más alejadas se dispusieron otras tribunas adornadas con tapices, banderas y reposteros para autoridades de menor rango. Finalmente, en la gran explanada enmarcando los lugares se situaba en orden el público.

«Exposición Anticomunista»

En esa primera mitad de 1944, seguimos encontrando a Gómez muy activo. De esos meses hay un curioso proyecto en el que parece haber trabajado con mucha ilusión, aunque su realización se acabó truncando. Llevaba la significativa denominación de «Exposición Anticomunista. Paseo de Recoletos. Madrid».[283]

El proyecto se originó en febrero, cuando el Ministerio de Asuntos Exteriores recibe de la embajada alemana una serie de paneles que habrían de servir para realizar una «Exposición Antikomintern». El ministerio, la embajada y la Vicesecretaría formaron un patronato para llevarla a cabo. Pero sería esta, con su arquitecto jefe a la cabeza, quien cuidaría del diseño, organización, construcción y funcionamiento de la exposición.

El primer problema con el que se topó el proyecto fue el de la ubicación. La Vicesecretaría pretendía llevar a cabo el montaje en un solar, en Calvo Sotelo —actual Recoletos—, entre el Frontón de Recoletos[284] y el paseo. El terreno era propiedad de la compañía de seguros L'Unión Vida. Sus responsables, en principio, no estaban muy felices con la idea de cederlo. David Jato, en su calidad de camarada jefe nacional de Propaganda, tuvo con ellos un espinoso intercambio de correspondencia. Allanado este aspecto, Gómez empezó a delinear el proyecto. Su idea fundamental se basaba en una gran pirámide, para la que utilizaba el adjetivo «colosal»:

> Toda [la pirámide] practicable por el público que la visitase, con cuatro monumentales escalinatas y sobre sus paramentos verticales, desarrollar los bastidores antes citados y otros trabajos que expondrían claramente al visitante el fin de la citada exposición, a la manera que en las pirámides de las culturas indochinas se especifica en bajorrelieves la vida de los dioses.

[282] Ibídem.

[283] AGA, caja 03 21-2086. Exposición Anticomunista. Paseo de Recoletos. Madrid.

[284] El frontón, diseñado por el ingeniero Eduardo Torroja y el arquitecto Secundino Zuazo en 1935, que siempre fue muy apreciado, estaba situado en la esquina de las calles Villanueva y Cid.

«Exposición Anticomunista». AGA, caja 3 21-2086.

Las escalinatas se elevarían 20 metros y sobre ellas, a modo de gran remate, habría una figura de ocho metros representando al comunismo apropiándose del mundo. En el texto se hace hincapié en que la resistencia de los materiales se adaptara al volumen de visitantes. Además, estaba pensado para ser concurrido tanto de día como de noche, por lo que se hacen previsiones sobre la iluminación nocturna. En torno a la pirámide se disponía una serie de departamentos en pabellones adornados con «cúpulas moscovitas». Albergaría distintos tipos de propaganda que se repartiría entre el público. Dentro de la pirámide se habilitaría un teatro o salas de proyección para difundir películas o dar conferencias. En la parte superior del conjunto, bajo la amenazante figura que representaba el comunismo, irían instalados potentes equipos de amplificación para radiar guiones, música, etc.

Sin duda, el origen del material ofrecido metió el diablo de Goebbels en la cabeza del arquitecto asturiano. Hasta debió de disfrutar bastante con la idea y dejó unos elocuentes dibujos. Sin embargo, aunque las obras comenzaron a principios de mayo, el 10 de agosto llegó la orden de suspensión de todos los trabajos. La mayor parte de la faena la había aportado la empresa de Marsá, que pudo quedarse con el material que no era reutilizable por la Vicesecretaría, con un descuento previo del 50 % del importe del trabajo. Otro proyecto frustrado. En la documentación no se alude a las causas concretas del abandono, pero las fechas son bastante reveladoras. La ofensiva iniciada con el desembarco de Normandía en junio penetraba en territorio francés. En esas fechas los aliados están a las puertas de París, que sería

«Exposición Anticomunista». AGA, caja 3 21-2086.

«Exposición Anticomunista», «cúpulas moscovitas». AGA, caja 3 21-2086.

liberada dos semanas después. Si añadimos el avance soviético en Europa oriental, la posibilidad de la victoria del Eje se hacía cada vez más recóndita. Pocos días antes de la suspensión, el 3 de agosto, había fallecido el ministro de Exteriores Jordana, que había procurado desde 1942 ofrecer una cara menos pronazi del Régimen. Su sustituto, José Félix de Lequerica, en el año que ejerció el cargo, redobló los esfuerzos por vender el estatus de neutralidad que España pretendía mostrar. No parecía el momento más adecuado para una exhibición como la que pretendía la exposición. Aunque pudiera ayudar a sostener la pretendida guerra exclusivamente antisoviética del Régimen, dejaría en evidencia el origen alemán de los materiales.

Con la Sección Femenina en El Escorial

A comienzos de julio, Gómez volvería a El Escorial. Esta vez el encuentro será con el rostro no viril de la Falange: la Sección Femenina.[285] El cambio del rumbo de los acontecimientos militares en Europa también pesaba sobre esta organización. El gran acto celebrado entre el 5 y el 9 de julio fue la segunda gran concentración nacional de la Sección Femenina y sería le última.[286]

Con la concentración, toda ella un constante homenaje al Caudillo, se conmemoraba el décimo aniversario de su fundación.[287] El precedente había sido la concentración celebrada en Medina del Campo en mayo de 1939, donde se reunieron 10 000 mujeres.[288] En esta ocasión se pretendía llegar a las 15 000 concentradas que, durante cuatro días, participarían en charlas, reuniones, actos políticos, actividades deportivas, etc.

Como era habitual en los eventos de esta organización, la primera de las actividades fue una «misa dialogada», un ceremonial que se hacía en este ámbito; hay quien lo considera una auténtica innovación para la época.[289] La fórmula, establecida por el capellán de la organización fray Justo Pérez de Urbel, se adelantaba a las innovaciones que aportaría el Concilio Vaticano II. Implicaba que, al contrario

[285] Creada personalmente por José Antonio Primo de Rivera en 1934 como grupo aparte de Falange, puesto que al estar esta concebida como un grupo de choque confrontación, no se considraba un lugar adecuado para las mujeres (Sánchez López, 2007, pp. 39 y 40). José Antonio nombró a su hermana Pilar jefa de la organización, cargo que ocupó durante 43 años (Richmond, 2004, p. 28). Conocida popularmente como Sección Femenina, su nombre oficial era Sección Femenina de Falange Española, y a partir del decreto de unificación Sección Femenina de FET de las JONS.

[286] Richmond, 2004, p. 147.

[287] Zuliani, 2007, p. 96.

[288] Ibídem, p. 94.

[289] Ibídem, p. 130.

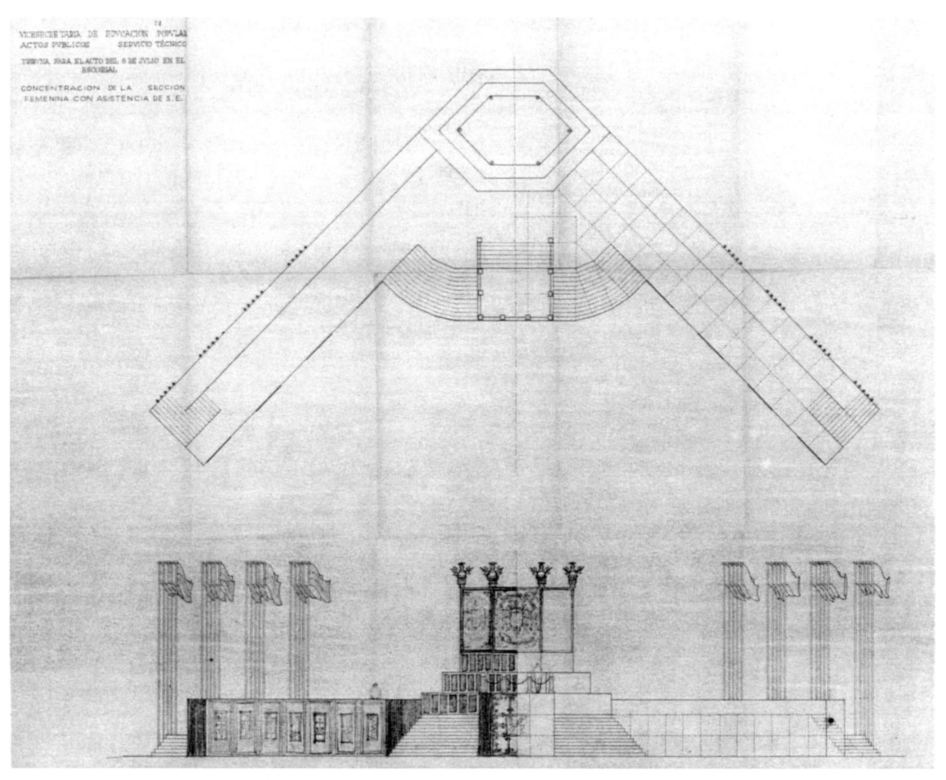

Plano de las tribunas de los actos de la Sección Femenina en El Escorial. AGA, caja 3 21-02083.

que las misas habituales, sin apenas participación de los fieles, las camaradas respondían ayudándose de un misal.[290] Se introducía la lectura de salmos, el uso del canto gregoriano y algunas partes de la misa se decían en español, en lugar del latín tradicional. Aunque quizás lo más innovador de todo era que en las capillas que utilizaba la Sección Femenina para sus misas solía haber un altar preparado para que el sacerdote oficiase de cara al público y no de espaldas, como se hacía en las misas preconciliares.[291] Pilar Primo de Rivera presidió esa «misa dialogada» en la basílica de El Escorial. Después, en el Patio de los Reyes disertaron diversas camaradas venidas de Lugo, Oviedo y Santander, y se finalizó con una demostración folclórica. La delegada nacional comentó entusiasmada a la prensa el vertiginoso ascenso de afiliación a la organización. Aseguró que había ascendido de 200 000 a

[290] Es una constante la alusión al *Libro de las Misa Dialogada* en las circulares que se envían a las camaradas para la preparación de actos; puede verse, por ejemplo, la número 190 del 21 de marzo de 1942, o en el *Mensaje a las casadas* de las navidades de 1946 (1936-1947; Anónimo, 1945).

[291] Richmond, 2004, pp. 117 y 118.

600 000 militantes en los últimos años.[292] Esa misma noche, Pilar Primo de Rivera partió a Madrid en lugar de hacer compañía a las muchas camaradas que pernoctaron de acampada.[293]

En los días sucesivos, el protagonismo fue para los discursos políticos, a los que se denominaron «lecciones». El de Girón versó sobre la figura de José Antonio. La «lección» de Arrese se titulaba significativamente «El Caudillo y la Falange». Pese a empezar diciendo que «la adulación es una fórmula enfermiza que encubre la ausencia de otra razón», no pudo evitar hablar de Franco como hombre heroico, limpio, valiente, etc. Lo sitúa en África, «soldado singular», en los años «trágicos de la República», cuando junto a José Antonio medita una fórmula para el rescate de la patria, hasta llegar a la salvación que hará que «España vuelva a ser grande en el nombre glorioso de Franco. Jefe y Caudillo que nos trajo la victoria y la paz».[294]

Los actos principales se celebraron el sábado día 8, con la ansiada presencia del Caudillo. Se ha comentado que el monasterio de San Lorenzo de El Escorial y su entorno era uno de los lugares preferidos por Gómez del Collado, lo que aparece en la memoria del proyecto.[295] «Se emplazarán los actos en la lonja principal de la basílica, que por sus dimensiones gigantescas puede admitir el pleno de la concentración en formaciones suficientemente ordenadas para conseguir el máximo de espectacularidad».

Para ello ideó la construcción de tres grandes tribunas formando dos alas laterales, unidas en el vértice de la lonja con la casa de oficios. En el vértice se levantaría una monumental tribuna destinada al jefe del Estado, gobierno y mandos. Esta disposición se hace con el objeto de que pudieran dominarse desde la principal los dos brazos en ángulo recto. Las dimensiones del proyecto también dan idea de la grandilocuencia que se pretendía mostrar. Las grandes tribunas laterales colocadas una en cada brazo de la lonja suponía una estructura de 30 × 6 m de base y 3,30 de altura. Como es habitual en los proyectos de Gómez, los detalles del color quedan perfectamente remarcados, «anteriormente van revestidas de 16 tapices de 2 × 3 m cada uno, con sus correspondientes armaduras convenientemente pre-

[292] *LVE* 7-07-1944.

[293] Sobre las condiciones materiales de las concentradas, a través de entrevistas personales, Kathleen Richmond ha aportado algunos testimonios contundentes, como el de una afiliada que asistió a la concentración y cuya ración de comida, proporcionada por la oficina provincial de la Sección Femenina para el viaje en tren a El Escorial (que duró sesenta horas, venía de Andalucía), consistía en dos huevos duros y una hogaza pequeña. A la llegada, tras dos horas de ejercicios de instrucción al sol y una visita turística obligatoria al monasterio, muchas de sus compañeras de viaje se desmayaron de hambre (Richmond, 2004, p. 148).

[294] *LVE* 8-07-1944.

[295] AGA, caja 03 21-2083. San Lorenzo de El Escorial. Acto de concentración nacional de la Sección Femenina.

La tribuna principal. Foto: Miguel Cortés. EFE.

paradas para la acción del viento». Las laterales y los fondos irían tapizados con paños rojos y motivos alegóricos. Sobre el fondo se colocarían seis grupos de cinco mástiles para las banderas. En la unión de los dos brazos de las tribunas citadas, se levantaba la gran tribuna central, compuesta de dos escalinatas curvas de catorce peldaños y seis metros de desarrollo, Una a cada lado del pódium principal de 5 × 5 m destinado a Franco y sus casas civil y militar. Este pódium se elevaba siete peldaños por encima de la plataforma principal de las tribunas. Iba todo tapizado en paño rojo, sus 3,70 m de altura, y sobre él se colocó un tapiz monumental con el guion del Caudillo. Detrás de la parte destinada a Franco, se levantó un prisma hexagonal formado por seis grandes reposteros con motivos de colores y el escudo nacional. En los vértices superiores de sus ángulos, diedros e izadas sobre los mástiles, se colocarán seis amplios remates compuestos de coraza, casco y armas del siglo XVI.

A tan imponente escenario llegó el Caudillo a las 11 de la mañana, luciendo uniforme blanco de gala de jefe nacional de Falange. Iba acompañado de Carmen Polo y de varios ministros. Entró en el templo bajo palio para asistir a la misa. Des-

Desfile femenino en la lonja de El Escorial. NO-DO 81 B.

pués de la ceremonia visitó alguna de las exposiciones de trabajos realizados por las camaradas y, finalmente, ocupó el elaborado escenario. Allí le serían entregados como simbólica ofrenda la «espada de la lucha, el laurel de la victoria y las rosas del sacrificio». Tras unas palabras de Pilar Primo de Rivera, llegó el discurso del Generalísimo.[296]

Empezó por el lugar aludiendo a su creador, Felipe II:[297] «el más poderoso de nuestros reyes».[298] De inmediato pasó a tratar el asunto de la mujer.

Paradójicamente, pese a ser el colofón de un acto de glorificación del género femenino, quizás traicionado por sus ideas más profundas, la puesta en escena es

[296] Una pregunta que casi todos los investigadores sobre la figura de Franco se hacen es la de quién escribía sus discursos y artículos. Bastantes estudiosos —Preston, Díaz-Plaja, Velarde Fuertes— se inclinan por pensar que le gustaba hacerlos él mismo. Puede verse Sánchez Illán y Lumbreras Martinez, 2016, p. 47.

[297] Es bastante evidente que a Franco le gustaba compararse y sentirse continuador de Felipe II, no en vano su propio Escorial, El Valle de los Caídos, está muy cercano. Los paralelismos con el monumento de Cuelgamuros son abundantes y han sido puestos de manifiesto por distintos estudiosos, véase por ejemplo Preston, 1994, p. 439.

[298] El discurso, como era habitual en la época, fue reproducido íntegramente por toda la prensa, nosotros hemos usado le edición de *ABC*, 9-07-1944.

atribuyéndoles el papel de la insignificancia: «De hecho, al parecer insignificantes suelen salir las grandes obras». Una de esas insignificancias fue la «elección de los amores de la infanta de Castilla», de donde surgirían los Reyes Católicos, es decir, «la dinastía poderosa que dio cima a la unidad, a la grandeza y al poderío de España». La otra insignificancia a la que hacía referencia eran las mujeres de aquella organización: «unas muchachas españolas, a las que la vida les ofrecía halagos y atenciones, trocaron las comodidades y regalos de la vida social privilegiada por la difícil y penosa de auxiliar y acompañar a nuestros muchachos en su movimiento de sana rebeldía, curando sus heridas, transportando sus armas, visitando cárceles». Es decir, el surgimiento de la Sección Femenina, las compañeras, las que rozaban el combate pero no llegaban a entrar en él. Las que hacían de esa actuación auxiliar «la valiosa aportación de lo femenino». Sigue el discurso una no menos curiosa incursión en la historia, destacando el papel activo de la mujer en ella:

> No constituía una novedad de la mujer en los asuntos públicos, pues si la dominación sarracena pudo dejar por muchos años, en algunas comarcas el resabio árabe: la mujer-muñeca y el hombre-sultán; en muchos otros grandes sectores españoles, en especial en las provincias norteñas, se conserva a través de los siglos aquella herencia céltica de la intervención de la mujer en los negocios públicos.

Pero cuidado, esos negocios públicos consisten en estar «representada en el hogar por su feliz consejo, su buena administración y su excelente sentido». Ya integradas las mujeres, por tanto, en la nueva sociedad que ha traído la victoria, afirma rotundamente: «por eso, cuando dentro y fuera de España se pregunta lo que es la Falange, podéis con orgullo responder que la Falange es la paz social que disfrutamos». Para terminar, en un tono decididamente exaltado, proclamó los logros económicos del Régimen, utilizando consignas del falangismo purista:

> La multiplicación de las fuentes de riqueza y de trabajo, la solidaridad económico-social entre los españoles, la dignificación del trabajador, la redención de la mujer, la salvación de los hijos, el salario familiar, el jornal del domingo, el seguro de enfermedad, el retiro de la vejez, el sanatorio en la enfermedad, las escuelas del hogar, las guarderías infantiles, la recogida de huérfanos, el Auxilio Social, la casa alegre y soleada y tantas y tantas obras que ganan al más para Dios e hijos fuertes para la patria.

Todo lo cual da licencia a la dictadura, pues como termina irónicamente: «En esto reside nuestra tiranía: en libertar a España, unir a España y engrandecer a España. ¡Arriba España!».

Emisoras de Arganda

Una labor especial en las tareas de Gómez del Collado en 1943 y 1944 fueron los trabajos relacionados con la instalación de las nuevas emisoras de Radio Nacional en Arganda del Rey. Terminada la Guerra Civil, el nuevo Estado programó desde el principio y con urgencia, la promoción y utilización de la radio, entonces el gran medio de difusión. Para ello se plantea la instalación de un gran complejo emisor. El lugar estratégico elegido fue un solar en las afueras de Arganda del Rey, con espacio suficiente y en las cercanías de Madrid. A la corporación de Arganda se le solicita mediante un escrito del 16 de enero de 1941, por parte de Jefatura de la Sección de Radiodifusión de la Dirección General de Propaganda del Ministerio de la Gobernación,[299] la cesión de los terrenos conocidos como la Dehesa de la Isla, cercanos al Puente de Arganda. Por supuesto, la contestación es positiva y unánime por parte de los concejales. Los terrenos son cedidos con carácter gratuito, como recoge el acta de la reunión celebrada el 21 de enero de 1941.[300] En octubre, ya encuadrada la sección en el ministerio de Arrese, se publica un decreto para el trámite de expropiación de la Dehesa la Isla.[301] En enero de 1942 se anuncia la ocupación de la finca para el 5 de febrero por parte el vicesecretario de Educación Popular, Gabriel Arias Salgado.[302]

José Gómez del Collado, como sabemos, había empezado a trabajar en la Vicesecretaría en junio de 1942 y fue ascendido a jefe de Servicio en agosto.[303] En febrero de 1943 ya aparece en labores relacionadas con las obras de las emisoras.[304] En mayo se amplían los terrenos con el objeto de plantar antenas de gran tamaño para las emisiones en el extranjero, especialmente Hispanoamérica,[305] lo que incrementa el trabajo de los técnicos de la Vicesecretaría. La presencia de Gómez debió de ir aumentando, por lo tanto. Ese verano aparecen varias notas sobre el uso y mantenimiento de una motocicleta de fabricación alemana, de la marca Zündapp, con matrícula FET 941, que el arquitecto utilizaba para desplazarse a Arganda.[306] En octubre, Patricio G. Canales, delegado nacional de Propaganda, escribe a Actos

[299] Aún no había sido trasvasado el Ministerio-Secretaría General del Movimiento, lo que sucedería pocos meses después, en mayo.

[300] Puede verse copia del manuscrito en el Archivo de Arganda del Rey, disponible en línea en <http://archivo.ayto-arganda.es/digital/Document.aspx?id=L00007530073>. Última consulta: 20 de agosto 2018.

[301] Decreto de 18 de octubre, BOE, 26 de octubre 1941.

[302] BOE, 22 de enero 1942.

[303] AGA, caja 3 42-04841.

[304] AGA, caja 03 21-702. Nota sobre andamiajes.

[305] Boletín oficial de la provincia de Madrid 20 de mayo de 1943.

[306] AGA, caja 03 71-702.

Públicos solicitando que «el jefe de los Servicios Técnicos de esa sección, camarada José Gómez del Collado, se dedique, hasta nueva orden, de una manera exclusiva, a los trabajos de la emisora de Arganda».[307] En noviembre le escribe Arias Salgado, que debía de estar presionado desde arriba, indicándole tareas a cubrir en plazos cortos. Todo parece sugerir que Arrese se había marcado como fecha de inauguración el siguiente 18 de julio, por lo que se entraba en una verdadera carrera contra el reloj. Los esfuerzos que, sin duda, estaba proporcionando Gómez empezaron a tener recompensas. El propio Arias Salgado le comunica oficialmente el 11 de noviembre lo siguiente:

> En atención a los servicios extraordinarios que con ocasión del montaje de las emisoras nacionales de Arganda viene presentando, independientemente de su misión habitual, el arquitecto de esta Vicesecretaría, camarada José Gómez Collado, he tenido a bien concederle, con efectos administrativos del 1.º de septiembre último, una gratificación de mensual de 1500 pesetas que percibirá hasta la terminación de los referidos trabajos en cargo al capítulo de «Gratificaciones».[308]

Después, además del montaje de la emisora, empieza a asumir responsabilidades propias de arquitecto. En este caso no se trata de construcciones efímeras, sino de la construcción de cuarenta viviendas protegidas para el personal de las emisoras. El proyecto firmado por él incluye el diseño de apartamentos, muebles, espacios comunes, etc.[309]

Hay una cierta confusión sobre quiénes fueron los artífices de los proyectos y obras del conjunto de emisoras de Arganda. En una primera fase, desde los comienzos hasta julio de 1944, se construyen el edificio central de la emisora de onda media y el poblado de los trabajadores. En estas construcciones tendrá un papel determinante Gómez como director de obra del edificio de la emisora y como autor y director del proyecto del poblado. Respecto a la autoría del proyecto del edificio de la emisora es sobre el que guardamos más reservas. En los archivos oficiales del Ayuntamiento de Arganda del Rey figura el nombre de Diego Méndez.[310] Sanz y Torres, en su estudio sobre la arquitectura y el desarrollo urbano de Arganda,[311] afirman que la autoría de la emisora de onda corta y el poblado es de Méndez.[312]

[307] AGA, caja 03 21-732.

[308] AGA, caja 03 42-04841.

[309] AGA, caja 3 21-01766.

[310] Inventario cultural de Arganda del Rey, disponible en línea en <http://archivo.ayto- arganda.es/patrimonio/fp.aspx?id=26>, consultado el 21 agosto 2018.

[311] Sanz Hernando y Torres Solana, 2004, p. 140.

[312] Si que está bastante claro que es el autor de las posteriores emisoras de onda corta del conjunto,

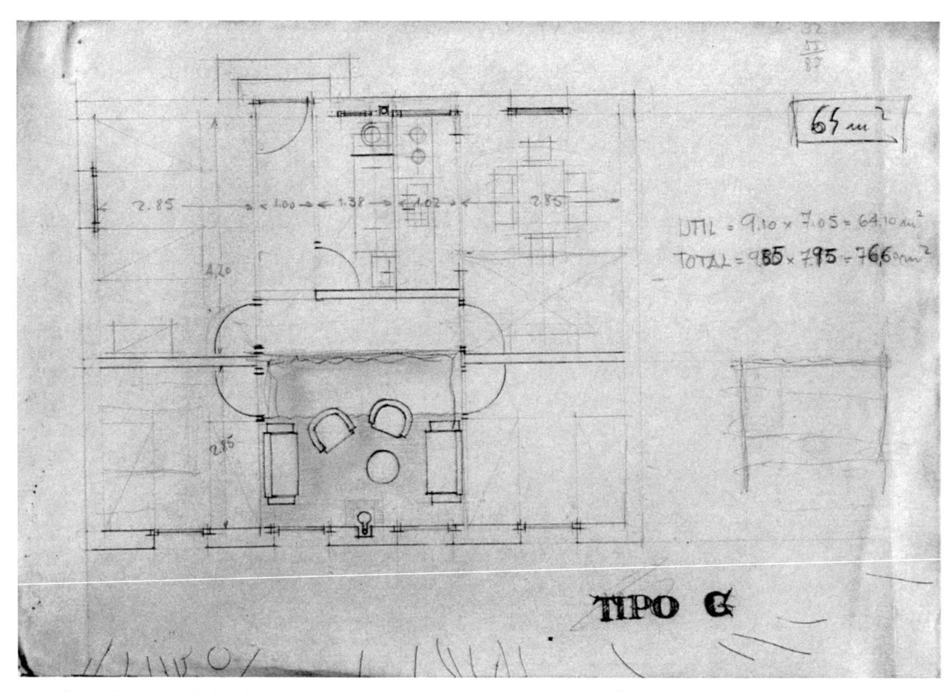

Croquis para vivienda en Arganda contenida en el proyecto de Gómez. AGA, caja 3 21-1766.

Sin embargo, a la luz de la documentación consultada en el Archivo General de la Administración, no cabe duda de que el último pertenece a Gómez. Respecto al edificio de la emisora hay más dudas. En todo caso, como veremos, Gómez, en su papel de director de obra, realizó numerosos cambios. Quizás el más significativo de todos se puede apreciar observado una maqueta del supuesto proyecto original. Estaba en el Archivo Regional Sánchez Yubero y la reproducimos tomada del trabajo de Sanz y Torres.[313]

Los cambios son notables en la estructura global del edificio y en algunas transformaciones estéticas de calado. Por ejemplo, la sustitución de la curiosa portada abocinada por una composición más clásica que le da al frente un cierto aire de villa «palladiana».

Respecto al poblado, concibe su construcción en grupos de dos apartamentos con una superficie para la vivienda estándar de 74,45 m^2, tres dormitorios de dos

proyecto de 1947. Ibídem, pp. 143-144. Aunque la dirección de obra debió de llevarla Osuna Fajardo, al que se cita como arquitecto en la inauguración en 1954 y por lo que se le otorga la Orden del Mérito Civil como presidente del «Comité de Obras de las nuevas Emisoras de Arganda», *LVE* 1-10-1954.

[313] Sanz Hernando y Torres Solana, 2004, p. 140.

Izda. Maqueta del supuesto proyecto. Drcha. Aspecto actual del edificio que se corresponde con el que tenía el día de la inauguración en 1944.

camas, cuarto de estar, cocina y comedor. La cubierta tiene terraza catalana sobre forjado autárquico,[314] vertiendo a un agua.[315]

Además de estas labores arquitectónicas, se encargó del montaje de las emisoras propiamente dichas y de otras muchas labores auxiliares. En diciembre de 1943, hay un intercambio de notas con su jefe directo José Pajares, donde le comunica el proyecto de calefacción. Las tareas se acumulan y probablemente el esfuerzo de los que trabajaban para Gómez no estaba tan bien retribuido como el suyo. Fue cuando solicitó de Pajares, como ya se comentó, que a los tres aparejadores que tiene a sus órdenes se les incrementaran las dietas.

El gobierno entiende que una inversión como las emisoras es un elemento muy estratégico y, por tanto, expuesto a ataques o sabotajes. En el mismo solar de las emisoras, en uno de sus extremos al norte, cerca del Puente de Arganda, se decide hacer la construcción de una casa-cuartel de la Guardia Civil.[316] El proyecto arquitectónico le fue encargado a Enrique García Ormaechea y, que nosotros sepamos, Gómez del Collado no tuvo ninguna intervención en él.

La importancia del trabajo que estaba asumiendo Gómez en el conjunto de las emisoras debió de alcanzar cotas muy altas, hasta llegar a convertirse en imprescin-

[314] Por Decreto del 22 de julio de 1941, BOE 2 de agosto de 1941, se aprobaban fuertes restricciones sobre el uso de hierro en la construcción, lo que llevó a arquitectos y constructores a agudizar el ingenio buscando soluciones ante esa escasez. De ahí surgieron los denominados «forjados autárquicos», elementos que se prefabricaban a pie de obra para montar sin encofrados. Se ejecutaban con las también denominadas «viguetas autárquicas». Puede verse Moreno Moreno, 2015.

[315] AGA, caja 3 21-01766. Viviendas para el personal de las emisoras nacionales de Arganda del Rey. Memoria.

[316] Boletín Oficial de la provincia de Madrid, 29 de diciembre de 1943. Bases de concurso para la construcción de viviendas y casa-cuartel de la Guardia Civil en las emisoras de Arganda del Rey.

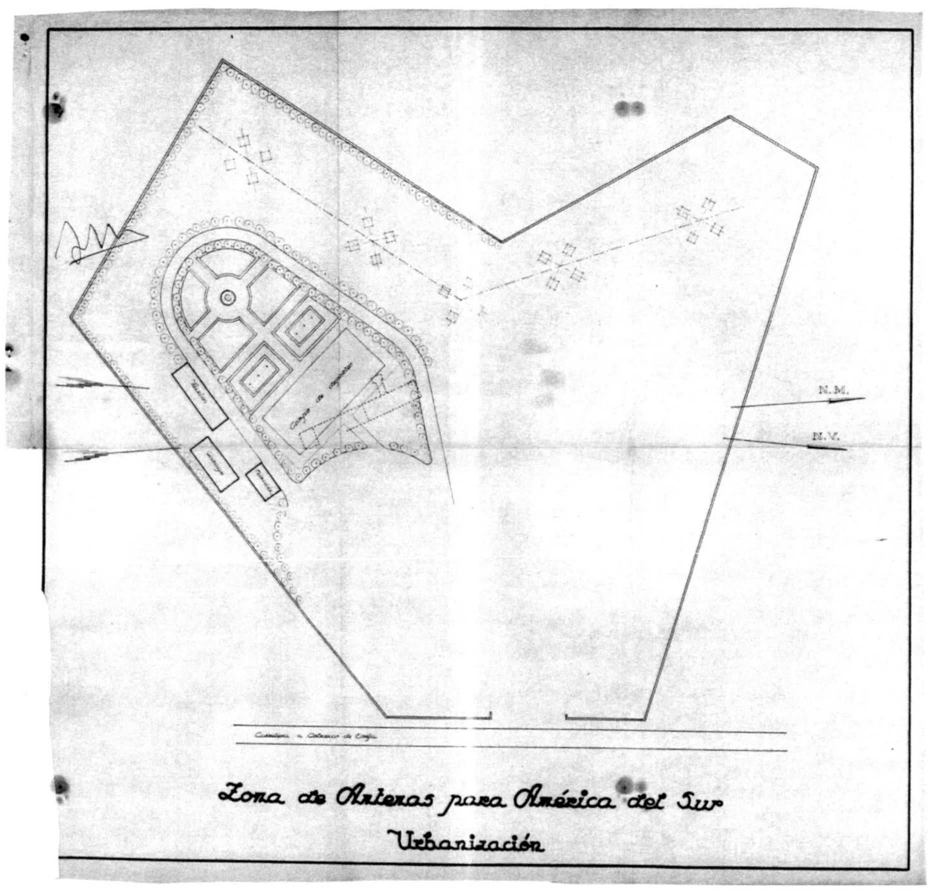

Planos para la instalación de las antenas. La característica firma de Gómez es bien visible en la parte izquierda superior. AGA Caja 3 21-1766.

dible. Solía pasar las navidades con su familia en Cangas del Narcea, y esas fiestas de 1943 al 1944 debía de estar especialmente a gusto. El día 11 de enero recibe un telegrama de Pajares: «Vicesecretario ruega no retrases tu regreso más allá quince corrientes».[317] Nada más incorporarse, Pajares vuelve a escribirle por correo interno del servicio con sello «urgente»:

> Te encarezco que dediques el formidable esfuerzo que cabe esperar de tu entusiasmo y de tu voluntad por la más urgente realización de los proyectos siguientes: 1. Arganda, Arganda y Arganda: no es admisible razón alguna que tienda a excusar el ritmo lento

[317] AGA, caja 03 42-04841. Texto de telegrama de Pajares a Collado.

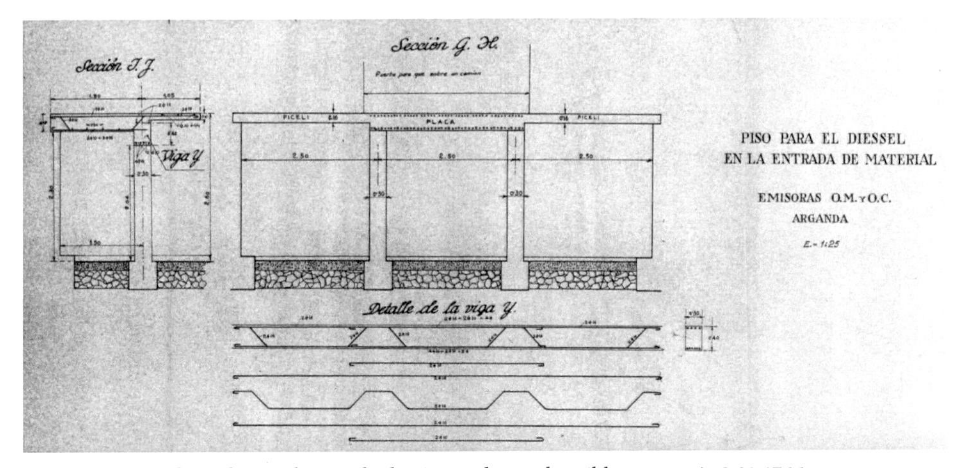

Plano de instalación de depósitos de combustible. AGA, caja 3 21-1766.

que llevan las obras en general. Es pues preciso e indispensable que los contratistas de los diversos servicios sientan nuestra inquietud por la pronta puesta en marcha de las emisoras. 2. Debe estudiarse sin pérdida de fecha el procedimiento de corregir, en lo posible, la sensación de pobreza que acusan los edificios respecto a su contenido y de la trascendencia del servicio a que están destinados para ello, independientemente de la ornamentación exterior (jardinería, puertas, sustitución de persianas, etc.), ha de utilizarse pintura de la mejor calidad para la carpintería en general y para el interior, llegando a la sustitución de sus herrajes, al menos en los locales de representación. 3. Por último, debe acometerse el proyecto relacionado con los nuevos estudios, sin pérdida de tiempo.[318]

Es evidente que asciende la presión y esta va a parar a Gómez. En enero de 1944 firma varios proyectos de obras auxiliares para el montaje de la emisora, como el hormigonado de las bases de las máquinas, reformas en la dirección técnica del montaje, demolición de primitivos barracones, acondicionamiento del edificio donde se ubica el motor diésel, instalaciones eléctricas, refrigeración, pintura, etc.[319]

A partir de febrero, en las cartas que le dirige Pajares se refieren a él como «camarada arquitecto director de las emisoras nacionales de Arganda del Rey».[320] En las numerosas comunicaciones internas se percibe el nerviosismo y las prisas. En abril ya se está decorando el vestíbulo del edificio principal para el que Gómez dibuja bocetos de muebles, también mobiliario propio de la emisora, como una

[318] AGA, caja 03 21-1850. Pajares a Collado.

[319] AGA, cajas 3 21-01764, 3 21-01770 y 3 21-01768.

[320] AGA, caja 03 21-1850. Hay varias cartas.

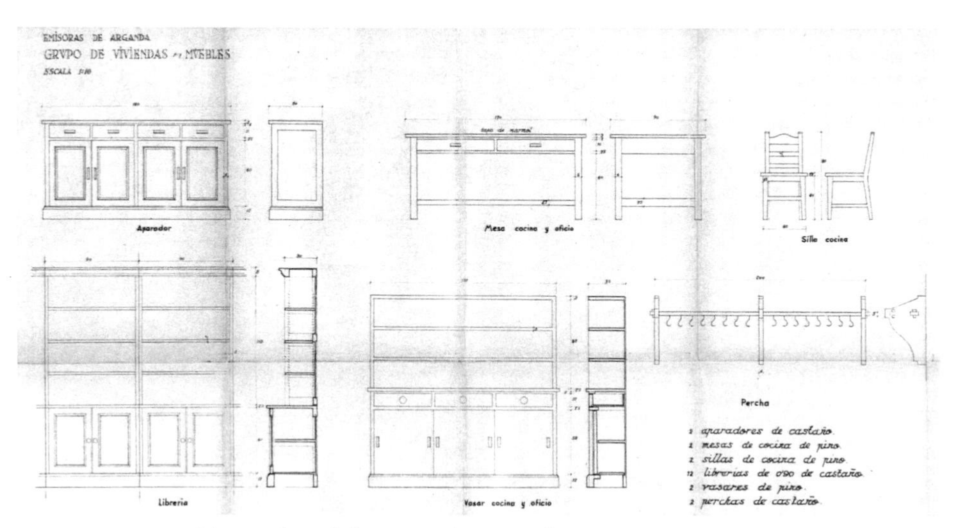

Diseños de mobiliario para las viviendas. AGA, caja 3 21-1766.

discoteca, o bancos para los jardines para uso de los empleados.[321] En mayo se ultiman las viviendas de estos,[322] y en junio se dan los últimos toques a los edificios comunes. Hay proyectos de muebles para la sala de lectura y del acondicionamiento de viviendas para solteros. «Los muebles se proyectan de manera sencilla para no encarecerlos, pero con escuadrías en la madera de suficiente espesor que garantice su servicio».[323]

Así se acercaba inexorable el 17 de julio de 1944, fecha en la que el Caudillo habría de visitar el lugar para su solemne y oficial inauguración. Lo que estaba a punto de enseñarse al país era una «emisora gigante de Radio Nacional» de 120 kilovatios, adquirida en un acuerdo firmado con Alemania e idéntica a la de Leipzig.

> Las edificaciones, en un terreno de 67 000 metros cuadrados, situado en un banco de agua —lo que mejora las condiciones de emisión—, descansan, en gran parte, sobre placas flotantes de hormigón. El gran edificio central de la emisora consta de dos plantas y ocupa una superficie de 67 000 metros cuadrados. Todos los edificios, jardines y campos de antena están contorneados por un muro de tres metros de altura que tiene una longitud total de dos kilómetros. En lo alto del muro hay construidas hasta once garitas de vigilancia, de cemento y piedra. Se han plantado varios millares de árboles y hay una masa de jardinería, de líneas gráciles y gusto exquisito, que ocupa una superficie de diez mil metros cuadrados. Además del edificio principal de la estación, hay otros para los

[321] AGA, caja 03 21-01768.

[322] AGA, caja 03 21-01766.

[323] AGA, caja 03 21-01768.

grupos diésel de reserva —cuya potencia es de mil caballos de vapor—, depósitos de fueloil para 30 000 litros, 20 viviendas para el personal técnico de la emisora, dotadas de jardines individuales separados por artísticas vallas.[324]

En realidad, no estarían operativas hasta dos meses después. Hay proyectos de Gómez hasta agosto, sobre todo para terminar definitivamente las viviendas y espacios comunes. También el proyecto de urbanización para la implantación de las antenas para la próxima instalación de la emisora de onda corta, que permitiría llevar emisiones hasta América del Sur.

Los trofeos

El 17 de julio de 1944, Gómez del Collado, con 34 años, 7 meses y 7 días, obtendría tres de sus mejores trofeos, en su meteórica carrera como arquitecto jefe de propaganda del franquismo: «salir en los papeles», un «plano americano», y una «encomienda».

Ese día, a las doce y diez, el Caudillo llegaba a las instalaciones de las nuevas emisoras de Arganda para su inauguración oficial. La prensa describe el ambiente y las personalidades convocadas: varios ministros y otras autoridades, además del embajador alemán. Se subraya que, tras descender de su automóvil y ser cumplimentado, antes de acceder a las instalaciones, fue saludado por «los ingenieros técnicos de las emisoras y el arquitecto constructor».[325] Sin duda, en aquellos tiempos de penuria mediática, si había algo que enorgullecía y daba celebridad, era aparecer en el único noticiario cinematográfico: el NO-DO. El número 82 A, que empezó a emitirse el 24 de julio de 1944, dedica un inusual tiempo (5 minutos y 31 segundos) a las conmemoraciones del 18 de julio. Uno de los reportajes recoge precisamente la inauguración de las emisoras. El Caudillo aparece con su uniforma blanco de gala de jefe nacional de Falange. Se le ve visitando las instalaciones y recibiendo explicaciones del personal técnico. Casi al final, un plano muestra al Caudillo, a Arias Salgado y, ligeramente por detrás de ellos, a Gómez del Collado, que luce una chaqueta clara, gafas de sol y unos curiosos zapatos veraniegos.[326]

[324] *LVE,* 16-07-1944.

[325] *LVE,* 18-07-1944.

[326] Disponible en línea en <http://www.rtve.es/filmoteca/no-do/not-82/1465417/ >. El reportaje sobre las emisoras de Arganda comienza en el minuto 9:05; el plano de Gómez con Franco y Arias Salgado, que dura unos cuatro segundos, puede verse desde el minuto 9:51.

NO-DO, número 82 A.

Hay que considerar el orgullo que debía de producirle aparecer en el NO-DO. Sobre todo, en esos primeros años, las noticias filmadas eran muy escasas y los planos cercanos se reservaban para el Caudillo o para personajes de gran enjundia y cercanía al jefe del Estado. Da la impresión de que la toma se hace cuando la visita a la emisora ha terminado y Franco se dispone a inspeccionar «un grupo de dieciséis viviendas para el personal técnico y obrero de la emisora».[327]

En la página 38 del diario *ABC*[328] se anunciaba otro de los rituales propios de la fecha: «Concesión de grandes cruces y otras altas recompensas».[329] Aparecen varios nombramientos de este tipo, entre ellos, la Gran Cruz de la Orden de Cisneros, que se otorga a Arias Salgado.[330] En esa entrega del 17 de julio, además del premio a Arias Salgado, se concedió la «Encomienda sencilla» al arquitecto jefe José Gómez del Collado.

[327] *LVE* 18-07-1944.

[328] *ABC*, 18-07-1944.

[329] Era habitual hacer entrega de este tipo de condecoraciones coincidiendo con el 18 de julio.

[330] La Orden de Cisneros, creada ese mismo año —decreto de 8 de marzo de 1944, BOE 10 de marzo de 1944— a instancias de Arrese, «constituida como galardón al Mérito Político, se concederá en premio a relevantes servicios prestados a España». El gran maestre de la orden era el jefe nacional del Movimiento, por tanto, el designio lo firmaba Franco a solicitud de Arrese. La orden tenía diferentes categorías que iban desde el Gran Collar a la Medalla de Oro, pasando por Gran Cruz, Encomienda con placa, Encomienda sencilla, y Cruz de caballero.

18 de julio de 1944

El 18 de julio de 1944 fue el primero decididamente alejado de la exhibición de músculo militar, en pleno *neutralismo.* El acto se enfocó casi por completo a la exaltación del trabajo. Hubo una discreta presencia militar: «una compañía del regimiento de Infantería de León, n.º 38, con bandera y música se encargó de rendir honores al jefe del Estado».[331] El protagonismo fue para los «más de 300 000 productores que desfilaron ante el jefe nacional entre las fervorosas explosiones patrióticas de la multitud».[332]

Para ello, se abandonó la tradicional Plaza de la Armería del Palacio de Oriente y se escogió como escenario el Paseo de La Castellana, en ese momento «Avenida del Generalísimo». Gómez emplazaría las tribunas en un tramo de unos trescientos metros, entre el cruce de la actual calle Ortega y Gasset y, aproximadamente, la calle de Fernando el Santo.[333] El ceremonial, a partir de la llegada de Franco, consistiría en una simbólica entrega de viviendas sociales, lo que se convertiría en un acto habitual en los siguientes 18 de julio. También se repartieron diversos premios a trabajadores y empresas considerados ejemplares. Después vendría el magno desfile de las agrupaciones sindicales portando bosques de banderas.

En el proyecto elaborado en junio, se especifica: «desfile de 200 000 hombres y 30 carrozas alegóricas». Sobre los artefactos y las carrozas hablaremos más adelante, pero ni Gómez ni la Vicesecretaría tuvieron nada que ver con su elaboración. El trabajo del cangués estuvo centrado en el diseño del conjunto de tribunas y el engalanamiento, incluidos altavoces de sonido, del paseo entre la Plaza de Colón y los Nuevos Ministerios. La ornamentación se condensaba en la zona de las tribunas, con 1000 metros de gallardete, banderas, mástiles y elementos para el enmarcamiento del público. El grupo principal de tribunas comprendía tres grandes cuerpos en un total de setenta metros por siete de fondo y tres pisos de 1,20 m de altura cada uno, formando un conjunto escalonado de setenta metros por 3,60 m de altura.

Pero donde se cargaron las tintas fue al concebir el lugar preferente destinado al dictador. Para entonces bien sabía Gómez que el tratamiento había de ser jerarquizado y debía tener «dimensiones grandiosas». Exaltar la figura de Franco era una carta obligatoria que había que jugar: en el centro se dispone un conjunto monumental de nueve plantas de tribuna, o sea catorce metros de altura (equivalente

[331] *ABC,* 19-07-1944, p. 7.

[332] *LVE* 19-07-1944, p. 2.

[333] AGA, caja 03 21-2083. 18 de julio, desfile de los productores. En el proyecto se alude a la calle Lista: era su nombre de entonces y pasaría a llamarse Ortega y Gasset a partir de la muerte del filósofo en 1955.

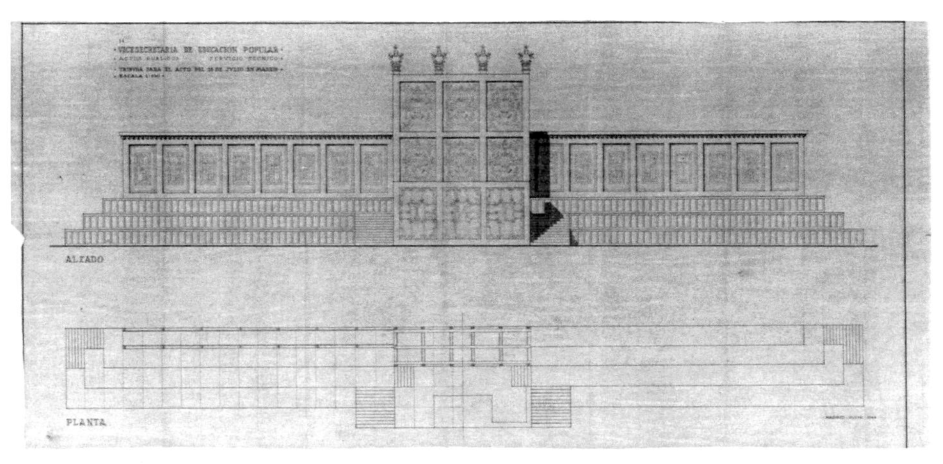

Plano de la tribuna principal. AGA, caja 3 21-020083.

a la altura de un edificio de cuatro plantas) formando un monumental retablo de nueve recuadros enmarcados por pilastras de cuatro metros y 0,70 m de escuadría y de grandes impostas de setenta centímetros de escuadría. Sobre estas pilastras, y formando un remate, se colocarán grandes panoplias romanas con petos, cascos y lanzas de los tercios a todo color. Sobre los nueve grandes recuadros, se colocarán tapices de 4 × 3 metros con temas de los escudos nacionales encuadrados en grandes molduras de escayola. Todo este fondo monumental del retablo irá sostenido y apoyado sobre una estructura de nueve plantas de tribuna y dos de fondo, o sea de 14 × 3, convencionalmente arriostradas con elementos metálicos hincados en el terreno formando estructura monolítica. A la altura del primer sistema de cuadros, o sea a cuatro metros del piso se encuentra la plataforma principal con sus correspondientes antepechos, en la cual se colocará Franco, teniendo a ambos lados el gobierno en pleno. El acceso a este sistema central será por dos grandes escalinatas, colocadas una en cada lado, por las cuales subirán los «productores ejemplares», a quienes el Caudillo entregará los correspondientes diplomas. Los frentes principales de la parte destinada al Caudillo y gobierno irán guarnecidos con tres grandes tapices con motivos de flechas en los laterales y el guion del Caudillo en el centro. Estos tres grandes tapices iban enmarcados por recuadros de escayola sujetos sobre la armadura principal. A ambos lados del sistema central de tribunas se alzaban dos grandes tribunas de tres pisos, todas ellas forradas con paños de temas heráldicos en sus caras anteriores y rematadas con un sistema de nueve grandes pilastras con un dintel de 70 cm, formando por tanto un conjunto de dieciocho pilastras de tres metros unidas por dinteles de dos metros. Los espacios comprendidos en esta or-

Tribuna principal. Foto: Vidal. EFE.

denación de entablamento y pilastras estaban guarnecidos con dieciséis reposteros con los temas heráldicos de todas las provincias españolas.

> La tribuna objeto de esta memoria es la mayor en conjunto que hasta hoy ha proyectado el servicio de actos públicos. La excepcional importancia de los actos y su desplazamiento en la Castellana de Madrid obliga a que tanto contractiva como ornamentalmente tengan estos grandes conjuntos la debida dignidad, proporción y calidad.[334]

Realmente el efecto es impresionante, como se puede ver en las imágenes, y arrancó exclamaciones entre los periodistas: «desde las primeras horas de la mañana de ayer, la avenida del Generalísimo, donde había de celebrarse el magno desfile de productores, ofrecía un brillantísimo aspecto». «En el cruce de las calles Lista y Marqués de Riscal con el antiguo Paseo de la Castellana se alzaba la tribuna —magnífico conjunto de gran vistosidad y empaque— que había de ser ocupada por el Caudillo, ministros y altas jerarquías».[335] «Madrid ha amanecido totalmente engalanado con banderas nacionales y del Movimiento. Todos los edificios públicos

[334] AGA, caja 03 21-2083. 18 de julio, desfile de los productores.

[335] *ABC*, 19-07-1944.

Izda. AGA, caja 3 21-020083. Dcha. La carroza de Teruel. Foto Vidal. EFE.

y particulares lucen numerosas colgaduras». «Desde la Plaza de los Ministerios, a lo largo de la avenida del Generalísimo hasta la desembocadura de la calle de Lista, en donde se habían instalado las tribunas, lucían millares de gallardetes con los colores del Movimiento y desde las tribunas hasta la Plaza de la Cibeles, otros con los colores nacionales». «Dando frente a la calle del Marqués de Riscal, había instalada una monumental tribuna de tres cuerpos. El central estaba cubierto por un gran dosel encima del espacio destinado a S. E. el jefe del Estado. Servían de fondo a esta tribuna seis grandes reposteros con el escudo nacional, y en frente figuraban otros tres con el guion de S. E. el jefe del Estado y el Yugo y las Flechas. En los cuerpos laterales lucían escudos de los antiguos reinos de España».[336]

Durante tres horas desfilaron ante esa tribuna los diversos representantes de los sindicatos, empezando por el de Espectáculo, que «al llegar a la altura de la tribuna que ocupaba el Caudillo saludaban brazo en alto».[337]

[336] *LVE* 19-07-1944.

[337] *ABC*, 19-07-1944.

Las carrozas alegóricas. Foto: Vidal. EFE.

Sin embargo, lo que arrancó «vivas muestras de complacencia en el Caudillo»[338] fue el curioso desfile de una serie de carrozas engalanadas alegóricamente, algo que apenas tiene parangón en los desfiles y celebraciones políticas del Régimen, lo que no ha dejado de llamar la atención de varios historiadores.[339] «Las alegorías», como se alude a ellas en la prensa del momento, suponen una representación no exhaustiva de las diferentes provincias, entremezcladas con algunas simbólicas del Sindicato Vertical, la Organización Sindical Española, OSE, a través de sus distintas organizaciones provinciales, o las Centrales Nacional-Sindicalistas, CNS.[340] Así, abría la marcha sobre ruedas y tirada por caballos cedidos por el ejército la titulada «Arriba España», de la Delegación Nacional de Sindicatos. Constaba de un escudo de la CNS del que salían tres trompetas de heraldos.[341] Seguirían otras como la del

[338] Ibídem.

[339] Puede verse Molinero Ruiz, 2005, p. 53, o Llorente Hernández, 2002, p. 150.

[340] Sobre la organización sindical de ese momento puede verse, por ejemplo, Giménez Martínez, 2016, pp. 234 y ss.

[341] *ABC*, 19-07-1944, p. 8. Para las alegorías, además de las imágenes que adjuntamos, puede verse el NO-DO 82 A de 27-07-1944 Reportaje desfile en Castellana.

Combustible, la Industria y la del Comercio, con una gran cabeza de Mercurio. Más adelante, las provinciales, encabezadas por Cádiz, a base de vides y cestas de uvas, la de Santander era una fragata, la de Oviedo, un farol minero y un yunque, etc. Quizás la más curiosa de todas fue la de Teruel, donde una gran espada con el símbolo de la CNS en la empuñadura ensarta a dos escarabajos moribundos sobre una patata, símbolo de la lucha eficaz del sindicato contra las plagas.

A la una menos cuarto terminó el desfile, tras las reiteradas ovaciones al Caudillo y el correspondiente canto del *Cara al sol.* Desconocemos el coste de los artilugios móviles, que suponemos que fueron a cuenta de las arcas de los sindicatos. La parte diseñada por Gómez del Collado, correspondiente a las tribunas y ornamentación de las calles, pagada por la Vicesecretaría, ascendió a 185 000 pesetas.[342]

Verano de 1944

A partir del desfile de la Castellana, la actividad del Caudillo entra en «modo cauto». La información de la prensa se centró en el desarrollo del conflicto bélico, dejando paulatinamente más protagonismo a las hazañas aliadas que a las del Eje. De vez en cuando aún se colaba alguna alusión nostálgica a las prodigiosas bombas alemanas que podrían cambiar el curso de la guerra.

Hay algún detalle anecdótico que, con un poco de humor, puede interpretarse como cambio de chaqueta. Una foto que ocupa la parte inferior de la portada de *La Vanguardia Española* del 26 de julio lleva este comentario: «Barcelona. El nuevo equipo del Frente de Juventudes de *base-ball,* que ayer jugó su primer partido».[343]

Seguramente, porque era agosto y el deporte rey está de vacaciones, en el número del martes de la semana siguiente también se recoge en portada la crónica deportiva del domingo. En este caso, con foto: «El equipo de pelota base del Club Europa que venció al del Frente de Juventudes en partido amistoso». Parece que la sugerente atracción de disciplinados atletas germanos empezase a cambiar por otro tipo de gustos deportivos.

Las vacaciones de 1944 las pasó el Caudillo en el Pazo de Meirás, adonde llegó el día 1 de agosto. Desde allí se trasladó al Ferrol para una botadura de barcos el día 3 del mismo mes.[344] Esa misma tarde moría en San Sebastián de un colapso Jordana, el ministro de Exteriores. Sin embargo, Franco no abandonó sus vacacio-

[342] AGA, caja 03 21-2083, 18 de julio, desfile de los productores.

[343] *LVE* 26-07-1944.

[344] *LVE* 3-08-1944.

nes gallegas. Los funerales fueron presididos por el ministro del Ejército, el general Asensio, después de que los restos de Jordana hubiesen sido trasladados a Madrid. El nuevo ministro de Exteriores, José Félix de Lequerica, tuvo que ir al Pazo para prestar juramento. Durante todo el mes, Franco siguió recibiendo homenajes en distintos puntos de la costa gallega. Uno hípico en La Coruña, regatas de traineras en Sada, visita al sepulcro del apóstol en Santiago, recepción de la medalla de oro de la ciudad de Pontevedra e inauguración de una exposición en Vigo. Reaparecería en un acto público en Madrid a finales de septiembre.

Teatro desmontable

En el verano de 1944, Gómez trabajó en otro proyecto un tanto diferente de los habituales. La Vicesecretaría le encarga el diseño de un teatro desmontable, y Gómez saca a relucir para ello su espíritu más pragmático. En la exposición de criterios[345] expone que debe ser «fácilmente montable y desmontable», sabedor de que no siempre se contaría con personal especializado. Además, aboga por que los elementos sean «de fácil manejo y resistentes al deterioro». Sin duda, la idea era para desarrollar las piezas teatrales en espacios urbanos, por lo que en su propuesta subraya que deben poder montarse «en sitios o plazas donde el firme no se pueda taladrar». Y señala un elemento importante: «irá acoplado al camión que lo transporta y que le servirá de base». El camión en concreto era uno de marca SEFA[346] de siete toneladas que poseía la Vicesecretaría con su remolque preparado para utilizar cámara de proyección, grupo electrógeno, etc.

El teatro propiamente dicho estaba formado por una plataforma rectangular de 12 × 9,50 metros, elevada un metro. Sobre ella se asentaba el escenario principal y un tablado de prolongación anterior. El escenario se componía de dos cuerpos laterales inclinados respecto al eje principal de simetría. Medía seis metros de altura. La planta era paralelográmica con dos caras frontales al público como marco de la escena. Estaba rematada por unas formas triangulares que rememoraban los frontones clásicos. En lugar de la antefija, tenía dos esferas de latón sobre las que se recortaba, a modo de veleta, las siluetas de dos gallos románicos, un elemento muy del gusto de Gómez que, recordemos, ya había utilizado en la Fiesta del Milenario de Burgos y que retomará en diversas ocasiones. Se describen las escaleras laterales de acceso, que son dispares, «dislocando la composición simétrica del escenario

[345] AGA, caja 03 21-2086. Proyecto de teatro desmontable.

[346] Sociedad Española de Fabricación de Automóviles. Creada en Madrid en 1930. Pese al uso de esa denominación, eran muy similares a los de la marca francesa De Dion-Bouton (García Ruiz, 2007, p. 200).

para darle una mayor movilidad de masas y quitarle sequedad a la simetría que el conjunto presentaría de no existir la misma».

El proyecto se acompañaba de detallado presupuesto y facturas, muchas de la empresa Marsá. También hay constancia del pago de vestuario de obras que se representaron. Algunas de las facturas se corresponden a montajes y desmontajes de prueba. Una de ellas, del 8 de octubre, incluye la colocación de todo el decorado para su examen por las jerarquías.[347]

El teatro lo utilizó, al menos al principio, el denominado Grupo de Teatro Ambulante Lope de Rueda. Algunos autores, como Muñoz Carabantes o Duncan Wheler, lo han denominado también Teatro Móvil de Falange.[348] El británico, además, lo ha relacionado con Modesto Higueras, al que señala como director de la primera obra que se representó por parte del grupo sobre la estructura desmontable. Una de las piezas se tituló ¿Quié*n mato al comendador?*, adaptación de textos de Lope de Vega, fundamentalmente, claro está, de *Fuente Ovejuna*. El arreglo fue realizado por Ernesto Giménez Caballero; en una nota se indicaba que el final debía ir acompañado del canto del *Cara al sol*.[349] Modesto Higueras fue hombre de teatro durante toda su vida, en la República estuvo muy vinculado al grupo La Barraca. Era amigo y declarado admirador de Lorca.[350] Tras la guerra, que pasó oculto en la embajada inglesa, se incorporó al mundo teatral en el nuevo Estado. Sería creador y director del Teatro Español Universitario (TEU), que intentó modelar al estilo de La Barraca. Después sería el organizador del Teatro Nacional de la República Dominicana. De vuelta a España, fue director del Teatro Español, del Teatro Nacional de Cámara y Ensayo, catedrático en la Escuela Oficial de Cine, director del Cuadro Artístico de Radio Nacional, etc.

Sobre el grupo Teatro Lope de Rueda, no hemos encontrado información precisa. Con la ayuda de Berta Muñoz[351] obtuvimos algunas noticias de sus andanzas recogidas en diversos recortes de prensa. En mayo de 1942, se convoca un concurso de obras para ser representadas por el Teatro Lope de Rueda, «recientemente creado por la Vicesecretaría de Educación Popular».[352] Los objetivos del teatro eran organizar espectáculos para niños y muchachos en edad escolar, espectáculos «que, al mismo tiempo, se distingan por su fina calidad artística y literaria y distraigan a los

[347] AGA, caja 03 21-2086. Proyecto de teatro desmontable.

[348] Muñoz Carabantes, 2002, p. 534 y Wheler, 2012, p. 84.

[349] Wheler, 2012, p. 85.

[350] Para la biografía de Modesto Higueras, véase Gómez García, 2006.

[351] Berta Muñoz Cáliz es documentalista en el Centro de Documentación Teatral, del Ministerio de Educación, Cultura y Deporte y autora de numerosos estudios sobre el teatro español.

[352] *Madrid*, 1-5-1942.

jóvenes espectadores y les eduquen en los principios fundamentales de la Religión, la Patria y la Familia». El falangista diario *Arriba* reproduce la misma convocatoria, pero cambia oportunamente la trinidad de principios, aunándolos en «los principios de FET de las JONS».[353] En agosto de 1942 aparece en la prensa una convocatoria del Teatro Escuela Lope de Rueda para atraer a alumnos a su escuela de teatro. Pretendía ser un primer paso hacia la constitución de un Instituto Nacional del Teatro. Se proponían clases para alumnos de ambos sexos, mayores de 16 años, algunos de los cuales podrían llegar a gozar de la condición de becarios. La presentación de la compañía se hizo en el Teatro Español de Madrid en diciembre de 1942,[354] dirigido por el sacerdote navarro Genaro Xavier Vallejos, que repetiría en otras ocasiones.[355] Es frecuente encontrarlo como director de funciones en las mismas fechas y espacios que el Teatro Español Universitario, lo que propicia verlo como una especie de apéndice del mismo. Además de la aludida presencia de Modesto Higueras, también tenemos una referencia de dirección por parte de Roberto Carpio.[356]

Probablemente la función el 12 de octubre de 1944, en la madrileña Conde de Miranda, fue la inaugural del teatro móvil. Comenzó a las cuatro y media de la tarde, y constaba de dos piezas cortas. La ya aludida ¿Quién mató al *comendador?* y otra de carácter contemporáneo que se titulaba *El burgués y el oso*.[357]

El teatro se había instalado en la plaza dos días antes[358] y permaneció en el lugar hasta el día 25 de noviembre. En esa fecha fue desmontado por el equipo de Gómez y trasladado a Getafe, al cuartel del Regimiento de Artillería de la División Acorazada. Allí quedó dispuesto para el 4 de diciembre. Formaría parte de la celebración de Santa Bárbara, patrona de las armas. A continuación, se trasladó al local del Grupo Escolar Joaquín García Morato, cercano al aeropuerto de Cuatro Vientos. Allí tenía que estar dispuesto para el 10 de diciembre, celebración de la Virgen de Loreto, patrona de la aviación. El colegio creado en 1942 estaba directamente vinculado con la actividad aérea. Llevaba el nombre del gran as de la aviación franquista.[359] La distribución de las distintas dependencias tenía denominaciones tales como Ruiz de Alda, Juan de la Cierva, Ramón Franco, etc. Además, la decoración participaba de ese espíritu, y entre su oferta figuraba un taller-escuela de aeromodelismo. Pese a sus comienzos titubeantes, ese curso de 1944 había conseguido 400 alumnos de

[353] *Arriba*, 2-5-1942.

[354] *Pueblo*, 23-12-1942.

[355] Puede verse García Ruiz y Torres Nebrera, 2003.

[356] *Arriba*, 20-10-1944.

[357] *ABC*, 17-10-1944.

[358] AGA, caja 03 21-2086. Montaje y desmontaje del teatro ambulante.

[359] Sobre Joaquín García-Morato puede verse, por ejemplo, Pécker y Pérez Grange, 1983.

matrícula. La celebración de la patrona se hizo por todo lo alto con la asistencia del ministro de Educación y otras autoridades. La *Revista Nacional de Educación* le dedicó un artículo titulado precisamente «El Teatro Móvil Lope de Rueda actúa en el grupo escolar Joaquín García Morato».[360] En él se describen las celebraciones, se manifiesta la satisfacción por haber ganado el I Concurso Nacional de Aeromodelismo y, claro está, se comenta la actuación del grupo de teatro. Todo ello se glosa para «destacar la diferencia existente entre el sistema caduco y amorfo de aquella educación anodina que se daba hace unos años en las escuelas y la enseñanza básica y enjundiosa que el Caudillo de España ha establecido en los centros de enseñanza primaria».

Zaragoza, homenaje al ejército

Mientras el teatro ambulante iniciaba su andadura, Gómez estaba en otro escenario. Los actos del 12 de octubre de 1944 en Madrid fueron bastante discretos. El Caudillo se resguardaba en una prudente segunda fila, con la vista puesta en la guerra. El acto más sonado lo protagonizó Lequerica en el Palacio de Santa Cruz, sede del Ministerio de Exteriores. Se celebraba una exposición de los trabajos del estudioso de Colón, Martín Fernández de Navarrete, fallecido en 1844. La presencia internacional se reducía al nuncio de la Santa Sede, el embajador de Portugal y algunos embajadores americanos. Eso sí, con la presencia del embajador de Estados Unidos, Carlton J. H. Hayes, que días atrás había firmado un convenio sobre tráfico aéreo.[361] El discurso se aferró a la obra colonizadora y misionera de España en el nuevo continente. Se destacaron los vibrantes vínculos establecidos, pasando rigurosamente de puntillas sobre el conflicto bélico que arrasaba Europa. Franco ni siquiera presidió la misa de gala de la Guardia Civil, tarea que encomendó a su mujer. Carmencita, su hija, viajaba a Alicante con el ministro de la Marina, el almirante Moreno, para los actos de coronación a la Virgen de los marineros, y posterior visita a la prisión donde había muerto José Antonio.[362]

Sin embargo, lejos de los focos madrileños sí que se celebró un gran acto militar en Zaragoza. Para los preparativos y montaje de escenario, se trasladó a la ciudad Gómez del Collado.[363] El acto, celebrado el día 13, se presentó como «Homenaje de Zaragoza al 5.º cuerpo del Ejército de Aragón, a los generales Monasterio y

[360] Anónimo, 1945, pp. 83-86.

[361] *ABC*, 3-10-1944.

[362] *LVE*, 13-10-1944.

[363] AGA, caja 3 21-2084. Zaragoza, homenaje al ejército de Aragón.

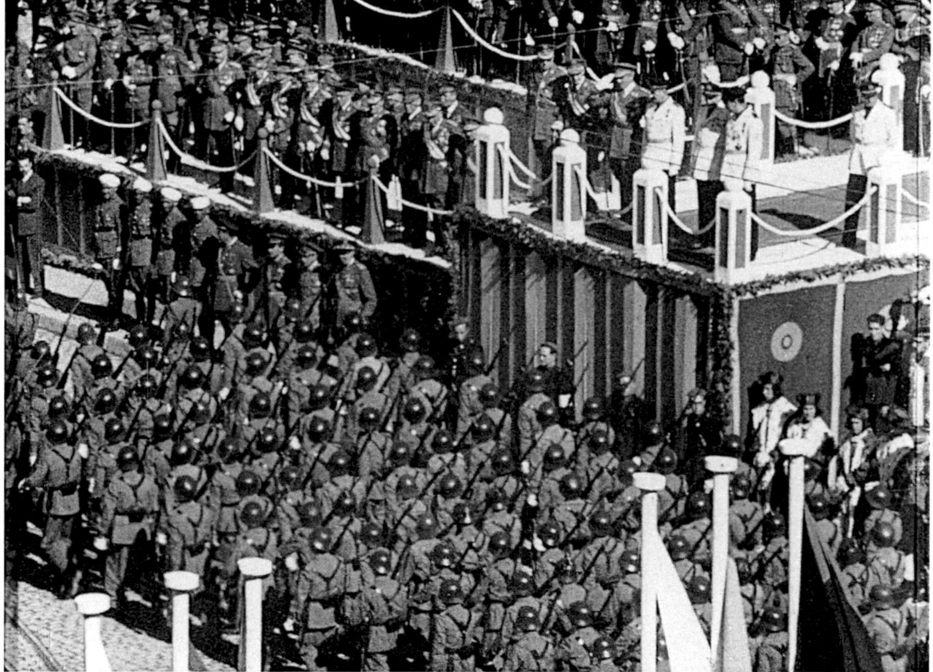

Acto militar en Zaragoza, 13-10-1944. NO-DO número 95 A.

Tribuna empleada en diversos actos. El Escorial, Zaragoza y Escuela del Ejército.

Urrutia». Ambos militares formaban parte del regimiento de caballería Castillejos, n.º 9 con plaza en Zaragoza en 1936. El primero como comandante y el segundo como teniente coronel. Ambos secundaron la sublevación de julio comandada por el general Cabanellas.[364] El general Monasterio había tenido un papel relevante en los combates de Teruel, al mando de la 1.ª División de Caballería. Intervino, entre otras, en la denominada batalla de Alfambra los primeros días de febrero de 1938, protagonizando una de las últimas cargas de caballería de la historia.[365] Urrutia detentó importantes responsabilidades en la lucha de Aragón y llegó a estar al mando de la 51.ª División, que cubría el frente de Huesca.

A falta de Caudillo, las autoridades máximas fueron el ministro secretario Arrese, que tuvo un papel discreto, y dejó el colofón para el ministro del Ejército Carlos Asensio. La celebración empezó con una salve en el templo del Pilar. Después seguiría la entrega de medallas y un gran desfile que las autoridades contemplaron desde «la misma tribuna monumental, testigo en Madrid de las otras brillantes jornadas militares».[366]

El dato es reseñable. Creemos que el montaje de las tribunas que realizó Gómez con su equipo se hizo con materiales traídos de Madrid, lo que, seguramente, responde a una petición recibida de su jefe. Pajares en enero le había solicitado un proyecto y construcción de una tribuna desmontable.[367] Pensamos que es la misma tribuna que identificamos en otros actos. Estuvo en la gran reunión de la Sección

[364] Casanova Ruiz, 1989, p. 299.

[365] Thomas, 1978, p. 600.

[366] Así se comenta en una crónica telefónica enviada el mismo día de la celebración de los actos por Luis Torres y que publicaron el día 14-10-1944, tanto *ABC* como *LVE*.

[367] AGA, caja 03 21-1850. Nota de Pajares a Collado.

Femenina en El Escorial en julio de ese año y en el acto de imposición de fajines a los nuevos miembros en la Escuela de Estado Mayor del Ejército en febrero de 1946.

Aunque no tenemos datos técnicos de dicha tribuna, resulta bastante fácil de identificar por una serie de elementos que se repiten. Los más significativos son unos balaustres de sección cuadrada, vivamente pintados, con aristas de color claro que remataban en una esfera sobre una base piramidal del mismo color, a poco más de un metro unos de otros. Mediante una perforación en la parte alta, están atravesados por una maroma del mismo color claro, que forma catenaria entre ellos, confiriendo al conjunto un aspecto de antepecho o pretil. El diseño era modular y adaptable a escenarios y fórmulas diferentes como podemos observar.

20 N, 1944. El Escorial. José Antonio. Túmulo

El último gran acto para cerrar el año, cómo no, es el reencuentro en el Real Monasterio y los funerales por el aniversario del fusilamiento de José Antonio el 20 de noviembre. En la memoria del proyecto firmada por Gómez el 28 de octubre,[368] se resalta la importancia de los actos del acontecimiento: «en volumen e importancia los más considerables que se celebran en todo el año». Sin embargo, hay una novedad normativa que obligará a replantear la tradición. Unas nuevas disposiciones del Consejo Superior del Patrimonio Nacional prohibían «taxativamente la realización de obras de anclaje y sustentación sobre los terrenos de la Lonja». Es decir, se le escamoteaba su lugar preferido, donde había jugado a las grandes perspectivas.

Todavía estaban recientes los actos de la Sección Femenina a primeros de julio de ese mismo año. De esa manera tiene que replantearse todo el acto. Quita protagonismo a la lonja, aunque mantiene parte de la ceremonia del Patio de los Reyes, el lugar donde se produciría el encuentro entre las autoridades políticas y las religiosas —el obispo recibe al Caudillo—. Allí, como en anteriores ocasiones, colocará, adyacente a los muros, dispositivos escalonados sobre los que situar a jóvenes abanderados.

Pero el gran espectáculo lo llevará al interior. «En el interior de la Basílica se construirá lo fundamental del acto». Recurre a los momentos más imperiales de la historia. «Se elevará bajo la cúpula principal al modo de los que se construyeron para los funerales de Carlos V[369] y en el propio Escorial, para varios Felipes, un

[368] aga, caja 03 21-2085. Actos conmemorativos en el Monasterio de El Escorial.

[369] Es decir, no alude a él como rey de España, Carlos I, sino como Carlos V emperador.

El Patio de los Reyes para el que se recuperan elementos de 1942 y 1943. AGA Caja 3 21-02085.

túmulo monumental de proporciones grandiosas, llegando a la altura en la construcción principal de 22 metros, equivalente a un edificio de 7 plantas de altura».

Para decidir el tipo de túmulo estudió varios grabados de época.[370] Una de las estampas sobre las que estuvo trabajando es la del túmulo que se erigió con motivo de las honras fúnebres que se celebraron en memoria de Felipe V, en la iglesia del Convento de la Encarnación de Madrid, obra del arquitecto italiano Juan Bautista Saccheti, dibujada por Ventura Rodríguez y grabada por Juan Bernabé Palomino.[371] Se trata de una obra neoclásica aún con cierta carga barroca.

La otra estampa que se conserva es la que decidió emplear Gómez. Se trata del Túmulo Imperial, alzado en 1560 para las exequias en honor del emperador Carlos V. Se realizaron en la Ciudad de México, entonces capital de Nueva España. Concretamente en la capilla de San José de los naturales del Convento de San Francisco. El proyecto y ejecución es del arquitecto alavés Claudio de Arciniega, considerado uno de los introductores del manierismo en el México del siglo XVI.[372]

[370] Al menos dos modelos se conservan adjuntos al proyecto contenido en AGA caja 03 21-2085. Actos conmemorativos en el Monasterio de El Escorial.

[371] Web de la Biblioteca Digital Hispánica de la Biblioteca Nacional de España, siponible en línea en <http://bdh.bne.es/bnesearch/CompleteSearch.do?text=&showYearItems=&exact=&textH=&advanced=&completeText=&autor=Sacchetti%2c+Giovanni+Battista&pageSize=1&pageSizeAbrv=30&pageNumber=2>, consultado el 14 de mayo de 2018.

[372] Cuesta Hernández, 2000.

Izda. La probablemente más cercana al original versión de Cervantes Salazar. Centro. Interpretación de Toissant. Dcha. Solución que adoptó Gómez.

El túmulo de Arciniega, pomposo, pero contenido, es mucho más cercano en época y estética al marco escurialense de la ceremonia. El dibujo original de Arciniega había sido reproducido por el humanista toledano Francisco Cervantes de Salazar. Adjuntando una detallada descripción, fue publicado en México en 1660 por Antonio de Espinosa. Entre 1925 y 1927, el historiador del arte mexicano Manuel de Toissant realizó una extensa obra en seis volúmenes con fotografías de Guillermo Khalo.[373] Cumplía un encargo del gobierno de ese país que se tituló *Iglesias de México*. En el volumen dos, dedicado a la Catedral de México, se estudia el túmulo de Arciniega. Parece ser que la versión de la obra de Salazar que manejó tenía perdida la mitad superior del dibujo, por lo que Toissant lo interpreto según su criterio a partir del texto.[374] Durante la redacción de este trabajo hemos tenido acceso a una versión del original que se puede consultar en línea en el catálogo digital de la Universidad Complutense de Madrid.[375] Ambas versiones difieren en la interpretación de la parte superior del túmulo. Gómez utilizó la versión de Toissant, es la estampa que se conserva en el proyecto. Seguramente no tenía noticia de la original, pero además esa versión era más cercana al estilo herreriano. En la interpretación del historiador mexicano de los años veinte, los remates del cuerpo superior guardan cierta familiaridad con los característicos chapiteles, elemento que, por otra parte,

[373] Padre de Frida y autor de muchas de sus fotografías.

[374] Disponible en línea en <https://archive.org/details/iglesiasdemexico02atld>, pp. 20-21. Consultado el 15 de mayo de 2018.

[375] Cervantes de Salazar. Disonible en línea en <https://books.google.es/books/ucm?id=FHkcgFuOXG-cC&pg=PA2&hl=es&source=gbs_toc_r&cad=2#v=o nepage&q&f=false>, consultado el 15 de mayo de 2018.

Arciniega difícilmente tuviese en cuenta en su proyecto, si pensamos que Juan de Herrera asumió las obras de El Escorial en 1572, doce años más tarde de la construcción del túmulo.

La versión del túmulo plasmada por Gómez, de madera y tela, estaba destinada a ser el eje de atención de una gran perspectiva dentro del templo. Supliría así en cierta medida el gran escenario que a él le gustaba dibujar en la lonja. Para ello iría colocado sobre «una primera construcción en forma de tronco de pirámide escalonada, como base del monumento». Este elemento le permitía ganar seis metros de altura, «a fin de que, desde la entrada de la basílica, y a más de 200 metros de distancia, se acuse toda la construcción». Esa base constaría de cuatro grandes escalinatas donde se colocarían 2000 cirios. Sobre él, va situado el túmulo principal, «de dos cuerpos, uno primero formado por 12 columnas de orden toscano gigante, distribuidas en cuatro pórticos con entablamento y frontón, teniendo los dinteles principales del entablamento molduras con grutescos renacentistas». «Las columnas construidas de madera, de 6 metros de altura y 0,75 de diámetro con su éntasis correspondiente, basas y capiteles dorados». Para poder llevar a cabo todo el proceso, hubo de emplearse una torre de maniobras para el tránsito del personal y el movimiento de los elementos.

El proyecto también se ocupa de las tribunas para invitados y cuerpo diplomático. Se reservan para el gobierno los sitiales entre el monumento y el presbiterio, lugar que ocuparía Franco. Además, desde la cúpula del templo se colgó un gran aro de diecinueve metros de diámetro con «almenados litúrgicos, desde el que se prendieron cuatro paños de treinta metros de largo y tres de ancho, cada uno, con motivos decorativos bordados y con reposteros sobre ellos, todo en negro y dorado».

En esta ocasión no disponemos del presupuesto detallado con el que Gómez afrontaba este espectacular escenario. Sí que hay una significativa nota al final de la memoria del proyecto. Por una parte, el precio se rebaja al habérsele prohibido hincar mástiles en la lonja por expresa prohibición del «Iltmo. Sr. Presidente del Patrimonio Nacional». Eso hacía que el importe fuese similar al de años anteriores. Se salvaba así un grave escollo, ya que había que tener en cuenta que «el aumento de cargas sociales, beneficios industriales, etc., etc. que no figuraban en años precedentes, por haberse empleado *personal de Redención de Penas por el trabajo, cuyo coste era aproximadamente la mitad de los obreros libres*».[376]

[376] La cursiva es nuestra. Probablemente la entrada en vigor de la reforma del código penal de julio de 1944, cuyo artículo 100 regulaba la redención por penas, afectase al uso indiscriminado de trabajadores presos. En los años previos, la vecina *cantera* de Cuelgamuros-Valle de los Caídos, a solo 9,5 kilómetros del monasterio, parece que daba facilidades puntuales para trasvases de personal en actos concretos.

Izda. Plano del túmulo. AGA, caja 3 21-02085.
Dcha. Franco orando ante el altar, al fondo el catafalco. AGA, caja 3 21-02085.

La reacción de la prensa ante esa puesta en escena fue diversa. *ABC* se limita a reproducir el comunicado oficial que publican todos los periódicos. El párrafo que el comentario autorizado le dedica es literalmente: «En el Patio de los Reyes, adornado con tapices, colgaduras y paños negros, se habían instalado tribunas, en las que se situaron 200 abanderados pertenecientes a las Falanges Juveniles de Franco y 300 seminaristas y religiosos con roquete».

Por lo que se refiere al interior:

> El aspecto de la iglesia revestía caracteres de una verdadera austeridad impresionante, pues el túmulo, levantado en el centro de esta, debajo de la torre del cimborrio, concuerda con la arquitectura sobria de este lugar sagrado. El catafalco mide 24 metros de altura y está iluminado por potentes reflectores y centenares de cirios. Sobre la tumba del Fundador figuran la Palma de Oro y la medalla de la Vieja Guardia. Alrededor de la losa hay seis grandes hachones encendidos.[377]

[377] *ABC*, 21-11-1944.

Sin embargo, *La Vanguardia Española* de Barcelona, que había enviado al acto a su redactor jefe Manuel Pombo Angulo, quien después tendría una carrera de escritor de cierto éxito,[378] tuvo más interés por el catafalco. En su reproducción del texto oficial intercaló una anotación en la que aclaraba: «Es una reproducción de otro que se montó cuando murió Carlos V».[379]

Además, el diario incluía una columna firmada por el propio Pombo Angulo, titulada «Dignas exequias del Fundador». En ella se volcaba en alabanzas hacia el efímero monumento y la escenografía en general.

> En el centro mismo del templo escurialense se alzaba un monumento impresionante. A la luz de los dos mil cirios que lo alumbraban como dos mil estrellas, sobre las fúnebres colgaduras negras que pendían de las piedras del techo, casi a la altura de las águilas del emperador Carlos, triunfaba en el templo.

Seguramente el propio Gómez le habría informado sobre los orígenes de la idea: «El monumento, asombroso, serio y deslumbrante a la vez, era copia exacta del que se alzara con ocasión de los funerales de Carlos V».[380]

[378] Santanderino, militante primero de Comunión Tradicionalista y después de Falange, tras la unificación, médico de formación, se dedicó al periodismo y a partir de 1945 empezaría a publicar novelas. Con ese género ganó el nacional de literatura por *Sin Patria* en 1950. También escribió teatro, por lo que obtendría el premio Lope de Vega por *Te espero ayer* en 1968. Asimismo, es autor de poesía y guiones para TV.

[379] *LVE* 21-11-1944.

[380] Ibídem.

CAPÍTULO 3

La Subsecretaría de Educación Popular. Los católicos

1945. Cambiar todo para que nada cambie

Este año podría clasificarse, dentro del franquismo, como el año de la expectativa. Los augurios de transformación en la situación mundial, que se mostraron claramente en la segunda mitad del año anterior, empezaron a confirmarse a pasos agigantados. Buena parte de los historiadores han insistido en que, ante los cambios, Franco siempre tuvo una gran habilidad para perpetuar su régimen adaptándose a las necesidades. El Caudillo depositó, y a la larga sería apuesta ganadora, buena parte de sus esperanzas en los estadounidenses. Mantenía una especial buena relación con el embajador Hayes, que le había asegurado que su país no tenía intención de intervenir en España.

El 4 de febrero se reunían en Yalta, Stalin, Roosevelt y Churchill. Se disponían a establecer las bases sobre las que se edificaría el nuevo orden mundial. El día 11 de ese mismo mes, coincidiendo con la clausura y el comunicado final, sucedían los acontecimientos de la denominada masacre de Manila, uno de los sucesos más sangrientos de la segunda guerra mundial, que afectó muy directamente a la colonia española. En su retirada, tras la entrada de las tropas americanas, los soldados japoneses masacraron indiscriminadamente a la población civil de la capital filipina. Causaron unas 100 000 muertes. Los hechos se desarrollaron, en buena medida, en la zona antigua de la ciudad, donde vivía la mayor parte de la colonia española. Fueron excepcionalmente cruentos con la gente que se había refugiado en el consulado español.[381] La noticia tarda en llegar con detalle a España, pero en marzo la prensa empieza a cargar las tintas. Se habla de la «atávica barbarie japonesa»[382] o de «la barbarie amarilla».[383] El 24 de marzo llega el nuevo embajador de Estados

[381] Rodao García, 2009, p. 18.

[382] *LVE,* 20-03-1945.

[383] *Pueblo,* 24-03-1945.

Unidos Norman Armour. Ese día el gobierno, a través del Ministerio de Exteriores, presenta una enérgica protesta oficial ante el Gobierno de Tokio.[384] Empezó a especularse con una posible declaración de guerra a Japón, lo que podría interpretarse como una jugada oportunista. El ya aludido agregado de prensa estadounidense Hugues escribió uno más de sus implacables comentarios sobre el ministro secretario del Movimiento: «el asunto amenazó con tomar un aspecto ridículo cuando José Luis Arrese sugirió a un oficial de la Embajada de los Estados Unidos que estaba preparado para liderar una nueva División Azul falangista, ¡esta vez contra los japoneses!».[385] Finalmente, el Gobierno español se limitó a romper las relaciones diplomáticas con Japón.[386] Las relaciones permanecerían rotas formalmente hasta 1952. Entonces ambos países elevaron al rango de embajadas sus representaciones, y desde 1960 se llevó a cabo la normalización total y el comercio organizado.[387]

Al filo de esa oportunista posibilidad de entrada en guerra con el bando triunfante, cabe considerar que, ciertamente en circunstancias muy diferentes a las de la dictadura del general Franco, hubo bastantes países que jugaron su baza sin el más mínimo pudor. Resulta cuando menos sorprendente que San Marino se incorporase a la lucha en septiembre de 1944. En febrero de 1945 lo harían Ecuador, Paraguay, Perú, Uruguay y Venezuela. Este último país, al menos, justificó su acto por el ataque de un submarino alemán a un petrolero venezolano. El que sería el gran país hermano de España en los años siguientes al fin de la guerra, Argentina, declaró la guerra a Alemania y Japón a finales de marzo de 1945. Chile esperaría a mediados de abril de ese año, con los soviéticos en las puertas de Berlín, para subirse al carro del triunfo. También es oportuno aclarar que dichas declaraciones de hostilidad abría a estos países la puerta para poder formar parte de la nueva sociedad de naciones, la que empezaría a gestarse en San Francisco ese mismo mes de abril.

En este clima de espera, el nivel de actividad del Caudillo fue ciertamente bajo. No acudió en ningún momento a la Feria del Libro de 1945. Para la fiesta del Corpus del 31 de mayo del mismo año, mando a Toledo a tres ministros. Para sí mismo y su familia se organizó una procesión en el Pardo que desfiló ante el balcón de su palacio residencial.

Ese bajo nivel de actividad repercutió, sin duda, en el trabajo de Gómez del Collado. Anotamos la ornamentación de un acto de juramento de la Guardia de Franco en la Facultad de Medicina en marzo.[388] En abril hace los preparativos para

[384] *ABC*, 25-03-1945.

[385] Hughes, 1947, p. 251.

[386] *LVE*, 12-04-1944.

[387] Gallo, 2015, p. 181.

[388] AGA, caja 03 21-2088.

la inauguración de una colonia de viviendas en Cerro Bermejo, a la que no acude Franco, sino el ministro de gobernación Blas Pérez.[389] También en esos días interviene en una serie de actos ya comentados, como el ciclo de conferencias sobre Trento en el antiguo Ateneo[390] y un concierto homenaje de la Falange al Ejército en el Teatro Español de Madrid.[391] Las actividades más relevantes serían la Feria del Libro en Recoletos y la segunda versión de la reunión religiosa en el Cerro de los Ángeles.

Feria del Libro, 1945

La Feria del Libro de 1945 sí que estuvo completamente ideada por Gómez del Collado. Volcó buena parte de su energía en el proyecto; sería uno de los últimos que realiza estando en el Ministerio-Secretaría del Movimiento. Un mes y ocho días después de su finalización, el 18 de julio, se consumaría la crisis que condujo a formar el quinto gobierno de Franco. La remodelación afectará directamente a la Vicesecretaría de Educación Popular, que pasaría a encuadrarse en el Ministerio de Educación Nacional.

En la detallada memoria que firma como único arquitecto responsable en marzo de 1945,[392] da instrucciones aplomadamente precisas sobre tiempos, calidades de los materiales, nivel de la mano de obra requerida, etc. El proyecto de la feria de ese año se realiza en principio para ochenta pabellones o casetas, aunque con la demanda de última hora acabaron siendo 94. En ellas se instalarían editores y libreros. También dispondrían de lugar propio los ministerios de Trabajo, Gobernación, Agricultura, Industria y Comercio y habrá dos más para el Consejo Superior de Investigaciones Científicas y el Instituto de Estudios Políticos. A las casetas habría que añadir cuatro pabellones de forma y tamaño diferentes. Fueron destinados al Instituto Nacional de Libro Español, a la Vicesecretaría de Educación Popular, a Correos y Telégrafos y otro para libreros y editores portugueses, que tuvieron un papel muy activo en la feria. El proyecto también contemplaba unos remates en los cruces de cada calle perpendicular a Recoletos y un escenario para los espectáculos a la altura de la calle Bárbara de Braganza.

[389] AGA, caja 03 21-2088.

[390] AGA, caja 03 21-2090.

[391] AGA, caja 03 21-2089.

[392] AGA, caja 03 21-2089. Feria del Libro, 1945. Memoria-pliego de condiciones para los trabajos encomendados por administración o destajo.

Las casetas de la Feria del Libro. AGA Caja 3 21-2089.

Desde el principio, Collado advertía:

> La feria de 1945 ha sido proyectada de tal forma que no recuerde en ninguno de sus elementos la decoración provisional, y por lo tanto será imprescindible que los métodos empleados para la construcción de los elementos que comprende y que se especifican en los planos no presenten fisuras, grietas, desplomes o alabeos en los paramentos, que en las partes vistas serán todos, precisamente, revestidos de planchas de escayola o bastidores de yeso.

Reclama acabados de primera calidad que serán rigurosamente comprobados. Marca unos plazos muy precisos, uno para la confección de los elementos hasta el 15 de abril y otro para la ejecución del montaje a realizar entre el 1 y el 15 de mayo. Todo debía estar dispuesto para supervisión con tiempo para la inauguración, que tendría lugar el domingo 27 de mayo. En la propuesta se señalaba, además, que el ritmo de las obras sería controlado día a día, al terminar cada jornada de trabajo. Se atendría en todo momento al criterio de la dirección de la obra y no al de las empresas adjudicadas. Se reclamaba material completamente nuevo, nada de elementos recuperados, y tanto el yeso como las pinturas tendrían que ser de primeras calidades.

El elemento más característico de cada pabellón era una bóveda troncocónica con una embocadura anterior de 6,60 metros y la posterior de 1 metro, que descar-

AGA, caja 3 21-2089.

gaba sobre un arco escarzano. La bóveda de 2,5 cm de espesor se armaba mediante varillas de hierro, de manera que desde el exterior apareciese completamente lisa. La parte superior iba pintada con una capa impermeabilizante. Los arranques de la bóveda, en su parte externa, se remataban con unas pilastras tajamares que marcaban la separación con la caseta adyacente. Sobre ellas se colocaron pináculos sobre dados y motivos triangulares, debidamente anclados en previsión de que pudiera haber viento. Bajo la parte posterior de la bóveda había una puerta y en las paredes interiores se distribuían las estanterías donde reposarían los libros. En la zona delantera de cada pabellón se colocó una mesa sujeta al suelo desde cuyas esquinas pendían sendos cordones que actuaban como cierre con las pilastras. La parte delantera de la mesa mostraría un tema decorativo pintado que se repetiría.

Los cuatro pabellones especiales eran más espaciosos, de 6 metros de largo por 3 de fondo, compuestos por tres arcadas con tímpano lleno, formado por pilastras y rematado por pináculos en la fachada.

Por último, el proyecto también detalla la estructura del escenario que se ha de utilizar para diferentes espectáculos. Se sitúa sobre una plataforma a 1,20 metros de altura construida con elementos similares a los empleados en el conjunto de las casetas. Se monta un fondo a base de cuatro pilastras con pináculos de 6 metros de altura con revestimientos de escayola, como en las casetas. Ese espacio es cubierto por tapices que proporcionó la misma Vicesecretaría.

El escenario. AGA Caja 3 21-2089.

Las casetas tuvieron una buena acogida por parte de la prensa, que incluso hacen referencia directa al arquitecto asturiano.

> Como decimos, el trazado de las instalaciones responde a una moderna visión y a un alternado conjunto entre las cuales se ofrece una perspectiva más brillante. Todo ello se debe al arquitecto de la Vicesecretaría de Educación Popular, señor Collado, autor del proyecto.[393]

En la misma crónica se aclara que buena parte del éxito se basaba en la abundancia de recursos, los cuales fueron asumidos por el Estado, a través de la Vicesecretaría, el Ministerio de Educación y sindicatos, además de la Central de Fabricantes de Papel. Hay quien calificó las casetas de estilo «herreriano», «de gran belleza arquitectónica, ataviadas elegantemente y unidas unas a otras en forma de V, protegidas por una semibóveda con adornos geométricos».[394]

Franco, como se ha dicho, no acudió a visitar la feria ese año. La inauguración oficial la realizaron Arrese, en uno de sus últimos actos públicos en esta etapa como ministro, e Ibáñez Martínez como titular de Educación. En la segunda línea de mando, Pemartín, como responsable del Instituto Nacional del Libro, y Arias

[393] *LVE* 27-05-1945.

[394] Cendán Pazos, 1987, p. 20.

La feria el 29 de mayo. Foto Vidal. EFE.

Salgado, por parte de la Vicesecretaría. La nota internacional la puso Portugal. Se resaltó mucho la presencia del prestigioso editor inglés Stanley Unwin,[395] quien se reuniría con Pemartín para tratar de intercambios culturales anglo-hispanos.[396]

La feria se desarrolló desde el 29 de mayo y el éxito debió de ser importante, puesto que se alargó su clausura hasta el 10 de junio, cuando estaba previsto que finalizase el 5 de junio. Además de las actividades propias de la feria, aprovechando el escenario, hubo conciertos de la orquesta de Educación y Descanso y Masa Coral de Madrid, la rondalla del Frente de Juventudes, la Banda Municipal de Madrid y la de la Policía Armada. También hubo funciones de teatro de guiñol del Frente de Juventudes y actuó un cuadro folclórico de la Sección Femenina.

Las casetas funcionaron bastante bien, sin embargo, Gómez cometió un fallo de diseño importante: no tuvo en cuenta que sus vistosas bóvedas troncocónicas no eran muy eficaces como viseras quitasol. Algunos libreros, a fin de protegerse en las peores horas, desplegaban improvisados toldos que daban a la feria un aspecto de mercadillo un tanto desaliñado, una imagen muy alejada de la solemne intención que el arquitecto reflejaba en su proyecto.

[395] *Sir* Stanley Unwin, autor de varios tratados sobre el oficio de editor, destacó especialmente por su labor editorial al mando de Allen & Unwin, Ltd., que publicó la obra de, entre otros, Bertrand Russell, aunque su éxito más rotundo fue publicar a J. R. R. Tolkien. Véase Denniston, 2004.

[396] *ABC*, 29-5-1945.

Cerro de los Ángeles, 1945

Coincidiendo otra vez con la Feria del Libro, Collado organizó una nueva ceremonia en el Cerro de los Ángeles, ese año un poco menos efectista y sin la presencia del jefe del Estado. En lugar de celebrar una única y gran convocatoria, como había sucedido el año anterior, los actos se organizaron por agrupaciones. El episodio más solemne fue protagonizado por los ejércitos, que celebraron una gran peregrinación militar.[397] Se omitió la presencia de Falange, parte integrante del nuevo cambio de escenario, con la guerra terminada en Europa y la neutralidad como la gran batalla política. Este sesgo lo veremos frecuentemente por esas fechas.[398] En el cerro se reunieron, la mañana del domingo 27 de mayo de 1945, los tres ministros militares Vigón, del ejército del Aire, Cabanillas y el almirante Moreno Fernández. Estaban acompañados por los tenientes generales Orgaz, Moscardó, Muñoz Grandes y Kindelian, además de Carrero Blanco y otros. Condujeron solemnemente, bajo palio, el Santísimo Sacramento ante el altar. La explanada estaba ocupada por numerosos jefes y oficiales de los distintos cuerpos, que siguieron la misa oficiada por el padre Puyal.

Este pronuncio «una plática de elevados tonos religiosos y patrióticos, y a continuación leyó la consagración de los Cuerpos de Tierra, Mar y Aire al Sagrado Corazón de Jesús».[399]

[397] Di Febo, 2012, p. 64.

[398] Ese afán de mostrar públicamente la neutralidad se lleva a cabo sin ambages desde la Vicesecretaría. Ángel Llorente ha rescatado en su tesis (Llorente Hernández, 2002, pp. 122 y 123) un documento de la Delegación Nacional de Prensa fechado el 12 de abril de 1945 muy curioso; transcribo algunos de sus párrafos: «Distinguido camarada: Encuentro nuestra campaña periodística, relativa a defender la neutralidad española, muy acertada y, desde luego, justa. Claro está que para que nuestra postura, sin oportunismos, sea del todo consecuente, es necesario que se subsanen algunos errores que se cometieron en un principio, consecuencia natural de una reacción justa ante las posturas que con nosotros adoptaron algunas naciones europeas en nuestra Cruzada. Creo que se debe dar la sensación de que nuestra campaña de prensa responde a una realidad tangible. Es decir, ha de estar de acuerdo la literatura y la práctica. De aquellos tiempos de santa emoción por el triunfo de nuestra causa, hay algunos vestigios que en nada nos favorecen. Por ejemplo: En esta provincia hay expuestos en centros oficiales y de recreo unas litografías que representa un rombo formado por las banderas de ESPAÑA, Alemania, Italia y Portugal, y, sobre estas banderas, coincidiendo con los ángulos del cuadrito, los retratos de nuestro Caudillo, Mussolini, Hitler y Oliveira Salazar. Yo creo que, en las circunstancias actuales, esa estampa resulta anacrónica y convendría que no se exhibiera más. ¿Por qué no se ordena a las autoridades de esta provincia que retiren con la máxima discreción esas litografías, ya que, actualmente, en nada nos favorecen y, en cambio, podrían ser un obstáculo para conseguir nuestras aspiraciones? A mi modesto sentir, poco podrán conseguir los nobles empeños de nuestros diplomáticos y los magníficos escritos de nuestros periodistas si no se adapta todo nuestro ser nacional al loable fin que perseguimos».

Escrito a mano sobre él y con la firma de Patricio García de Canales, se lee: «Pásese a la Delegación Nacional de Falange Exterior y al Ministerio de Asuntos Exteriores para que no aparezcan en centros españoles emblemas oficiales junto a los de otros países».

[399] *ABC*, 29-05-1945.

AGA. Caja 3 21-02091.

Para el acto, Gómez del Collado preparó dos tribunas de nueve por tres metros, una en el lado de la epístola y otra en el del evangelio. Ambas con acceso por escaleras laterales forradas con tira de antepecho roja y amarilla; los laterales, con percalina roja plisada. En la misma línea del monumento y a ambos lados se colocarán 24 mástiles de hierro de 10 m, formando cuatro grupos a cada lado de tres mástiles cada uno. Entre ellos se colocarán reposteros con escudo nacional de 3,45 por 2,80 y dos del mismo tamaño con las armas pontificias. En las gradas del altar se montó un comulgatorio con seis reclinatorios para las jerarquías. A lo largo de la explanada se acotarán 20 espacios de 20 × 10 metros para 300 personas cada uno. El coste ascendió a 70 000 pesetas.[400]

Las autoridades eclesiásticas realizaron su propio acto, peregrinando desde Alcalá de Henares y consumaron su viacrucis por la tarde. El lunes, con poco eco en la prensa, sería el día de la Sección Femenina. Acudió Pilar Primo de Rivera acompañada de las jerarquías provinciales de la organización. El público fue convocado para una vigilia nocturna en la madrugada del miércoles. Se facilitaron trenes especiales con precios reducidos.[401]

[400] AGA, caja 03 21-2088. Ornamentación acto eucarístico en el Cerro de los Ángeles.

[401] *ABC*, 29-05-1945.

La clausura oficial del año jubilar se realizaría el 8 de junio, con presencia de varios ministros, incluyendo al del Movimiento, Arrese, que estaba a punto de despedirse del cargo. Su presencia quedó subrayada por un donativo que hizo de 5000 pesetas para la reconstrucción del monumento; la prensa no aclara si se trataba de una donación personal de José Luis Arrese o si iba a cuenta del ministerio.[402]

Cambios políticos

Bien podíamos empezar este apartado citando a Lampedusa y la célebre frase de *Il Gattopardo:* «Si queremos que todo siga como está, necesitamos que todo cambie» («Se vogliamo che tutto rimanga com'è, bisogna che tutto cambi»).

En junio, Arrese inicia una especie de gira de despedida por el norte cuyo cénit serán unos actos en Vitoria. Allí se le nombrará hijo adoptivo de la ciudad. La preparación por parte de la Vicesecretaría correrá a cargo de Jesús Valverde,[403] que seguramente en ese momento ejerce como segundo arquitecto de Propaganda.

El 17 de junio, domingo, se celebra uno de los últimos actos que firmará Gómez del Collado antes de los inminentes cambios ministeriales. Fue un acto de Falange en el Retiro.[404]

Dos días antes se había producido el asalto a un tren español en la estación francesa de Chambéry, y se tensaban las relaciones con Francia. Un convoy procedente de Suiza con exiliados españoles, casi 500 personas, incluyendo 43 mujeres y 15 niños, fue detenido en esa estación. Una multitud vinculada a la resistencia y al Partido Comunista Francés aseguraba que habían recibido el aviso de que en el mismo tren viajaban miembros de la División Azul. Se apedreó el tren y se produjeron disturbios con cierto número de heridos, finalmente el tren regresó a Suiza.[405]

Entre tanto los acontecimientos internacionales se iban cerrando. A finales de abril se había reunido en San Francisco la Conferencia Fundacional de la Organización de las Naciones Unidas. Fueron invitados los países que habían combatido al Eje, 46 en total. La Unión Soviética puso serias dificultades a Argentina, a la que acusó de haber apoyado a Alemania en el conflicto. Naturalmente, España no estaba. En el transcurso de dicha conferencia, en la sesión del 19 de junio, intervino Luis Quintanilla, representante de la delegación mexicana. Se hizo eco del texto de

[402] *LVE,* 29-05-1945.

[403] AGA, caja 03 21-2090.

[404] AGA, caja 07 30-12 legajo 1709.

[405] Véase Martínez Lillo, 1993, o Rodríguez Jiménez, 2002. Para la reacción de la prensa española, *ABC,* 19-06-1945.

un manifiesto del exilio republicano titulado *La Junta Española de Liberación ante la Conferencia de San Francisco de California*. En el discurso argumenta:

> Es un hecho bien conocido que las fuerzas militares de la Italia fascista y de la Alemania nazi intervinieron abiertamente para colocar a Franco en el poder. En consecuencia, no deja de ser razonable pedir que no se permita participar en ninguna conferencia o sociedad de las Naciones Unidas a ningún miembro impuesto sobre nación alguna por las fuerzas militares del Eje.[406]

La propuesta, aprobada por aclamación, repercutiría en la redacción de la carta y dejaría a España fuera de la Conferencia.

Franco trataba de reaccionar a estos ataques aplicando sus propias contramedidas. En abril había empezado una efusiva actividad ministerial conducente a la promulgación de un remedo de constitución, lo que se denominaría el Fuero de los Españoles. En él se pretendía dar una imagen menos autocrática del país y más garantista de libertades y reconocimiento de los derechos fundamentales. Se anunciaba la libertad de expresar libremente las ideas, «siempre que no atenten a los principios fundamentales del Estado».[407] En asuntos religiosos nadie podría ser reprendido por sus creencias ni por el culto privado de las mismas, pero «no se permitirán otras ceremonias ni manifestaciones externas que las de la religión católica».[408]

El Fuero fue aprobada en sesión plenaria de la Cortes el 13 de julio y se publicarían en el BOE el 18 del mismo mes. El 18 de julio de ese año se celebró más que nunca la exaltación del trabajo. Nada de desfiles ni grandes escenarios, solo una tribuna para la entrega de un grupo de viviendas Virgen del Pilar, que aún persisten hoy en torno a la actual Plaza de la Virgen del Pilar en Prosperidad.[409]

La otra gran contramedida fue el cambio ministerial. Los elementos más afines al derrotado Eje, junto con las cabezas más visibles de Falange, fueron sustituidos. Su lugar sería ocupado por conservadores fundamentalmente vinculados al catolicismo. Se trataba de dar una imagen de lejana similitud con los gobiernos de la Democracia Cristiana que tenían visos de estabilizar distintos países de Europa occidental.[410] Sin duda, Arrese, como secretario del Movimiento, debiera haber sido de los primeros en caer. Sin embargo, Preston sostiene[411] que la idea primera

[406] Sola Ayape, 2005.

[407] Fuero de los Españoles. Artículo 12.

[408] Ibídem. Artículo 6.

[409] *ABC*, 19-07-1945.

[410] Tusell, 2007, p. 83.

[411] Preston, 1994, pp. 670, 671.

Franco por encima de todo. Tribuna para la entrega de viviendas en el grupo Virgen del Pilar. 18-07-1945. Foto: Vidal. EFE.

de Franco fue mantener a Arrese y al ministerio. Sin embargo, acabó triunfando la presión ejercida por Martín Artajo, quien habría de ser ministro de Exteriores. A través de Carrero, amenazó con no formar parte del gobierno si no se prescindía de Arrese. En todo caso, el Ministerio de Falange siguió bien representado. Sus funciones se traspasaron a otros organismos. No solo no desapareció, sino que volvería existir con el mismo nombre en 1948.

El cambio afectó rotundamente al encuadre orgánico del departamento de Gómez del Collado, como veremos a continuación. Un Gómez del Collado cuya actividad es escasa desde el comienzo del verano. Probablemente, en parte, por una serie de dolencias intestinales que volverían a ponerse de manifiesto, como veremos, en 1948, durante su procesamiento judicial.[412]

Cuando se reincorpore ya lo hará en el nuevo ministerio. Con el cambio del 18 de julio, al desaparecer el Ministerio del Movimiento, toda la sección de Propaganda se traspasa al de Educación Nacional. Este conservó buena parte de la estructura, pero no a sus responsables. Franco firma el 28 de julio un decreto-ley por el que se organiza la «Subsecretaría de Educación Popular en el Ministerio

[412] AGA caja 7 30.12 17092.

de Educación Nacional».[413] La organización se traslada con pocas variaciones y se integra dentro de la amplia estructura del Ministerio de Educación, formada en ese momento por cuatro grandes bloques: la Subsecretaría de Educación Nacional, donde se encuadraban todas las enseñanzas, el Tesoro Artístico Nacional, la Comisaría de Excavaciones, la Comisaría de Música, la Orquesta Nacional, el Consejo Nacional de Museos y la Dirección General de Archivos y Bibliotecas; un segundo bloque lo constituía el csic y sus distintos patronatos; el tercer agrupamiento era el Consejo Nacional de Educación, con sus estructuras de Consejo Pleno y Comisión Permanente; el cuarto bloque era la recién creada Subsecretaria de Educación Popular. Luis Ortiz Muñoz fue designado como subsecretario. En realidad, era muy similar a la desaparecida Vicesecretaria, con ligeros cambios. Quedaba formada por cuatro grandes direcciones: Prensa, Radiodifusión, Cine-Teatro, y la cuarta, la que más nos afecta, fue la Dirección General de Propaganda, bajo las órdenes de Pedro Rocamora. Dicha dirección se subdividía en una serie departamentos. Uno de ellos se denominaba Arquitectura y Actos Públicos, su jefe era José Gómez del Collado. Otros departamentos se encargarían de cuestiones como ediciones y publicaciones, incluyendo noticieros, la Editora Nacional, la inspección de libros, el Instituto Nacional del Libro Español, actos culturales y fotografía...[414] Un denominador bastante común de los responsables era cierto desdén por el falangismo y un decidido catolicismo. Bastantes de ellos eran miembros de la acnp (Acción Católica Nacional de Propagandistas).

Hasta diciembre y enero de 1946 no se firmaron los nombramientos de los cargos, pero en el verano se fue realizando el traspaso de poderes. Los nuevos jefes de Collado que sustituían a Arias Salgado, Jato, etc., eran todos hombres provenientes de Educación y personas de confianza del ministro. Veamos algo sobre ellos.

El ministro era José Ibáñez Martín,[415] turolense, nacido en 1896. Estudió Historia en la Universidad de Valencia y empezó a hacer política desde su época de

[413] *BOE* 28-7-1945.

[414] Los datos están sacados de una publicación del Ministerio de Educación Nacional, unaespecie de autohomenaje que se dio el titular Ibáñez Martín al cumplir diez años al frente de la cartera. En él se recogían los diversos logros y lo firmaba el ministro, aunque era una obra colectiva. Probablemente buena parte del texto corresponde a Luis Ortiz, trabajador inagotable y colaborador de Ibáñez Martín en diversos cargos, como veremos. En conversación telefónica mantenida el 18 de abril de 2018 con José María Ortiz González, hijo de Luis Ortiz, atribuyó la mayor parte de la autoría a su padre, incluso la material. Recordaba —nos contó— cómo siendo niño llegaba gente a su casa, maquetadores, dibujantes, etc., para elaborar el libro. En los textos correspondientes a actos públicos, arquitecturas efímeras y ferias del libro, hemos creído reconocer el estilo de Gómez del Collado (Ibáñez Martín, 1950).

[415] La mayoría de los datos sobre el personaje han sido obtenidos de Sairín Pérez y Blasco Gil, 2017, en un interesante artículo donde se repasa la trayectoria del ministro en el marco de una confrontación intelectual con el exiliado Ruiz-Funes.

catedrático de instituto en Murcia. Miembro de la Asociación Católica Nacional de Propagandistas, había sido diputado por la CEDA en la República. Apoyó el golpe y fue ministro de Educación desde el segundo gobierno de Franco, en 1939. Permaneció en el cargo hasta julio de 1951, después de haber sobrevivido a tres cambios ministeriales. Por lo tanto, no es uno de los nuevos católicos del gobierno de 1945. Se le considera el gran depurador del magisterio español tras la guerra. Sus ideales católicos estuvieron bien presentes en toda la planificación educativa del primer franquismo. Además, es el creador del CSIC o, si se prefiere, quien transformó la previa Junta para Ampliación de Estudios e Investigaciones Científicas.[416] Sería el primer presidente de este organismo, y después presidente de honor vitalicio. Cuando dejó el ministerio en 1951, fue sustituido por el también católico Joaquín Ruiz Jiménez. Tras dejar el ministerio fue encargado de negociaciones ante la Unesco y después embajador en Portugal. Murió en 1969.

Luis Ortiz Muñoz, el subsecretario de Educación Popular, era sevillano. Nacido en 1905, estudió Letras en Sevilla y Granada y realizó el doctorado en Madrid. En esta ciudad empezó a escribir en *El Debate,* periódico de orientación claramente católica. En 1932 consiguió por oposición la plaza de catedrático de instituto de Latín. Al empezar la guerra se refugió en la embajada de Chile y fue canjeado por otro preso del bando republicano. Después de la guerra, obtuvo la cátedra de Griego que ejercería en el madrileño Instituto Ramiro de Maeztu. Sería director de este centro, con varias ausencias por comisiones de servicio, desde 1940 hasta su jubilación en 1975. Cuando Ibáñez Martín sustituyó a Pedro Sainz Rodríguez como ministro de Educación en 1939, nombró a Ortiz secretario técnico del ministerio.[417] Desde entonces la colaboración entre el ministro y Ortiz fue muy estrecha. Se le considera autor del borrador de una de las primeras leyes importantes,[418] la de creación del Consejo Nacional de Educación.[419] Sería secretario general de ese organismo, hasta su nombramiento en julio de 1942 como director general de enseñanzas medias. Le sustituiría en la secretaría del Consejo Pedro Rocamora,[420] del que hablaremos a continuación. Ortiz también tendría un papel fundamental en la elaboración de la nueva ley sobre ordenación de la universidad que se promulgaría en 29 de julio

[416] El organismo se creó en 1907 y estuvo presidido por Ramón y Cajal hasta 1934. Desmantelado tras la guerra, se refundó como CSIC en noviembre de 1939. Véase Fernández Terán y González Redondo, 2007.

[417] *ABC* 15-06-1975.

[418] Ley de 13 de agosto de 1940 por la que se crea el Consejo Nacional de Educación, BOE 4 de septiembre de 1940.

[419] Ceprián Nieto, 1989, p. 103.

[420] Ibídem, p. 115.

de 1943.[421] Ese mismo año logró el premio nacional de investigaciones científicas, que entonces se llamaba Premio Francisco Franco. El trabajo, elaborado en colaboración con Pascual Galindo, versaba sobre cuatro textos inéditos de Nebrija: *Aelii Antonii Nebrissensi ópera inédita.*[422] Tras el cese de Ibáñez en 1951, Ortiz seguiría vinculado al CSIC y a las universidades laborales, fue rector de la de Sevilla entre 1956 y 1957.[423] Después retomaría sus cargos en el Ramiro de Maeztu. Asumiría también la dirección del Centro Nacional de Enseñanza Media por radio y televisión en 1973.[424] Luis Ortiz moriría en Madrid en 1975, poco después de jubilarse. Además de lo comentado, siempre destacó como un entusiasta de las tradiciones sevillanas, perteneció a varias cofradías y fue pregonero de la Semana Santa en 1943.

El jefe directo de Gómez del Collado, en su calidad de director general de Propaganda, era Pedro Rocamora y Valls, nacido en Madrid el 9 de diciembre de 1912.[425] Estudió Derecho licenciándose con 19 años, y se doctoró poco después. Ejerció como abogado al tiempo que practicaba la docencia universitaria, como profesor encargado de la Cátedra de Derecho Civil.[426] Profundamente católico, miembro de la Asociación Católica Nacional de Propagandistas,[427] se le ha relacionado con el Opus Dei.[428] Se da la circunstancia de que el sacerdote que ofició su matrimonio fue José María Escrivá.[429] En 1940 es requerido por Ibáñez Martín para el ministerio donde se integrará en la secretaría política.[430] Se encarga de poner en marcha y es el primer director de la *Revista Nacional de Educación.*[431] En 1942 sustituye a Ortiz como secretario general del Consejo de Educación, cuando este es nombrado director general de Enseñanza Media.

[421] BOE 31 de julio de 1943.

[422] *ABC*, 16-12-1943.

[423] Delgado Franados, 2005, p. 137.

[424] *ABC*, 15-06-1975.

[425] *ABC*, 9-12-1991. En el mismo diario, en su edición de 12-01-1946 se da la fecha de 9 de diciembre de 1910, lo que le convertiría en estricto contemporáneo de Gómez, con un mes de diferencia, pero pensamos que es errónea.

[426] Hay una anécdota a la que aluden varios autores sobre un intercambio epistolar en 1946 con Tomás Cerro Carrochano, director general de prensa, en torno al libro de Cela *La familia de Pascual Duarte*. Cerro escribe a Rocamora mostrándole sus escrúpulos por la dureza del texto. En la respuesta, Rocamora responde calificando a Cela de «hombre anormal», le comenta que la lectura de la novela le ha producido nauseas reales y le comunica: «tengo la satisfacción de haberle suspendido en derecho civil» (Sinova, 2006, p. 154 y 155).

[427] Ceprián Nieto, 1989, p. 116.

[428] Véanse los citados González Gullón, 2016, y Anchel, 2013.

[429] Ibídem, ambos autores.

[430] *ABC*, 4-1-1994.

[431] Checa Godoy, 2002, p. 73.

Siendo ya director general de Propaganda,[432] por orden ministerial de 23 de marzo de 1946, el Ateneo de Madrid, que tras la Guerra Civil había sido ocupado por la Falange y denominado Aula de Cultura, recuperó de nuevo su nombre y pasó a depender de la Dirección General de Propaganda. El titular de la dirección general sería presidente nato[433] del Ateneo, lo que implicaba que Rocamora presidiese la institución. Esta transformación se suele considerar como una más de las pérdidas de poder por parte de Falange en esos momentos.[434] A Rocamora se le atribuye la gestión, para que el retornado Ortega y Gasset diese su famosa conferencia en el Ateneo el 4 de mayo de 1946.[435] Gregorio Morán lo entrevistó en la preparación de su libro sobre el filósofo.[436] Cuenta que a partir de la relación que se estableció entre ambos, Ortega encargó a Rocamora que le hiciese llegar a Franco su ofrecimiento para escribirle los discursos. Se ofrecía en el caso de que «le permitiesen decir las dos o tres cosas que no le gustaban del Régimen, podría entonces afirmar las otras cosas que le satisfacían».

Según el divertido relato de Morán, la respuesta del Caudillo al subsecretario fue: «Rocamora, Rocamora, no se fíe usted de los intelectuales».

Tras el cese de Ibáñez Martín se alejó de la primera línea política, si bien continuó con una profusa carrera intelectual. Pese a su formación como abogado, fue autor de un buen número de ensayos literarios y de temas artísticos. *Ensayos del Museo Imaginario* le valdría el Premio Nacional de Literatura en 1948. *Los ojos de Velázquez* le proporcionó el Premio Mariano de Cavia de 1960. Dirigió la revista *Arbor* del CSIC entre 1970 y 1984. También fue corresponsal de *ABC* en París en 1953 durante unos meses. Jean Créac'h, corresponsal de *Le Monde* en Madrid, fue expulsado del país a raíz de unos artículos sobre Calvo Serer que incomodaron al gobierno. En represalia, el gobierno francés expulsó a Rocamora.[437]

Los nuevos jefes de Gómez del Collado presentaban serias diferencias con respecto a los anteriores en varios aspectos. Estamos hablando de personajes con una formación y una trayectoria intelectual de cierto calado. Por otra parte, hemos detectado una relación personal más cercana, así nos lo ha confirmado uno de los hijos de Luis Ortiz,[438] quien nos relató el gran afecto que el subsecretario tenía por

[432] Los nombramientos oficiales de Ortiz se hicieron oficiales por decretos del 11 de enero de 1946. BOE 12-01-1946.

[433] BOE 28 de marzo de 1946.

[434] Sánchez García, 2005, p. 872.

[435] Ibídem, p. 873.

[436] Morán, 1998, p. 152.

[437] Díaz Hernandez, 2005, p. 567.

[438] Con José María Ortiz mantuvimos varias conversaciones e intercambio de emails.

Visita al rodaje de *Fuenteovejuna* en los estudios CEA de Ciudad Lineal. En el centro, con corbata, Luis Ortiz. A su izquierda, con sahariana blanca, el director de la película Antonio Román. En el extremo de la derecha, Gómez del Collado. Archivo familiar Gómez del Collado.

Gómez del Collado. Es factible pensar que Ortiz, de carácter afable, apreciase los esfuerzos de Gómez por resolver todo tipo de situaciones, quien era capaz, a veces, de improvisar con casi nada.

Parece ser que le gustaba hacerse acompañar por el arquitecto en sus desplazamientos. Como veremos, en la etapa de la Subsecretaría se celebraron muchos actos en Andalucía, especialmente en Sevilla. Sin duda, el comprobado *sevillanismo* de Ortiz tuvo mucho que ver en esas decisiones. Es posible que la relación con Rocamora no fuese tan cercana, tal vez por no tener un carácter tan efusivo como Luis.[439] También hemos deducido de determinadas comunicaciones que, en lo referente a actos propiamente dichos, parece que hubo una conexión inmediata entre Ortiz y Gómez. Rocamora se encargaba de otras actividades de la dirección general. Algunas fotos nos muestran al arquitecto y al subsecretario en actitudes distendidas y cercanas.

[439] Intentamos contactar con alguno de los descendientes de Rocamora sin éxito.

El 2 de agosto se clausuraba la Conferencia de Potsdam. Las tres grandes potencias vencedoras (URSS, EE. UU. y Gran Bretaña) apuntan directamente a España. En los acuerdos finales, apartado IX, se trata sobre la admisión de nuevos miembros en la Organización de Naciones Unidas:

> Los tres gobiernos se sienten obligados, sin embargo, a aclarar que, por su parte, no favorecerán ninguna tentativa de ingresar presentada por el Gobierno español, el cual habiendo sido fundado con el apoyo de las potencias del Eje y en vista de su origen y naturaleza, historial y asociación íntima con los Estados agresores, no posee las cualidades necesarias para justificar su ingreso.[440]

Comenzaban los meses de mayor aislamiento internacional del Régimen. La situación durará en su fase más crítica,[441] hasta el discurso del presidente de los Estados Unidos Harry S. Truman el 12 de marzo de 1947, donde declaró el verdadero orden mundial de la posguerra, la Guerra Fría.[442]

Mientras tanto, el Caudillo ya estaba de vacaciones en el Pazo de Meirás desde el 28 de julio. Salvo un tibio comunicado oficial que apareció en la prensa, el general no hizo grandes exhibiciones públicas de desagravio. Siguió con sus habituales vacaciones veraniegas con actividades hípicas, regatas y algunos actos oficiales realizados en el Pazo. La labor de la nueva Subsecretaría se centró en estos desplazamientos. El 15 de agosto se inauguraba en Vigo una Feria del Mar y en paralelo el Congreso Nacional de Pesca. Ambos fueron inaugurados por Suanzes, entonces ministro de Industria y Comercio, ferrolano como el Caudillo y también amante de veranear en Galicia. El Caudillo aparecería en la feria el domingo 26; la prensa apenas mencionó la visita. Quedó eclipsada por las regatas de traineras y balandros y una ostentosa visita al Club Náutico de La Coruña.[443] La Subsecretaría preparaba desde julio el acto, proyectado por Gómez, pero según criterios que luego no se correspondieron con los hechos, ya que en la memoria se trata de programar la «inauguración de la Feria del Mar a la que asistirá S. E. el jefe del Estado y autoridades».[444]

[440] Traducción tomada de Tamames, 1973, pp. 516-517.

[441] Lleonart Amsélem, 1996, p. 101.

[442] Paradójicamente, el discurso que Truman pronunció ante el Congreso de Estados Unidos hablaba de que su nación debía ayudar a ciertos países o movimientos, aquellos que «reposen sobre la voluntad de la mayoría y se caractericen por sus instituciones libres y por la ausencia de cualquier opresión política», frente a los que se basan en «la voluntad de una minoría impuesta por la fuerza, apoyados en el terror y la opresión». En la práctica lo que se daba era el pistoletazo de salida al apoyo de todo anticomunismo, viniera de donde viniera. Disponibele en línea en *The Avalon Proyect. Lilian Goldman Law Library. Yale Law School* <http://avalon.law.yale.edu/20th_century/trudoc.asp>. Consultado el 10 de mayo de 2018.

[443] *ABC,* 28-08-1945.

[444] AGA, caja 3 21-2092. Actos en Vigo. Inauguración Feria del Mar.

A finales de agosto, México reconoce oficialmente el Gobierno de la República en el exilio presidida por Giral. Seguirán de inmediato Guatemala, Panamá y Venezuela, antes de terminar el año. Pero salvo México, el reconocimiento viene de súbitos cambios de gobiernos internos. Es especialmente significativo el caso de Guatemala. Había sido el primero en reconocer el Régimen de Franco, incluso antes que Italia y Alemania, si bien, claro está, con un gobierno de signo distinto. A lo largo de 1946 lo harían siete países de Europa oriental: Polonia, Yugoslavia, Rumanía, Checoslovaquia, Hungría, Albania y Bulgaria; todos ellos, evidentemente, bajo influencia soviética. Ninguna de las grandes potencias, incluida la propia Unión Soviética, llegarían a hacer tal reconocimiento.

En septiembre Franco se traslada a San Sebastián, y aunque da algún discurso en su recorrido, como el de Vitoria el día 17,[445] fundamentalmente se trata de una prolongación de las vacaciones. En Guipúzcoa disfrutaría de regatas de traineras, a las que le gustaba acudir vistiendo el uniforme blanco de capitán general de la Armada. El día 24 regresa a Madrid. El 1 de octubre, en la ya tradicional celebración del Día del Caudillo, por su exaltación a la jefatura del país, la prensa, en lugar de destacar actos o ceremonias, presenta el resultado de *su misión:* obreros y campesinos trabajando felices; una España fértil basada, en buena medida, en la «neutralidad» que el Caudillo había aportado.[446] La celebración de otro día señalado como el 12 de octubre se limitó a un acto académico de apertura del curso y a la inauguración de algunos edificios en la Complutense.

Centenario del Apostolado de la Oración. Plaza de la Armería, Madrid, 18 de noviembre de 1945

El primer gran acto que Gómez prepara para sus nuevos jefes, los católicos, resultó especialmente adecuado al tratarse de un acto religioso. Con su probada capacidad de adaptación, no nos cabe duda de que el arquitecto cangués tuvo en cuenta el desafío que se presentaba. Como él mismo cuenta, se trataba de la «construcción de mayores proporciones que hasta la fecha ha efectuado el Servicio de Arquitectura de la Subsecretaría de Educación Popular».[447] Efectivamente, solo cabría ser comparado, entre las realizaciones efímeras de Gómez, con el conjunto que se preparó para el 12 de octubre de 1943 en la Ciudad Universitaria de Madrid.

[445] *LVE*, 18-09-1945, pp. 2-3.

[446] Puede verse a modo de ejemplo *ABC*, 2-10-1945.

[447] AGA, caja 3 21-02093. Acto de oración por España. Memoria.

El nuevo evento se encuadraba dentro de una serie de actos religiosos que celebraban el primer centenario del denominado Apostolado de la Oración, un movimiento espiritual dentro de la Iglesia católica, instituido por 12 jóvenes estudiantes jesuitas y su director espiritual P. Gautrele, en Vals-près-le-Puy, Francia.[448] El programa se abría el jueves, 15 de noviembre, con una misa solemne en la entonces catedral de San Isidro. Oficiaba Eijo Garay en su calidad de obispo de Madrid-Alcalá. Contaría, además, con una homilía del obispo auxiliar Casimiro Morcillo. El viernes 16 se realizó una concentración de 30 000 niños en el parque del Retiro. Asistieron el ministro de Educación Ibáñez Martín, el alcalde de la ciudad y otras autoridades. El sábado, los actos se trasladaron al Cerro de los Ángeles. La gran traca final se reservaba para la Plaza de la Armería, en el Palacio Real, frente a la aún incipiente catedral de la Almudena, un escenario bien conocido de Gómez.

Para el colofón de los actos a celebrar en la mañana del domingo 18, el arquitecto proyectó e instaló una colosal plataforma en la que se celebraría la misa más solemne. Como culminación, una intervención radiofónica, en directo, del papa Pío XII, emitida desde el Vaticano. El asunto, evidentemente, requería algo que se saliese de lo común. Ignoramos los costes precisos, si bien, deducimos de la memoria del proyecto y las imágenes difundidas por los medios que tuvo que haber pocas cortapisas.

Gómez concibió para el escenario un altar cuya base era una plataforma de 35 × 35 metros de base y 4,80 de altura, formado por 24 pilastras almohadilladas. El detalle es importante, ya que, como veremos, seguramente pensando en la alocución final de pontífice, todo el proyecto está lleno de alusiones a elementos arquitectónicos vaticanos. En los intercolumnios se colocan tapices sobre bastidores con el escudo nacional. En el proyecto se incluían como si fuesen piezas de la estructura otro elemento muy querido: las acróteras vivientes. En este caso las denomina «acólitos portaincensarios». Son monaguillos ataviados con ropajes del siglo XVIII que se situarán sobre la parte superior de las 24 pilastras almohadilladas.

Sobre ese primer cuerpo se colocaba una pirámide escalonada de 10 metros de altura formada por tres grandes escalones. Uno primero de 2,40 de altura y los otros dos de 1,25. Todo el perímetro estaba forrado de reposteros y antepechos de paño. Sobre esa pirámide se elevaba un prisma de base cuadrada de 10,50 de lado y 2,45 de altura, decorada con 32 columnas salomónicas, formando un orden compuesto de pedestales, basas, fustes capiteles y entablamento. Los intercolumnios salomónicos se rellenaban con tapices. El gran efecto final era que sobre ese cuerpo superior y hasta completar la altura de 27 metros, es decir, la altura de un edificio

[448] Véase Acha, 2004.

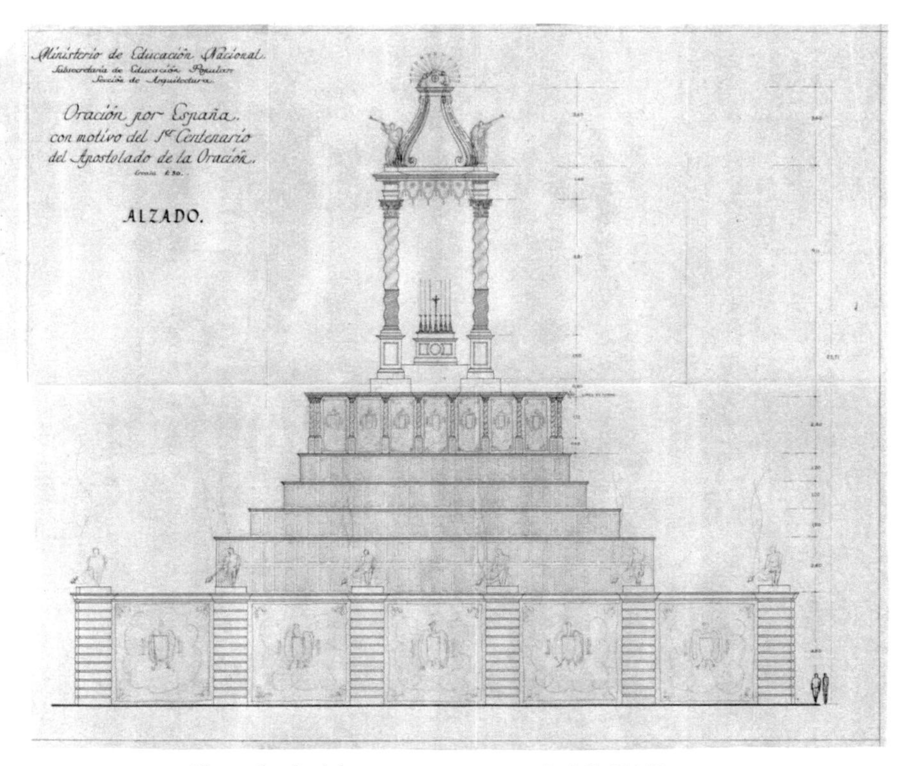

Plano alzado del monumento. AGA, caja 3 21-02092.

de nueve plantas, se construyó un baldaquino sobre columnas salomónicas. ¿Hay algo más vaticano? Todo ello se remataba con una cúpula bordeada por cuatro ángeles dorados un tercio más grandes que un hombre de estatura media. El baldaquino cobijaba un altar donde se oficiaría la gran misa final.

En el proyecto figura también el estudio para la distribución de invitados principales y del resto del público. Se dispusieron dos sectores a ambos lados del altar, uno destinado a las autoridades eclesiásticas y otro para los civiles. Cada uno de esos dos espacios se componía de un primer cuerpo formado por 20 sillones dorados y tapizados en rojo para los miembros del gobierno, ministros y subsecretarios, en el lado de la epístola. Otro equivalente para las principales autoridades religiosas se situaba en el lado del evangelio. Detrás de estos emplazamientos principales, dos acotamientos para 75 plazas en bancos tapizados en rojo a ambos lados. Tras ellos, 650 sillas también en ambos lados, lo que suponía un total de 3000 plazas de asiento. En el resto de la plaza se marcaban seis sectores acotados para 20 000 personas. En el centro quedaba libre un pasillo de 10 metros de ancho para el desplazamiento

En plena construcción. Archivo familiar Gómez del Collado.

de la carroza dorada que utilizaba la Diócesis de Madrid los días del Corpus. En ella sería conducido el Santísimo desde el altar hasta la vecina basílica de la Almudena, aún en construcción. Tras ese momento, empezaría la alocución radiada del papa, lo que supondría el punto final.

El altar empezó a construirse el 4 de noviembre, y el tiempo fue bastante inclemente. Hay una imagen tomada el día 15 del mismo mes por el fotógrafo valenciano Luis Vidal, en los fondos de EFE, donde se puede ver la estructura casi completa y guarecida por unos toldos para evitar que se mojara mientras unos operarios

Foto tomada tres días antes del acto. Vidal EFE.

rematan los últimos detalles. El viernes, en el acto del Retiro que reunió a 30 000 personas, la prensa gráfica refleja a la multitud con sus paraguas. Se llega a advertir al público: «El solemne acto anunciado en la Plaza de la Armería no será suspendido ni trasladado de lugar, no obstante, el rumor que ha circulado a este respecto, cualesquiera que fueren las circunstancias atmosféricas».[449]

Para alivio de José Gómez del Collado, el domingo, aunque el día fue desapacible, no llovió a la hora de la ceremonia. El acto pudo celebrarse con toda solemnidad.

La prensa destacaba cómo «al pie del balcón central del Palacio Real se había levantado un monumental baldaquino, reproducción, en tamaño más reducido[450] del realizado por Bernini en el Vaticano».[451] No todos los periodistas que comunicaron la noticia dispusieron de las mismas fuentes de información. En el relato que hace *La Vanguardia Española*, que afirma reproducir la información que les envía la agencia Cifra (EFE), se lee: «En la Plaza de la Armería se había elevado una reproducción de 24 metros de lado por 40 de base del *baldequillo* de *Bellini* (sic) que

[449] *ABC*, 18-11-1945.

[450] La altura del original es de 28,5 metros, es decir, algo más que toda la estructura efímera que la imitaba en la Plaza de la Armería.

[451] *ABC*, 20-11-1945.

Archivo familiar Gómez del Collado.

decora la tumba de San Pedro de Roma».[452] Los actos se celebraron según lo previsto, no acudió el Caudillo en persona, sí lo hizo su esposa Carmen, que ocupó su sitio junto a las autoridades eclesiásticas. En el lado de la epístola estuvieron varios ministros, el presidente de las Cortes y, entre otros subsecretarios, el de Educación Popular. Tras la misa, a las 12, se oyó a través de los altavoces la intervención del papa Pío XII hablando en español. Aludió al histórico compromiso de España con la defensa y la expansión de la cristiandad «después de la Cruzada multisecular durante la dominación árabe [...]. La epopeya de gigante con la que España rompió los viejos límites del mundo conocido y descubrió un nuevo continente y lo evangelizó para Cristo». Pasó por la Guerra Civil y la neutralidad con una curiosa perífrasis:

> En algunas horas tenebrosas de la Historia, Dios alza su mano omnipotente y deja pasar la bíblica cabalgata de los cuatro caballos, que con sus pezuñas airadas lo trituran todo; podadora y azote de Dios, que así corta lo que sobra y castiga a quien ha prevaricado. Pero a las puertas del solar ibérico, donde aun humeaban restos de una hoguera no menos terrible, la algarada no pasó adelante, y fue grande la señal de la misericordia divina.

[452] *LVE,* 20-11-1945. Las cursivas son nuestras.

EFE.

Su insistencia en el asunto de la neutralidad probablemente complaciera al dictador, que, sin duda, estaría escuchando la radio en algún lugar de El Pardo. «Vuestro país se ha salvado de la última hecatombe mundial».[453]

IX Aniversario José Antonio. El Escorial, 20 de noviembre de 1945

Por la proximidad de las fechas, tuvo que simultanear también los preparativos del IX aniversario de la muerte de José Antonio. La celebración, como era habitual en El Escorial, se realizó solo dos días más tarde que el Acto de la Oración. En realidad, bajó bastante el listón respecto al anterior aniversario cuando se había inspirado en el catafalco de las honras fúnebres de Carlos V en México. En la Memoria del proyecto, firmada el 10 de noviembre,[454] recuerda las normas establecidas el año anterior por el Consejo Superior del Patrimonio Nacional. Lo que le lleva a recalcar, nuevamente, el protagonismo del interior. Se propone levantar un túmulo y las

[453] El discurso fue reproducido íntegramente por los diarios, nosotros lo tomamos de *ABC* 21-11-1945.

[454] AGA, caja 03 21-0293. Actos aniversario José Antonio.

Interior de la basílica de El Escorial. Foto publicada en la primera página de *La Vanguardia Española,* 22-11-1945.

correspondientes tribunas. Para el exterior, al no poder fijar elementos, se decorará únicamente la puerta principal "por grandes paños negros con motivos litúrgicos en oro". En el patio de los Reyes se utilizaron "paños y reposteros".

El túmulo que había de presidir el interior iba situado sobre una base de tres alturas retranqueadas de 1,60 metros. Sobre ella se colocaba el catafalco bajo un templete de 6 metros de altura. Estaba compuesto por cuatro entablamentos toscanos con frontón soportado por cuatro pilastras del mismo orden. Le dio al monumento un carácter de templo clásico. Sobre los cuatro frontones, en su centro, se repetía un elemento decorativo formado por un águila cuadricéfala, descansando sobre las cuatro esferas del mundo. Utilizaría, además, como era habitual, figuras humanas. En este caso muchachos de la Organización Juvenil Española en posición de descanso militar sobre la base del templete. La mayor parte de los elementos son reutilizados del monumento del año anterior.

> Para la ejecución de estos trabajos que se harán por Administración, se cuenta con gran parte del material ya fabricado para estos actos del año pasado, material que natu-

ralmente hay que repasar por su gran deterioro, ya que, por su ligereza en los trabajos de desmontaje, sufre grandemente.

Quizás la simplificación de los decorados pueda interpretarse en clave política. Los católicos habrían podido preferir el gran despliegue del "día de la oración", mientras que al acto falangista y *joseantoniano* se le diese un aire más contenido. En la prensa apenas se hace alusión al artefacto. Solo *La Vanguardia Española* lo nombra sin la menor descripción o comentario,[455] aunque tanto este diario como *ABC* muestran sendas fotografías en sus portadas.[456]

1946. Aislamiento y expectativas

El 31 de diciembre se eleva a ley el decreto-ley de julio, por el que se trasvasaba a Educación todo el organismo de Educación Popular. Algo que en la práctica ya funcionaba desde el verano. Los nombramientos de Ortiz y Rocamora se oficializaron en el *BOE* del 12 de enero.

El 9 de febrero la Asamblea General de la Naciones Unidas recuerda en sesión plenaria las recomendaciones sobre España. Ese mismo día es condenado a muerte, junto con otros nueve miembros del maquis, el comunista asturiano Cristino García. En Francia lo habían recibido con el grado de héroe nacional por su participación en la Segunda Guerra Mundial. El 21 de febrero es fusilado al amanecer en el cementerio de Carabanchel Bajo. El suceso provoca una ola de indignación en Francia, respondida con una serie de actos de exaltación organizados por el Movimiento. El 26 de febrero Francia cierra sus fronteras y rompe las relaciones económicas con España. Pocos días después, el 5 de marzo, los gobiernos de Francia, Estados Unidos y Gran Bretaña, emiten un comunicado conjunto. En él se aclaraba que no tenían intención de intervenir en los asuntos de España, algo reservado para el propio pueblo español.

Pero consideraban necesario que los dirigentes españoles liberales lograsen la retirada pacífica de Franco, la disolución de la Falange y el establecimiento de un gobierno provisional. Sin embargo, el cierre de la frontera francesa no supondría aún, un agobio extenuante para la economía, USA y Gran Bretaña siguieron con sus intercambios.

[455] *LVE*, 21-11-1945.

[456] *ABC*, 21-11-1945; *LVE*, 22-11-1845.

La rutina continuaba para la Subsecretaría. Como era habitual a comienzos de marzo volvieron a escenificarse en Valladolid, los actos de fusión entre falangistas y tradicionalistas. En la memoria con el visto bueno de Antonio Torrecilla, en su calidad de jefe de negociado de actos públicos,[457] se pormenorizan las labores para la celebración del acto en el Teatro Calderón. En el escenario se montará una cámara negra. Ante ella se colocarán reposteros con el escudo nacional y un conjunto de cinco mástiles de 5 metros con sus banderas nacionales y del movimiento. Sobre el escenario una mesa presidencial y un pódium para oradores, también se adornarán los palcos. Asimismo, en el vestíbulo y la fachada habrá reposteros y mástiles de hierro con banderas. Hay un proyecto, no realizado, para una gran exposición sobre los 10 años del Caudillo en el poder.[458]

Una de las citas clásicas desde 1944, como lo era la Feria del Libro, ese año se trasladó a Barcelona. Se celebró entre el 9 y el 19 de junio, coincidiendo con la gran feria de muestras que se organizaba anualmente. Los actos de inauguración fueron presididos por Suanzes y la clausura por Ibáñez, la organización quedó en manos de la delegación del Instituto Nacional del Libro de la ciudad.[459]

El 18 de julio fue un acto muy sencillo de entrega de viviendas en el reconstruido Brunete,[460] no hubo ni tribunas, por lo que la presencia de la Subsecretaría o no existió o paso desapercibida.

Las largas vacaciones del 46

El 26 de julio Franco aún estaba en Madrid donde presidió el Consejo de Ministros. El 31 de julio llegó a San Sebastián para empezar unas largas vacaciones. Había protagonizado algunos actos por el camino, en Sigüenza, Burgos y Vitoria.

Iniciaba su plácido veraneo en el Palacio de Ayete que, el ayuntamiento de la ciudad había comprado y ofrecido al Caudillo. Visitas a yeguadas, competiciones hípicas en Lasarte, funciones de teatro, corridas de toros, y otros actos de carácter más o menos oficial, como ejercicios militares tácticos. El 9 de agosto todos los ministros se desplazaron a Donostia para realizar el Consejo de Ministros en su palacio de vacaciones.[461]

[457] AGA, caja 3 21-2255. Actos en Valladolid.

[458] AGA, caja 3 21-2255. Proyecto de exposición «Francisco Franco» en su X aniversario.

[459] Cendán Pazos, 1987, pp. 21-21.

[460] *ABC*, 19-07-1946.

[461] Los detalles de los desplazamientos del Caudillo y su séquito han sido obtenidos fundamentalmente de las ediciones digitalizadas de los diarios *ABC* y *LVE* de agosto y septiembre de 1946.

Tenemos constancia documental de la presencia de Gómez acompañando al jefe del Estado en su larga gira veraniega. Hay un oficio firmado por Pedro Rocamora con fecha del 10 de agosto, en San Sebastián. Certifica que Gómez en su calidad de arquitecto jefe del Servicio de Arquitectura y Actos Públicos «se encuentra dirigiendo en el norte de España, la preparación de los actos que se celebran con motivo de la visita de S. E. el jefe del Estado».[462]

El día 16 el Caudillo se traslada a Santander a bordo del crucero Galicia, mientras Carmen Polo viaja junto con la hija en automóvil. Según la prensa, partían con destino directo a Gijón. El 17 por la mañana Franco visita Torrelavega sin su familia. Tras esa visita, vuelve a Santander y allí se encuentra con su mujer y su hija. Contraviniendo el plan inicial de ir directos a Gijón, los tres con el resto de la comitiva se dirigen esa tarde a Covadonga.

En el plan original Franco debería haber desembarcado en Ribadesella. Allí le esperaban las autoridades, en medio de un pueblo y recorridos totalmente ornamentados con diversos elementos por el equipo de Gómez.

> El pueblo de Ribadesella se hallaba profundamente engalanado para recibir al generalísimo y tributarle un recibimiento apoteósico. El pueblo en masa se volcó en el puerto al ver aparecer el destructor-minador *Tritón* por creer que iba Su Excelencia en él, y mostró su desencanto al enterarse, momentos después que el Jefe del Estado había hecho el viaje en automóvil a Covadonga.[463]

La explicación y sobre todo las consecuencias de dicho cambio saldrían a relucir, expuestas por el propio Gómez, en el proceso judicial al que fue sometido en 1948. El arquitecto utilizó en su defensa, ante la acusación de mala utilización de fondos de la Administración y de no pasar los controles administrativos pertinentes, las urgencias e improvisaciones a las que se veía sometido con frecuencia. Cita, en un escrito presentado al tribunal, dicho viaje, aclarando:

> Cuando se ultimaban los preparativos del tramo Santander-Gijón y con parte del equipo preparando el tramo Gijón-Galicia, se alteró súbitamente la ruta y el crucero no entró en Ribadesella, prescindiendo de la ruta ya engalanada, y obligando a improvisar sobre la marcha un nuevo plan de trabajo con nuevos equipos, nuevos medios y nuevos gastos, por inutilizarse todos los trabajos del plan anterior.[464]

[462] AGA, caja 3 42-04841.

[463] *ABC*, 18-08-1946.

[464] AGA, caja t 30 12-17092, pp. 226-227.

Franco y familia durmieron en Covadonga y al día siguiente, 18, se trasladaron a Gijón por carretera. Allí visitaron una feria de muestras que se suele confundir con la Feria Internacional de Muestras de Asturias. Esta se viene celebrando desde 1963.

Aquella en realidad era una Feria de Productos Regionales del Noroeste de España.[465] El recinto ferial estaba emplazado en los jardines del Continental, detrás del cine de los Campos Elíseos, aproximadamente en la manzana que actualmente forman Avenida de la Costa, Leopoldo Alas, Enrique Martínez y Vicente Inneraty. Según el empresario gijonés Claudio Fernández Junquera, concejal en el Ayuntamiento de Gijón en los años sesenta, a Franco le pusieron una bomba.

> No era de mucha potencia y el autor la hizo explotar antes de que hubiese público. Se armó un gran revuelo, pero se ocultó el suceso. Creo recordar que los periódicos ni lo reflejaron.[466]

El viaje no solo no acabó ahí, sino que duraría casi un mes, como era bastante habitual en los veranos de Franco. Ese mismo día 18, que era domingo, después de abandonar el recinto de la feria, atravesó las calles de Gijón. Estaban engalanadas y atestadas de gente, pese a que llovió con toda la inclemencia del verano asturiano, hasta que Franco llegó al puerto de El Musel. Allí le esperaba el crucero Galicia, que ya había dado las salvas de honor al entrar la comitiva en la ciudad. Se embarcó con rumbo al puerto de La Coruña, después siguió en coche hasta el Pazo de Meirás. Carmen Polo y Carmencita hicieron el recorrido por carretera. El veraneo gallego, como era habitual, se alternaba con actos oficiosos.

Los días 29 y 30 tuvo lugar en el Pazo un Consejo de Ministros. En él, Franco escenificó la patraña de la «expulsión» del dirigente de extrema derecha belga Leon Degrelle, colaborador activo del nazismo. Se dice que Hitler dijo en cierta ocasión que de haber tenido un hijo querría que hubiese sido como él.[467] Al final de la guerra mundial había huido de Oslo en un avión del arquitecto de Hitler, Albert Speer. Tuvo que aterrizar de forma accidental en la playa de la Concha de San Sebastián. Degrelle había sido después internado en un sanatorio, y Bélgica reclamó su extradición. Aunque las autoridades españolas dieron largas, la presión de Gran Bretaña y EE. UU. forzaron a su expulsión, oficializada en un documento que hizo público

[465] Luis Adaro Ruiz-Falcó, el impulsor de la primera feria de 1963, consideraba este evento como un eslabón entre periodos anteriores y el actual (Díaz Gonález, 2019, p. 5).

[466] Entrevista realizada a Claudio Fernández Junquera en el diario *La Nueva España* el 27-12- 2010, disponible en línea en <http://www.lne.es/asturias/2010/12/27/franco-le-pusieron-bomba-feria-muestras-reflejo-prensa/1012529.html>, consultado el 26 de mayo de 2018.

[467] Fuente Lafuente, 1982.

ese Consejo de Ministros. A través de un comunicado de cuatro puntos se aclaraba que no se le extraditaba, sino que se le expulsaba. También se recordaba que había muchos «huidos» de la ley española en diversos países.[468]

En realidad, todo fue una farsa, según contó el mismo Degrelle en sus memorias.[469] Martín Artajo le ayudó a fugarse, primero se instaló en Madrid y luego en Málaga. En esa ciudad moriría a los 87 años, después de haberse exhibido en público, sin reparos, con conocidos personajes de la extrema derecha española como Blas Piñar.

Algún comentario debió de surgir sobre el largo y divertido periodo vacacional del Caudillo, en unos momentos en los que muchos españoles pasaban por enormes dificultades. Hay un curioso artículo en la portada de *La Vanguardia Española* del 5 de septiembre, con el significativo título de «No se sestea en Meirás». Es una crónica telefónica enviada desde Madrid en la que se alude a «comentarios y conversaciones en los centros donde la gente se reúne y conversa». Todo el artículo gira en torno a la carestía de los precios, tema sobre el que el Consejo de Ministros de los días 29 y 30 había tomado alguna medida. Precios y vacaciones fueron relacionados:

> [...] porque las gentes están convencidas de que detrás de esta campaña hay algo más. Para muchas personas, aunque Franco no está en Madrid, es indudable que sigue con atención el problema del abastecimiento, y las miradas de millones de españoles están fijas en el Pazo de Meirás, que se considera como el laboratorio donde se preparan las fórmulas complementarias de tan importante cuestión.

Aun con todo, Franco siguió con sus paseos por las rías, sus inauguraciones y sus asistencias a actos deportivos y espectáculos. No abandonaría Galicia hasta el día 18 por la noche, justo para llegar a tiempo de presidir la gran corrida de toros de la beneficencia, que se celebraba en la Monumental de las Ventas el día 19.[470]

La celebración de la exaltación a la Jefatura del Estado del 1 de octubre se hizo en Burgos. Formó parte de una triunfal gira por Castilla, en la que inauguró pantanos y entregó pisos de viviendas sociales. El 12 de octubre, se inauguraron instalaciones del CSIC y tuvo lugar algún acto académico menor. La celebración se centró en un gran acto de hermandad con Argentina. El embajador extraordinario Estanislao López impuso al Caudillo el Gran Collar de la Orden del Libertador San Martín. Era la mayor distinción que el país americano podía hacer a un jefe de Estado extranjero. La otorgaba el recién elegido presidente Juan Domingo Perón.

[468] *ABC*, 31-08-1946.

[469] Fuente Lafuente, 1982.

[470] *ABC*, 20-09-1945.

Gómez fue el responsable de engalanar el trayecto entre el lugar de la celebración y el Hotel Ritz. Allí la Guardia Mora de Franco fue a recoger al embajador y lo escoltó a través de el Paseo del Prado, Cibeles, Alcalá, Plaza de España y calle Bailén, hasta entrar por la Plaza de La Armería. Un recorrido «engalanado con profusión de banderas y escudos de Argentina y España. La Gran Vía presentaba un fantástico aspecto».[471]

Como contrapartida, en un acto paralelo que se celebró en Buenos Aires, el general Perón estaba siendo investido con el Collar de la Orden de Isabel la Católica. Las relaciones entre la España de Franco y la Argentina de Perón han sido durante años objeto primordial de estudio para el profesor Raanan Rein, de la Universidad de Tel Aviv.[472] En sus reflexiones sobre los motivos del apoyo peronista a Franco considera fundamental la presión de Estados Unidos. A las limitaciones que ese país pretendía imponer al espacio de la economía argentina, habría que añadir factores políticos e ideológicos. Se adquiría popularidad al enfrentarse a los estadounidenses, y se apaciguaba a sus partidarios nacionalistas de derechas. Tampoco desdeña las posibles simpatías por un régimen fuerte y anticomunista, o por el mismo concepto de hispanidad.[473]

Con toda la grandilocuencia de estos actos, se estaban trazando los especiales vínculos de amistad que unirían a España y a Argentina en los meses siguientes, una de las pocas válvulas de escape al cerco internacional que se estrechaba sobre el Régimen del general Franco. Sus consecuencias marcarían el trabajo de la Subsecretaría de propaganda y de su arquitecto jefe.

El 30 de octubre, se firmaba en Buenos Aires el nuevo Tratado Comercial Hispano-Argentino. Coincidiendo con ello, tuvo lugar una mediática visita de un buque de la Marina de guerra argentina. El buque escuela La Argentina atracó en Cádiz y sus tripulantes se pasearon por el país en olor de multitudes. En cuanto al tratado, consistía en un compromiso de venta mutua. Argentina proporcionaría a España, fundamentalmente, trigo, maíz y aceites comestibles. A cambio, España exportaba ciertos productos industriales, como acero, chapa y plomo. También corcho y aceite de oliva. Resulta llamativa la inclusión de 3000 toneladas de papel para liar cigarrillos.[474]

[471] *LVE*, 13-10-1946.

[472] Su tesis doctoral leída en 1992 versaba sobre las relaciones entre ambos gobiernos. La traducción española lleva por título *La salvación de una dictadura: Alianza Franco-Perón, 1946-1955*, Madrid: Consejo Superior de Investigaciones Científicas, 1995.

[473] Rein, 2007.

[474] Puede leerse el texto íntegro del tratado, por ejemplo, en *LVE*, 1-11-1946.

A lo largo de noviembre aumentó la tirantez en la ONU, generando casi a diario noticias sobre la «cuestión española». En unas declaraciones de Franco a la agencia inglesa Associated Press, reproducidas en la prensa española, se preparaba para lo peor curándose en salud: «Hasta que la Sociedad de Naciones no alcance un grado de serenidad que hagan posibles las tareas en favor de la paz el pueblo español no siente el menor deseo de figurar en ella». «Es un complot para aislar a España que intenta el comunismo soviético», «habrá elecciones municipales y provinciales cuando cesen los ataques contra España en medios internacionales».[475]

El 20 de noviembre se celebró el tradicional funeral en memoria de José Antonio en El Escorial. Fue discreto, con ausencia de grandes demostraciones dignas de tener en cuenta. Gómez no debió de trabajar demasiado. Algunas enseñas en el Patio de los Reyes y unos pocos hachones en el interior. Nada de pirámides, nada de viacrucis, nada de catafalcos.

En pleno debate en Lake Sucess,[476] el Consejo de Ministros celebrado el 6 de diciembre comunicaba, entre otras cosas, lo siguiente: «ante las injurias del portavoz de los criminales rojos de nuestra guerra, en la ONU, reitera al mundo su firme determinación de mantener como hasta ahora la independencia de nuestra Patria, libre por completo de toda suerte de intromisiones extranjeras».[477]

El 8 de diciembre, domingo, día de la Inmaculada Concepción, se convocó una gran manifestación para al día siguiente en la Plaza de Oriente.[478] La Guardia Civil cifró en 700 000 los participantes. Aunque muchos historiadores ponen la cifra en duda,[479] todos están de acuerdo en que la movilización fue extraordinaria. La plaza y sus alrededores estaban completamente abarrotados. Una multitud portadora de pancartas gritaba eslóganes contra la ONU y el comunismo y a favor de Franco. Al día siguiente las calles de Barcelona también albergaron un número importante de manifestantes.

El 12 de diciembre se consumó el veredicto con la aprobación de la fatídica resolución.[480] En ella se consideraba el carácter fascista del Régimen de Franco. Se recordaba el apoyo que había dado a las potencias del Eje, especialmente mediante la División Azul. Se recomendaba la exclusión del Gobierno español de Franco

[475] *LVE*, 14-11-1946.

[476] Antes de la construcción del actual edificio de la ONU en la Primera Avenida de Manhattan, su sede estuvo ubicada en Lake Sucess, un pueblecito de Long Island.

[477] *LVE*, 7-12-1946.

[478] *ABC*, 8-12-1946.

[479] Preston, 1994, p. 697.

[480] Resolución 39. Relaciones de los Miembros de las Naciones Unidas con España. Quincuagésima nona reunión plenaria, 12 de diciembre de 1946. Disponible en línea en <http://www.un.org/es/comun/docs/?symbol=A/RES/39(I). Consultada el 30 de mayo de 2018>.

de los organismos establecidos por Naciones Unidas. También la retirada de sus embajadores en Madrid. En ese momento 55 naciones componían el organismo. Votaron 35 a favor, trece se abstuvieron —entre ellas Cuba, Canadá, Holanda y Turquía—, seis votaron en contra, e Irak estuvo ausente. Los países que se opusieron eran todos hispanoamericanos: Argentina, El Salvador, República Dominicana, Costa Rica, Ecuador y Perú. Los tres últimos con presidentes civiles elegidos democráticamente. Los otros tres eran militares. El dominicano Trujillo presidía el país dictatorialmente. Castaneda Castro ganó unas elecciones en El Salvador a las que se había presentado como candidato único, apoyado por los terratenientes cafeteros y el ejército. El general Perón acababa de ganar las elecciones en febrero de ese mismo año. El proceso electoral fue reconocido como absolutamente limpio por la oposición.[481] De los 55 países, 52 asumieron la recomendación de retirar sus embajadores. Argentina, El Salvador y la República Dominicana mantuvieron la más alta representación diplomática. A ellos se podían sumar los representantes de la católica Irlanda, que no formaba parte de la ONU, el Vaticano y la neutral Suiza.

Para muchos historiadores el bloqueo fue bastante atenuado, ya que continuaron los suministros de petróleo, y la ayuda argentina comenzó a hacerse efectiva.[482] La mayoría de los países, aunque retiraron a los embajadores, siguieron con la actividad de las embajadas dirigidas por un encargado de negocios.[483]

1947. El año de Perón

El año 1947 podría considerarse en España el año de Perón o el año de Argentina. En diciembre de 1946, mientras se desataba la tormenta de la ONU, Argentina no solo no retiró a su embajador, sino que nombró uno nuevo: Pedro Radío, médico y hombre de prestigio, que viajó a España en enero. Ya recibió abundantes homenajes en la escala que hizo su barco en Santa Cruz de Tenerife y posteriormente al desembarcar en Barcelona. A su llegada en tren a Chamartín el 16 de enero, con una hora de retraso,[484] le esperaban numerosas personalidades del gobierno. Encabezaba la representación el general Millán-Astray. Una muchedumbre enfervorizada no dejaría de aclamarlo a él, a Franco y a Perón. El 27 de enero se realizó la presentación oficial de cartas credenciales. Al igual que en octubre del año anterior, a Gómez le tocó engalanar el recorrido. Luis Álvarez Estrada, Barón de las Torres, en su calidad

[481] Luna, 2011.

[482] Tamames, 1973, p. 518.

[483] Preston, 1994, p. 702.

[484] *LVE*, 17-01-1947.

de primer introductor de embajadores, acudió al Hotel Ritz en un coche oficial del Ministerio de Exteriores para recoger al doctor Radío.

> En todo el trayecto flameaban multitud de banderas nacionales y argentinas. Grandes mástiles con las enseñas patrias rodeaban las plazas de Neptuno y Cibeles, así como los accesos de las principales vías por donde pasaba la comitiva.[485]

Siguiendo con el calendario rutinario de eventos, tocó, como todos los años, la celebración en Valladolid de la fusión de Falange y los tradicionalistas. Los actos fueron presididos por Girón como ministro de Trabajo y superviviente de los fundadores de las JONS. El colofón, como era habitual, se celebró en el Teatro Calderón, que «ofrecía un magnífico aspecto»[486] y que, naturalmente, fue engalanado por el equipo de Gómez.[487]

El primer acto de cierta complejidad que tuvo que asumir ese año fue el dispositivo para el traslado de los restos de Miguel Primo de Rivera a Jerez.[488] El dictador había fallecido en el exilio parisino en 1930, y sus restos fueron inhumados en el cementerio de San Isidro de Madrid. En 1947 se decidió su traslado a Jerez de la Frontera, de donde era originario. El tránsito se rodeó de un fuerte aparato propagandístico. Franco le concedió, a título póstumo, el grado de capitán general del Ejército.[489] El cortejo partió del cementerio de madrugada. Hizo la primera parada en el Palacio de Buenavista, en la calle de Alcalá. Allí estaba entonces el Ministerio del Ejército, hoy Cuartel General del Ejército de Tierra. Se había instalado la capilla ardiente en el despacho del ministro general Dávila: un altar, un crucifijo y paredes recubiertas con paños negros. En un pequeño túmulo, en el centro, estaba el féretro. Franco llegó a las once de la mañana y ocupó un reclinatorio dispuesto para él. Ofició misa el obispo de Madrid-Alcalá, tras lo cual el Caudillo abandonó el palacio, en medio del clamor de la multitud. Ante la fachada y en los jardines del palacio, la Subsecretaría había instalado numerosos mástiles con banderas a media asta y coronas de laurel. Por la tarde el féretro fue transportado solemnemente sobre un armón de artillería, custodiado por varios batallones. En la estación de Atocha fue introducido en un furgón convertido en capilla ardiente con paños negros. Franco no asistió y la representación la ostentó el ministro del Ejército.[490]

[485] *ABC*, 28-01-1947.

[486] *LVE*, 5-03-1947.

[487] AGA, caja 03 21-2262. Actos en Valladolid, conmemoración fusión FET y JONS.

[488] AGA, caja 03 21-2262. Traslado de los restos de Miguel Primo de Rivera a Jerez.

[489] *Diario Oficial del Ministerio del Ejército*, 22 de marzo de 1947.

[490] *ABC*, 26-03-1947.

Un aspecto recurrente de cierto interés es el que relaciona en esa época a la Subsecretaría con la ciudad de Sevilla. Un nexo que pasa ineludiblemente por la figura del Luis Ortiz, sevillano «activo», pese a vivir mucho tiempo en Madrid, nunca olvida su tierra natal, con la que siempre mantuvo fuertes vínculos. En 1947, concretamente en marzo, sale a la luz una publicación en Madrid, con el título de *Semana Santa en Sevilla.* El texto es de Ortiz y va acompañado de una extensa antología de fotos del gran Luis Arenas,[491] y prólogo de Joaquín Romero y Muribe.[492] En 1948 aparecería un segundo libro de Ortiz y Arenas, *Sevilla en fiesta,* con prólogo de José María Pemán. Ortiz se llevaría una buena parte de elementos representativos de la Semana Santa sevillana a la I Exposición Nacional de Arte Decorativo que se inauguraría en Madrid en junio.

En este clima de *sevillanismo* dentro de la Subsecretaría, la capital de la Giralda decidió hacer un homenaje al pintor Gustavo Bacarisas.[493] Sevillano de adopción había estado ausente desde la guerra y había vuelto a la ciudad por esas fechas. Para ello se celebrarían dos exposiciones simultáneas en las galerías Hernal y Velázquez. La iniciativa municipal planeó las exposiciones para después de Semana Santa y anunció el evento: «el mayor acontecimiento artístico de esta primavera estará patrocinado por la Subsecretaría de Educación Popular y la Comisaría de Bellas Artes».[494] Efectivamente, Ortiz se trasladó a Sevilla con su arquitecto jefe para preparar el acontecimiento.[495] Las exposiciones se inaugurarían, parece ser que con éxito, el Domingo de Pascua[496] y se desarrollaron en medio del ambiente festivo de la Feria de Abril sevillana.

En ese escenario debió de prender buena parte de la amistad que llegó a unir a ambos, como nos comentó el hijo del entonces subsecretario.[497] La probada de-

[491] Luis Arenas Ladislao (1911-1991) es venerado como uno de los grandes fotógrafos sevillanos de todos los tiempos. Empezó como fotógrafo de deportes y acabó convirtiéndose en un gran clásico de la imagen de la ciudad y sus tradiciones. Su éxito rebasaría las fronteras; se celebraron exposiciones en numerosos lugares, incluido El Vaticano. Su íntima amistad con Luis Ortiz se plasmó en numerosas ocasiones, también en los dos libros que se nombran en esta página.

[492] Otro sevillano de pro, poeta y periodista, fue desde 1934 director-conservador del Real Alcázar de Sevilla.

[493] Nacido en Gibraltar en 1873, Bacarisas se instaló en Sevilla en 1913 y desde entonces asumió profundamente el espíritu y las tradiciones de la ciudad. Fue nombrado hijo adoptivo en 1919. Al empezar la Guerra Civil se fue a Francia y después a Gibraltar; finalmente se estableció en 1940 en Madeira, donde vivió hasta el final de la segunda guerra mundial; regresó entonces a Sevilla, donde sería recibido con todo el afecto. Puede verse en Castro Luna, 2005.

[494] *ABC de Sevilla,* 29-03-1947.

[495] AGA, caja 03 21-2262. Montaje de la exposición de las obras pictóricas del ilustre artista Gustavo Bacarisas que se celebrará en Sevilla durante la segunda quincena del mes de abril de 1947.

[496] *ABC de Sevilla,* 17-04-1947.

[497] Conversación telefónica con José María Ortiz, 18 de abril de 2018. Él mismo comprobó, amablemen-

voción de Ortiz por las tradicionales sociedades religiosas de la ciudad debió de arrastrar a Gómez del Collado. En el proceso al que se le sometió a partir de mediados de 1948 aportó en su defensa, en circunstancia que veremos con detalle más adelante, varios recibos de donativos y limosnas.

El mes de mayo, el Caudillo hizo una gira arrolladora convocando multitudes en Valencia, Mallorca; recorrió, sobre todo, toda Cataluña y volvió triunfante a Madrid. Es evidente, por las colosales portadas de la prensa y las imágenes de las masas concentradas, que debió de haber una profunda labor de agitación. Se trataba de mostrar al mundo que el Régimen contaba con el apoyo del país. El 2 de junio estaba de vuelta a la capital. Mientras tanto la Subsecretaría de Propaganda se esmeraba para preparar un agitado mes de junio.

Feria del Libro, 1947

El día 1 de junio se inauguraba la Feria del Libro. Volvía a Recoletos, tras el paréntesis barcelonés de 1946. Quizás por lo apretado de la programación, o simplemente por ahorrar, Gómez no planificó la estructura de las casetas de nuevo. Acudió al almacén de la Vicesecretaría y reconvirtió para la feria elementos que ya había empleado en otro acto. Nos referimos al decorado que utilizó en septiembre de 1943 en Burgos para la conmemoración del Milenario de Castilla. Los elementos quedaron almacenados y Gómez transformó muchos de ellos, dándole a la feria un curioso aspecto entre medieval y quijotesco que tuvo desigual acogida. Las torres, que en el acto burgalés marcaban la avenida por donde accedían los contendientes, se transformaron en torres cervantinas. Para ello se añadieron elementos quijotescos, como el yelmo o la armadura del perturbado manchego.

Se subrayaba así la celebración del centenario del nacimiento del escritor en 1547, lo que conllevó la organización de actos especiales. Se hicieron varios concursos y se dedicó un espacio exclusivamente a temas cervantinos.[498] Las casetas de estructura convencional se adornaban con vivos colores y con elementos tomados del torneo, lo que le daba un aspecto entre festivo y medieval.[499] A ello contribuía notablemente el cartel anunciador: representaba a un caballero en plena justa, lanza en ristre. Sobre él, una dama medieval portaba una antorcha de la que se desprendían libros. Tanto en el escudo como en las telas que cubrían el caballo aparecía

te, que su padre había introducido a Gómez en la Hermandad de la Amargura. Consta en los libros de la hermandad con fecha 26 de abril de 1947.

[498] Rodrigo Echalecu, 2016, pp. 187-188.

[499] AGA, caja 03 21-2262. Feria del Libro, Madrid.

Las torres del Milenario de Castilla, reconvertidas en torres cervantinas. NO-DO 232 B.

una celada sobre un libro con las letras INLE (acrónimo de Instituto Nacional del Libro).[500]

La feria duró desde el domingo 1 de junio hasta el sábado 14. En la inauguración estuvieron presentes Raimundo Fernández Cuesta, entonces ministro de Justicia, y el titular de Aire, Eduardo González Gallarza. Como anfitriones y responsables de la organización, el subsecretario Luis Ortiz, el director general de Propaganda Rocamora y el director del Instituto Nacional del Libro Julián Pemartín.[501] La feria estaba compuesta por 95 casetas y ese año sí que hubo alguna representación extranjera. Además de Portugal, asistieron cuatro editoriales de países hispanoamericanos. Respecto a los diseños de Gómez para las casetas, la interpretación fue variopinta. Según el corresponsal de *La Vanguardia Española*[502] estaban «adornadas de forma atractiva, tienen como motivo ornamental el estilo románico y abundan los adornos simbólicos del Quijote». Otros afirmaban que eran «del tipo y estilo

[500] Puede verse en Rodrigo Echalecu, 2016, p. 186.

[501] *ABC*, 3-06-1947.

[502] *LVE*, 3-06-1947.

Elementos decorativos. Siempre presente el remate del gallo estilizado sobre la esfera dorada. NO-DO 232 B.

de las ferias góticas, con el alegre pintoresquismo de las tribunas de los trofeos medievales, lo que contribuía muy alegremente a la alegría del conjunto».[503] Pero independientemente de la ubicación cronológica o estilística, hubo quien rechazó de plano todo el planteamiento, criticándolo de forma sarcástica. El periodista y escritor Miguel Pérez Ferrero[504] dedicó una página entera de *ABC*[505] a fustigar mordazmente las ideas de Gómez. Empezaba por añorar el pasado, aludiendo a la ausencia de 1946, cuando la feria se trasladó a Barcelona, aclaraba después que volvía «cual hijo pródigo». Y afirmaba: «el refrán que reza que "el que fue a Sevilla perdió la silla" es extensivo cuando se trata de otras ciudades, y el libro se encontró que sus casetas ya no eran bonitas construcciones, sino que, como a determinadas clases de seres de los llamados "beneficiados" se les destinaban casas de esas prefabricadas». O sea, estaba tildando de chabolas a las creaciones de Gómez. La

[503] Cendán Pazos, 1987, p. 21.

[504] Miguel Pérez Ferrero ejerció de columnista y también de crítico de cine, publicó poesía y varias biografías de escritores como los hermanos Machado, Baroja y Pérez de Ayala. Pueden verse más detalles en la necrológica que le dedicó Arturo Fernández Cruz en una página 3 en *ABC*, 3-06-1978.

[505] *ABC*, 3-06-1947.

Caseta de la Sección Femenina. Foto: Vidal. EFE.

invectiva no había hecho más que empezar: «ahora los libros de la feria parecen objetos de tómbola verbenera, o productos de heladería humilde, o de atamborada barquillera, ya que esas cosas se antojan tenderetes».

El categórico desencuentro de Pérez Ferrero va en aumento: «la diferencia apreciable entre estos puestos de libros nuevos pimpantes, y esos otros tradicionales de "libros de viejo", aunque en ellos se ofrezcan —si es que hoy se ofrecen— volúmenes raros y valiosos, es la que hay entre un colegio de párvulos gritón, pueril, primario y alegre, y un severo asilo de ancianos». Manifiesta que se está despreciando al libro: «De acuerdo con que el libro merecía, ya que no monumentalidad para algo tan popular como una Feria de quita y pon, por lo menos aquellas primeras casetas arregladas con gusto y variedad». Describe las casetas como «cajas de higos o de pasas». Finalmente coloca al libro por encima de tanto desmán: «en estas garitas de soldados de papel, heroicos soldados en vanguardia siempre son los libros, estos se pueden ver y adquirir, y el público debe acudir con entusiasmo a comprarlos porque la envoltura es lo que menos importa si el manjar es bueno».

Raimundo Fernández Cuesta, González Gallarza y Luis Ortiz,
de frente sonriendo, el día de la inauguración. EFE.

Exposición Nacional de Artes Decorativas

El viernes 6 de junio, a las doce de la mañana, Franco inauguraba la Primera Exposición Nacional de Artes Decorativas e Industriales. La Subsecretaría se había encargado de la organización en el Palacio de Exposiciones del Retiro. La sombra de Luis Ortiz es muy perceptible en un artículo sin firma en la *Revista de Educación Nacional*.[506] Puede ser del propio Luis o de su hermano Antonio, que era articulista habitual de esas páginas. En él se hace una detallada y elogiosa descripción del material expuesto. Se destaca el paso de Nuestra Señora de la Esperanza de la Hermandad de la Macarena, que ocupaba la sala de honor del palacio. En la sección de orfebrería se exhibían una serie de piezas de la Virgen de la Hermandad de la Amargura y otras de la Virgen de la Hermandad del Gran Poder. La sección de arte sacro está repleta de elementos de la personal devoción del subsecretario, como unos bordados de la Hermandad sevillana de San Juan de la Palma. Devoción que, como se ha señalado, se transmitió al arquitecto jefe de la sección de Propaganda. Junto con el Caudillo asistieron los ministros de Educación, Justicia e Industria y Comercio, además, claro está, tal y como captaron las cámaras de NO-DO,[507] del

[506] *Revista de Educación Nacional*, n.º 72, 1947, pp. 82-84.

[507] *NO-DO*, n.º 232 A, emitido a partir de 16-06-1947.

subsecretario Luis Ortiz, el mismo que aparece en varios planos compartiendo el protagonismo con Franco, Carmen Polo y el ministro Ibáñez.

El proyecto fechado el 20 de mayo de 1947[508] va firmado por el jefe de negociado, Antonio Torrecilla, con el «conforme» del arquitecto jefe. Quedó presupuestado en un total de 20 466,60 pesetas. La mayor parte, 9500, eran los jornales de carga, montaje y desmontaje, seguido de los gastos de ornamentación. Como obra destaca la construcción de una armadura de madera y su correspondiente mano de obra.

Al día siguiente de esa inauguración, el sábado 7 a las cuatro y media de la tarde, se abría el pleno de las Cortes que aprobaba por aclamación el proyecto de Ley de Sucesión. Sería sometida a referéndum el mes siguiente.

Sin embargo, la portada a toda plana de *ABC* se rendía a una flamante

> doña María Eva Duarte de Perón. Hoy llegará al aeródromo de Barajas la esposa del presidente de la República Argentina, que viene a España como embajadora oficial y extraordinaria de los sentimientos filiales que la joven, noble y próspera nación suramericana siente hacia nuestra Patria. El pueblo de Madrid se prepara a tributar a nuestra ilustre y gentil huésped el recibimiento caluroso que, por su personalidad y por la representación que ostenta, merece.[509]

Curiosamente, como ha señalado el profesor de narrativa fílmica Emeterio Díaz Puertas,[510] la imagen que se utilizó para esa portada es de una película: *La Pródiga,*[511] dirigida por Leo Fleider, Mario Soffici y Ralph Pappier en 1945. Se basaba en la novela de Pedro Antonio de Alarcón, con guion de Alejandro Casona. Se presentaba a la gran dama luciendo un vestido del siglo XIX, sin que nadie reparase en ello.

La visita de Eva Perón

El viaje de Evita empezó el viernes 6 de junio a bordo de un cuatrimotor de Iberia, un Douglas Skymaster DC-4-1009, matrícula EC-ACE, pilotado por el comandante

[508] AGA, caja 03 21-2264. Exposición de orfebrería española que se ha de celebrar en el Palacio de Exposiciones del Retiro con asistencia de altas personalidades del Estado; mayo-junio 1947.

[509] *ABC,* 8-06-1947.

[510] Díaz Puertas, 2014, p. 115.

[511] La película que supuso el primer papel protagonista de Eva Duarte fue también su última aparición en el cine. El final de la filmación coincidió con la boda de Eva con Perón, por lo que se le pidió al productor que entregara el negativo y todas las copias. Afortunadamente se salvó una que se escondió en Montevideo. La película se exhibiría a partir de 1984. Fue el debut en el cine de Alberto Closas. Puede consultarse más información en <https://es.wikipedia.org/wiki/La_pr%C3%B3diga_(pel%C3%ADcula_de_1945)>, última consulta: 10 de junio 2018.

Fernando Rein Loring. El avión despegó del aeropuerto Presidente Rivadavia, al sur de Buenos Aires. Estaba especialmente adaptado para Evita y su séquito. Según Windmann-Miguel,[512] se distribuía en dos apartamentos dormitorio y una pequeña sala de estar. Separado por el pasillo estaba el salón comedor, con dos mesas para cuatro comensales cada una. El resto del aparato estaba ocupado por sillones, cámara frigorífica, cocina y otros servicios. Lillian Lagomarsino de Guardo, personaje de la alta sociedad bonaerense, casada con el entonces presidente del Parlamento, Ricardo Guardo, fue su «dama de compañía» en el viaje. En 1996 presentó un libro de recuerdos titulado *Y ahora hablo yo...* En él desmiente categóricamente esa distribución: «No existía ningún departamento privado como algunos señalan, solo se habían sacado dos o tres asientos para colocar esas literas en las que descansamos, para lo cual se corría una cortina».[513] Las dudas podrían disiparse si atendemos a las facturas de Iberia que liquidaría la Subsecretaría de Educación Popular. En una de ellas, presentada en julio del 47,[514] alude a «gastos de acondicionamiento, amueblado, etc.». El montante asciende a 36 714,29 pesetas. El consumo anual estimado por habitante en España se estima para esa época en 9407 pesetas.[515] Todo parece indicar que fue algo más que dos literas y una cortina.

La expedición contaba en realidad con dos aviones. Junto con el aparato de Iberia volaba otro DC-4 de FAMA (Flota Aérea Mercante de Argentina). Transportaba al personal de servicio y «el voluminoso equipaje de la distinguida viajera y su comitiva».[516] El viaje seguía la ruta habitual de los vuelos comerciales.[517] Desde Buenos Aires se volaba en dirección norte durante unas once horas. El avión alcanzaba una velocidad de 450 km/h. La ciudad de Natal, en el norte de Brasil, era la primera escala. Desde ahí se hacía la travesía del Atlántico, volando hacia el oeste de África, concretamente hasta Villa Cisneros, entonces capital del Sáhara Español.[518] Allí llegaron tras unas doce horas de vuelo. Hubo un primer recibimiento por parte del ministro de Exteriores Martín-Artajo. Una unidad de tropas indígenas sobre camellos le rindió honores. Pernoctó en la casa del gobernador y al día siguiente, domingo 8, salieron hacia Las Palmas de Gran Canaria. Desfiló por la ciudad y fue fuertemente vitoreada, después asistió a una misa en la catedral.

[512] Widmann-Miguel, 2014, p. 25.

[513] Lagomarsino de Guardo, 1996, p. 122.

[514] AGA, caja 03 21-2264. Factura n.º 0701.5.

[515] Maluquer de Motes, Consumo y precios, 2005, p. 1279.

[516] Widmann-Miguel, 2014, p. 31.

[517] El vuelo inaugural de la línea se realizó el 22 de septiembre de 1946, en un avión del mismo modelo. Fue el primer vuelo comercial que unía Europa con Suramérica. *LVE*, 24-09-1946.

[518] En la actualidad la ciudad se denomina Dajla y forma parte de lo que se conoce como Sáhara Occidental.

ABC

Doña María Eva Duarte de Perón

Hoy llegará al aeródromo de Barajas la esposa del presidente de la República Argentina, que viene a España como embajadora oficial y extraordinaria de los sentimientos filiales que la joven, noble y próspera nación suramericana siente hacia nuestra Patria. El pueblo de Madrid se prepara a tributar a nuestra ilustre y gentil huésped el recibimiento caluroso que, por su personalidad propia y por la representación que ostenta, merece.

El aeropuerto de Barajas, muy engalanado, recibiendo la llegada del avión que transportaba a Eva Perón. NO-DO 232 A.

Por la tarde emprendieron el viaje rumbo a Madrid. Franco, Carmen Polo y numerosas autoridades esperaban en Barajas su llegada a las 20:30 h.

Cuando Eva Perón descendió de la escalerilla del avión se encontró el decorado que la Subsecretaría había dispuesto.

> Desde mucho antes de la llegada del avión, el aeródromo presentaba un brillantísimo aspecto. Aparecía engalanado profusamente con banderas españolas y argentinas, ricos reposteros y tapices y hermosas plantas. Ante la torreta principal, una tribunilla recubierta, el fondo con un tapiz con el escudo del Generalísimo.[519]

[519] *ABC*, 10-06-1947.

La factura que presentó Iberia por el total de los traslados ascendió a 632.414,29 pesetas.[520] Los desplazamientos por España supusieron a 57.200 pesetas. Como veremos la idea inicial era que Evita regresase tal y como había venido. Pero su periplo europeo se alargó y acabó regresando en barco con buena parte de su séquito. No obstante, el 6 de octubre, Iberia, por entonces Compañía Mercantil Anónima de Líneas Aéreas Iberia,[521] presentó una segunda factura por 22.660 pesetas.[522] Cubría los traslados del ministro de Exteriores Martín-Artajo y acompañantes desde Madrid a Las Palmas y a Villa Cisneros. Por cerrar los gastos derivados del uso de los transportes aéreos, todos ellos facturados directamente a la Subsecretaría como se ha dicho, cabe añadir los derivados de engalanar los aeropuertos. Función dirigida directamente por Gómez del Collado. Dichas ornamentaciones se elaboraban a base de banderas, escárpelas, flores etc. que esperaban a los visitantes en los aeropuertos y sus cercanías. Los aeródromos más decorados fueron el de Madrid donde se invirtieron más de 42.000 pesetas y Sevilla, 21.000. En menor cuantía Zaragoza, Granada y Barcelona, algo más de 13.000 entre las tres.[523]

Los dos recorridos

Durante toda la estancia de Eva Perón en España, la Subsecretaría de Educación Popular fue la encargada de planificar los desplazamientos, de preparar los actos que se celebraron, de gestionar los gastos y de cuidar los detalles. En su día nos lo contaron la viuda de Gómez, Olga Menéndez, y Antonio Murias. El hijo de Ortiz, José María, lo corroboró recientemente.[524] Tanto el subsecretario como el arquitecto jefe de Propaganda se convirtieron en los acompañantes oficiales y constantes de la primera dama argentina. José Gómez se encargaría de tribunas, palcos, etc. y también de un enorme escenario para una fiesta-espectáculo en Madrid de la que hablaremos más adelante. Además de esas tareas, asumió otras como elaborar folletos explicativos de los recorridos.

[520] El viaje trasatlántico se facturó a 32 pesetas el kilómetro, mientras que los efectuados en territorio nacional se cobraban a razón de 22 pesetas el kilómetro. AGA, caja 03 21-2264.

[521] Ese fue el nombre que adquirió cuando en 1940 se fijó la presencia de capital estatal en un 51 %. La empresa se remontaba a los años 1920, fundada por el industrial vasco Horacio Echeverrieta y Lufthansa. Tras una crisis en 1942, todas sus acciones fueron asumidas por capital estatal y gestionada por el INI. Véase Martín Aceña y Comín, 1991, pp. 235 y 242.

[522] AGA, caja 03 21-2264. Factura 0603.5.

[523] AGA, caja 03 21-2264. Facturas de la empresa Ismael Guarner.

[524] Conversación telefónica mantenida el 18 de abril de 2018.

La Subsecretaría había elaborado un anteproyecto fechado el 30 de abril. En él se describía pormenorizadamente y día a día el recorrido, visitas y actos de la primera dama argentina.[525] La idea inicial tuvo algunos cambios significativos. El planteamiento básico era utilizar Madrid como constante punto de ida y vuelta. Desde Madrid se volaría a Sevilla, de ahí a Granada y vuelta a Madrid. Después se volaría a Santiago de Compostela y el resto de los destinos gallegos. Aquí se produce la mayor de las alteraciones, que más adelante trataremos en detalle, pues pensamos que afectó seriamente al plan determinado por Gómez del Collado. De Santiago se volaría a Oviedo, después dos días de visita a Asturias, antes de volver a Madrid. La última etapa la llevaría a Zaragoza y Barcelona.

En todo caso, la alteración más significativa del anteproyecto fue el final del viaje. Evita viajaría después de Barcelona al Vaticano. Tras un día de estancia en Roma debía regresar a Madrid. Finalmente, de nuevo por vía aérea, se haría el regreso a Buenos Aires. Como ya se ha comentado, la alteración de este final fue radical. Evita alargó su estancia europea. En Roma fue recibida por el papa Pío XII. Pasó unos días de descanso en Rapallo, cerca de Génova. Desde Italia se dirigió a Lisboa, donde se entrevistó con don Juan de Borbón. Voló a París, donde se vería, entre otros, con el presidente Auriol y con el nuncio apostólico Roncalli, futuro Juan XXIII. De París a Suiza, Ginebra, para volver a Lisboa y de allí a Dakar. En Senegal decidió embarcar —parece ser que un accidente aéreo en esos días hizo que decidiese cambiar de transporte para cruzar el océano— hacia el continente americano. Llegó a Recife y visitaría Río de Janeiro y Montevideo; llegaría a Buenos Aires el 23 de agosto, casi un mes después del 28 de julio que marcaba la previsión inicial.

Dejando aparte la evidente diferencia del final del viaje, otra que llama la atención fue el cambio de recorridos dentro de la península. Como expusimos arriba, la idea primitiva era usar Madrid como base para sus visitas a otros lugares, viajes de ida y vuelta a la capital, como la red radial de carreteras del país. Sin embargo, fue sustituida por un recorrido en espiral, seguramente más racional. Los diversos actos celebrados en Madrid entre desplazamiento y desplazamiento se acumularon en la capital los primeros días.

También en esas fechas se realizaron los desplazamientos a lugares cercanos, como Segovia o Toledo, que no implicaban pernoctar fuera de la capital. Después se emprendería el gran periplo que la llevaría a Granada, Sevilla, Santiago de Compostela, Zaragoza y Barcelona. Seguramente esta alteración ganaba en eficacia y en economía de medios. Se evitaban vuelos repetidos de vuelta. Por otra parte, el

[525] AGA caja 03 21-2264. Anteproyecto de programa para los actos a celebrar en España con motivo de la visita de la Sra. de S. E. rl jefe del Estado de la República Argentina. Comprende desde el día 9 al 27 de junio de 1947, ambos inclusive.

Arriba, el plan inicial. Abajo, el realizado. Gráficos: Fernando Almaraz.

cambio beneficiaba al trabajo del jefe de arquitectura al simplificar el constante traslado de mástiles, tribunas, banderas y demás parafernalia decorativa.

Plaza de Oriente

Las autoridades habían dispuesto que el lunes 9 de junio fuese festivo en las escuelas.[526] Se hicieron todo tipo de esfuerzos para facilitar la asistencia popular a un gran acto de masas. El escenario era el favorito de Franco, la Plaza de Oriente. En su balcón comparecieron Eva y Franco, después de que él le impusiera a ella la Gran Cruz de Isabel la Católica. El Caudillo iba ataviado para la ocasión con el uniforme de capitán general. Lucía la Orden del Libertador General San Martín que le había sido impuesta en octubre de 1946. Aclamados por la impresionante multitud, ambos pronunciaron sendos discursos desde el interior del palacio durante el acto de entrega. Las palabras llegaron a la masa a través de potentes altavoces exteriores. Después se asomaron, y Eva aún pronunció unas palabras. Además de proclamar el amor a la Madre Patria, recordó que ellos habían devuelto a «los obreros argentinos su destino trascendental de personas humanas».[527] *The Times* de Londres y otros medios se haría eco de un incidente que recordamos a través del aludido Raanan Rein, especialista en historia de España e Hispanoamérica.[528] Un grupo de falangistas entre el público comenzó a levantar la mano haciendo el saludo fascista. Eva respondió al público, en general, levantando la mano. Buena parte de la prensa mundial quiso interpretarlo en clave de saludo fascista. Está bastante claro que no hubo esa intención por parte de la dama argentina. En su discurso radiofónico a las mujeres de España, que daría unos días más tarde, aclaró:[529]

> Se ha dicho que hemos venido a formar un eje Buenos Aires-Madrid. Mujeres españolas, no he venido a formar ejes, sino a tender arcoíris de paz, como con todos los pueblos, como corresponde al espíritu de la mujer.[530]

[526] Así se aconsejaba en el anteproyecto antes citado.

[527] Los discursos fueron reproducidos íntegramente por la prensa, nosotros lo tomamos de *ABC,* 10-06-1947.

[528] Rein, 1995, p. 56. El comentario apareció, entre otros medios, en *The Times,* 23-06-27.

[529] Los discursos de Eva Perón los escribía el periodista y escritor Francisco Muñoz Azpiri. Se cuenta la anécdota de que Azpiri había acudido al aeropuerto de Buenos Aires el 6 de junio para despedirla. Poco antes de salir, el propio Perón le hizo llegar una nota en la que le ordenaba que embarcase en el vuelo y redactase el primer discurso de Eva en España, de modo que se subió al avión con lo puesto y en la primera parada, en Brasil, mandó un telegrama a su familia. Acompañó a Eva durante todo el viaje por España, aunque no la siguió a Italia, Portugal y Francia países que visitó después. Véase Gambini, 1999, p. 178.

[530] *ABC,* 17-06-1947.

Las incesantes aclamaciones populares en el mediodía madrileño hicieron que Eva tuviese que entrar y salir varias veces, ya que la temperatura llegó a alcanzar los 40 grados,[531] fenómeno que no consiguió disuadir a la señora de Perón de vestir —detalle que define muchos su estilo— una capa de marta cibelina.[532]

Esa misma tarde, Evita y Carmen Polo salieron a recorrer la ciudad. Algunos cronistas señalan en ese paseo el origen del desencuentro que parece ser que se desató entre ambas damas. El relato se basa fundamentalmente en un comentario que Evita habría hecho ya de vuelta en Argentina. Carmen Polo la invitó a pasear por el centro de Madrid, pero Eva habría pedido visitar barrios humildes, lo que pudo sentar mal a Carmen Polo: «A la mujer de Franco no le gustaban los obreros, y cada vez que podía los tildaba de "rojos" porque habían participado en la Guerra Civil [...]». La frase ha sido citada por varios autores, como Enrique F. Widmann-Miguel.[533] Hay otra versión de Jorge Camarasa:[534] «A la gorda no le gustó nada», reproducida por Guillermo Enrique D'Arino Aringoli.[535] Ninguno de ellos cita la fuente del comentario. Contactamos con Santiago Regolo, historiador, sociólogo, miembro del Instituto Nacional de Investigaciones Históricas Eva Perón y docente de la Universidad de Buenos Aires. Amablemente nos contestó:

> Con respecto al incidente que comenta Camarasa, referido a un recorrido por Madrid con Carmen Polo donde Eva insistió en ver barrios obreros y hospitales públicos, el autor no cita ningún tipo de fuente. El libro es más bien una crónica periodística, en donde incluye supuestos diálogos sin dar ninguna referencia. Cierto es que existió algún tipo de tensión entre Eva y Carmen Polo, pero no podría aseverar la existencia de una declaración semejante. Y menos referirse en esos términos públicamente.[536]

Es cierto, como veremos, que la señora de Perón utilizó reiteradamente la palabra «descamisados», como a ella le gustaba referirse a los pobres y a los trabajadores en general. También es verdad que la corroboración de ese tipo de mensajes ha

[531] *ABC*, 10-06-1047 dice literalmente: «pese al sol y al calor verdaderamente inaguantables, hubieron de salir de nuevo al balcón».

[532] Se ha comentado en diversas ocasiones que a la carismática líder espiritual de los *descamisados* le gustaba ser vestida por los mejores modistos y exhibir lujosas combinaciones. Incluso se ha escrito que en una entrevista Christian Dior afirmó: «(Periodista): "Usted, que ha vestido a las reinas de casi todas las casas reales del mundo, ¿cuál es la reina que más le ha gustado vestir?" Dior contesta: "La única reina que he vestido fue a Eva Perón"» (Saulquin, 2005).

[533] Widmann-Miguel, 2014, p. 71.

[534] Camarasa, 1988, p. 73.

[535] D'Arino Aringoli, 2016, p. 119.

[536] Correo electrónico de Santiago Regolo a Jorge Bogaerts 3-07-2018.

sido puesta en duda por algunos historiadores y cronistas. Así, por ejemplo, uno de sus *desmitificadores*, Juan José Sebreli, señala a Eva Perón como defensora de la subordinación de los sindicatos al Estado, según el modelo de la *Carta del Lavoro* mussoliniana. También como domesticadora del movimiento obrero, incluso, cuando a partir de 1949 arreciaron las protestas, se mostró enérgica en la represión de las huelgas.[537]

Sí que debió de haber una cierta tirantez, puede que, en parte, por este tipo de disputas ideológicas. Pero también, como han destacado otros autores, por el estilo, carisma y popularidad de la dama argentina. Algo que debió de provocar cierta envidia en la española. Abel Posse, escritor, político y embajador de Argentina en Madrid durante el periodo 2002-2004,[538] contó que a partir del alboroto que se armó por alojar a la argentina en El Pardo, concluido el viaje, Carmen Polo ordenó que nunca más un invitado ilustre se alojase en el palacio.

Al día siguiente, martes 10, visitaron por la mañana El Escorial. Allí Evita habría soltado algunas de sus perlas: «¿Por qué no dedican este enorme y sombrío edificio a algo útil? Por ejemplo, colonia para niños pobres. Se ven tantos…».[539] Vizcaíno Casas contaba que, al ver el Monasterio del Escorial, había exclamado: «Che, ¡qué mono!».[540]

En este tipo de desplazamientos, en ocasiones como esta, el almuerzo consistió en un *catering* servido por el Hotel Ritz. Evita y sus acompañantes fueron unos excelentes clientes del establecimiento. Sus prominentes minutas fueron abonadas por la Subsecretaría, y Gómez personalmente las gestionaba. En El Escorial, concretamente, se sirvieron 37 almuerzos a 225 pesetas cada uno, más un 12 % de servicio, el equivalente, según estimaciones,[541] al salario íntegro de 15 jornadas y dos tercios de un trabajador no cualificado. En total, 9324 pesetas.

También visitaron un campamento de la OJE y, por la tarde, una feria de artesanía en Madrid. Pero el número fuerte estaba preparado para la noche y fue el acto donde más a fondo tuvo que emplearse Gómez del Collado en sus funciones de arquitecto artífice de estructuras efímeras.

[537] Sebreli, 2008, pp. 101-102.

[538] Diario *El Mundo*, 27-07-2002, el artículo se titulaba «Eva Perón, un mito en la España de Franco».

[539] Widmann-Miguel, 2014, p. 79.

[540] Entrevista para un programa sobre la visita de Eva Perón emitido dentro de *La noche del cine español*, 7 de enero de 1985.

[541] Maluquer de Motes y Llonch (2005): *Trabajo y relaciones laborales*.

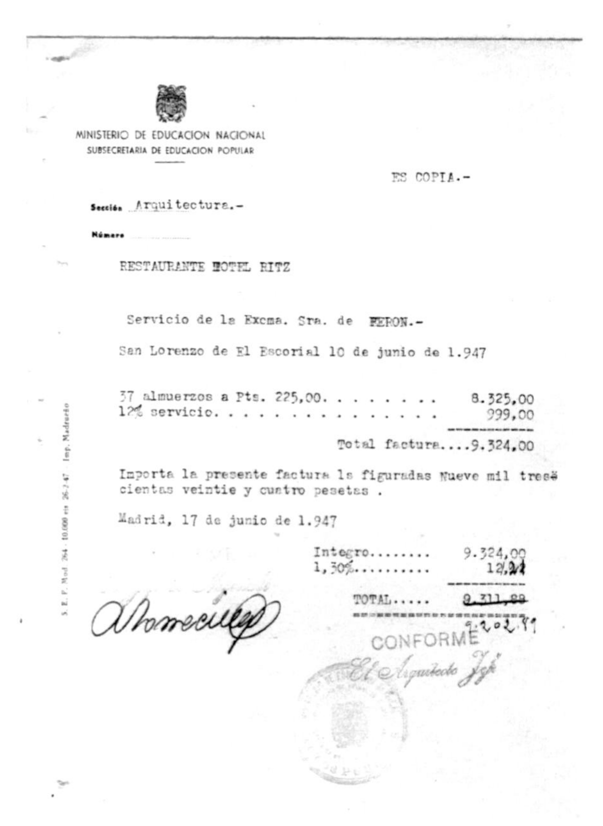

MINISTERIO DE EDUCACION NACIONAL
SUBSECRETARIA DE EDUCACION POPULAR

ES COPIA.-

Sección Arquitectura.-

Número

RESTAURANTE HOTEL RITZ

Servicio de la Excma. Sra. de PERON.-

San Lorenzo de El Escorial 10 de junio de 1.947

37 almuerzos a Pts. 225,00. . . . . 8.325,00
12% servicio. 999,00

Total factura....9.324,00

Importa la presente factura la figuradas Nueve mil tres cientas veintie y cuatro pesetas .

Madrid, 17 de junio de 1.947

Integro........ 9.324,00
1,30%......... 12,21

TOTAL..... 9.311,89

9.202,79

CONFORME
El Arquitecto Jefe

S. E. P. Mod. 264 · 10.000 ejs. 26-2-47 · Imp. Madrueño

Factura del Ritz a la Subsecretaría por el *catering* de El Escorial, con el conforme del arquitecto jefe. AGA, caja 03 21-2264.

Plaza Mayor

Una de las constantes en todo el recorrido de Eva Perón por España fue el agasajo con espectáculos. Generalmente, se celebraban al final del día. En ocasiones, con horarios verdaderamente sorprendentes, como veremos. El día 9, tras la imposición de la Gran Cruz de Isabel la Católica, se celebró una comida en El Pardo seguida de una velada artística. En ella participaron Carmen Sevilla, Lola Flores, Juanita Reina y Manolo Caracol, bajo la dirección del maestro Quiroga.[542]

Para la noche del 10 se preparó un gran espectáculo público concebido como un homenaje de las distintas provincias españolas a la ilustre dama. El lugar, la Plaza Mayor, en pleno corazón del Madrid castizo. Allí Gómez del Collado plantaría un espectacular marco en la parte central de la plaza:

[542] *ABC*, 10-06-1947.

AGA, caja 7 30.12 17092.

> Se había levantado un gigantesco escenario de más de 15 metros, cuya base de 50 metros se asentaba sobre una amplia plataforma en semicírculo. Todo el *monumento*[543] aparecía tapizado en rojo y dorado. Materialmente cubierto de flores naturales y guirnaldas entrelazadas y provisto de un magnífico sistema de iluminación.[544]

El colosal escenario, efectivamente, usaba un fondo dejando la estatua de Felipe III en el medio. Remataba en lo alto con una estructura en pareado a ambos lados de la figura ecuestre, formada, en cada uno de sus dos lados, por seis estilizados chapiteles[545] coronados por globos terráqueos. A su vez, los seis remates se dividían en dos grupos, dejando la parte central para una estructura que imitaba una portada rectangular rematada por un frontón. En el centro de los frontones figuraba el Sol de Mayo, símbolo de la independencia argentina y elemento presente en la bandera y escudo nacionales del país. En la parte inferior de esas estructuras se abría una puerta por la que iban apareciendo los diferentes grupos folclóricos.

[543] La cursiva es nuestra.

[544] *ABC*, 11-06-1947.

[545] *LVE*, 11-06-1947, los denomina «minaretes».

El descenso al escenario propiamente dicho se hacía por sendas rampas curvas. Consistía en dos plataformas con un ligero desnivel entre ambas que se vencía mediante una rampa. El frente era un enorme semicírculo que se adelantaba hasta las proximidades de la tribuna de las autoridades.

La tribuna estaba situada de espaldas a la entrada correspondiente a la calle Zaragoza. Gómez la tapizó de terciopelo rojo. Todos los balcones y azoteas de la plaza aparecían adornados con tapices y banderas argentinas y españolas.[546]

El espectáculo comenzó a las doce de la noche, aunque estaba previsto que lo hubiese hecho a las 22:30 h. Los retrasos de Eva en los actos fueron una constante en todo el viaje. La ya mencionada Lillian Lagomarsino, dama de compañía, lo recuerda en varias ocasiones en sus memorias del viaje. «Varias veces llegamos tarde a las ceremonias. Yo insistía en la puntualidad, me ponía sumamente nerviosa, pero era imposible».[547] El peor de todos fue en Barcelona:

> En el programa oficial esa noche había cena de gala y una obra teatral. Allí sí me angustié mucho. Llegamos tres horas tarde. Varias veces me acerqué a decirle que teníamos que partir, pero ella estaba conversando con unos delegados obreros [...], ya les mencioné la poca importancia que le daba la Señora al protocolo, pero para mí *era como que lo hacía yo*.[548] Me daba mucha vergüenza. Ese día se le fue la mano. Para peor la cena era a la luz de las velas, en el histórico Salón del Ciento del Ayuntamiento, y tuvieron que reponer varias veces las velas antes de que llegáramos.[549]

Por las rampas desfilaron y actuaron en el escenario numerosos grupos de diversas provincias. Al final se le hizo a la dama una ofrenda de trajes típicos que se exhibieron a la vuelta en el Museo Nacional de Arte Decorativo en Buenos Aires.[550]

Fueron en total quince agrupaciones folclóricas. Procedían de diversos lugares de España,[551] unas 550 personas a las que hubo que transportar, alojar y alimentar. Permanecieron en Madrid ocho días con sus correspondientes gastos. En el caso de los visitantes de los dos archipiélagos aumentaban. El transporte, por mar, implicaba alojamientos previos en Valencia y Cádiz. En un documento firmado por Gómez el Collado en marzo de 1948,[552] resumiendo los costes originados por la estancia

[546] Todos esos tapices y banderas eran desmontados, como hemos visto en otras ocasiones, con toda celeridad y transportados por el equipo de Gómez a las localidades que la comitiva visitaría al día siguiente, para que estuviesen listos a la llegada de los visitantes.

[547] Lagomarsino de Guardo, 1996, p. 131.

[548] Cursiva en el original.

[549] Lagomarsino de Guardo, 1996, p. 144.

[550] D'Arino Aringoli, 2016, p. 127.

[551] Sobre los aspectos musicales y sonoros del viaje de Eva Perón, puede verse Martínez del Fresno, 2017.

[552] AGA, caja 03 21-2264.

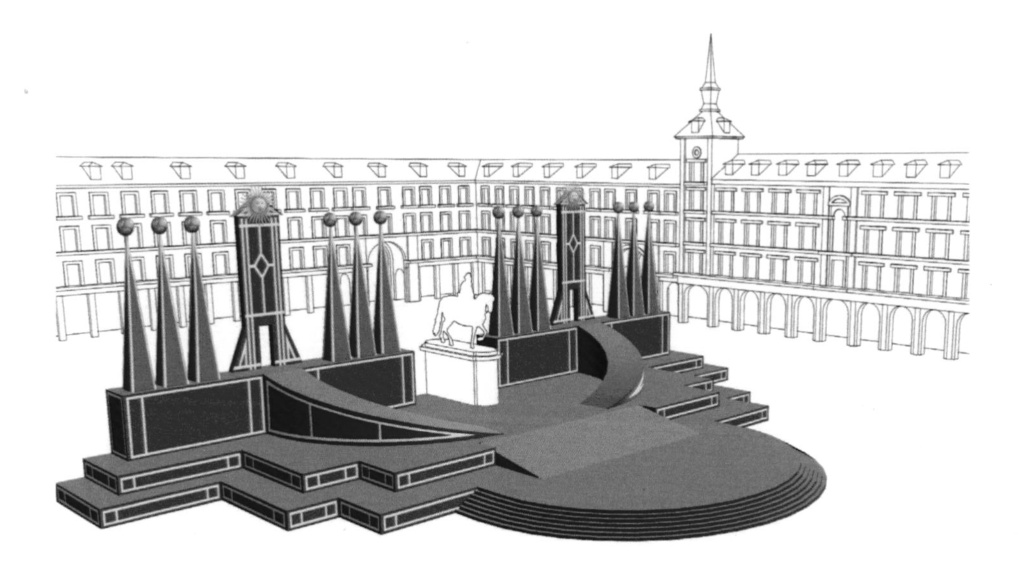

Reconstrucción del escenario. Fernando Almaraz.

de Eva Perón en España, se asignaban cerca de 84 000 pesetas a este capítulo. Para calcular el total de los gastos generados por este acto, habría que sumar el considerable consumo eléctrico. La aplaudida iluminación ascendió a 48 879,61 pesetas. Por telas en Galerías Preciados y Rodríguez Hermanos presentaron facturas de 102 000 pesetas. La compra y alquiler de tapices y alfombras supuso 9725 pesetas. El montaje y desmontaje, 68 052,41 pesetas. En total, la noche costó 312 380,54 pesetas, cantidad a la que se podría añadir una factura presentada por el popular hostelero Pedro Chicote:[553] «Por el Champagne Lunch servido en honor de S. E. el Generalísimo, Excma. Sra. Dña. Eva Perón y 200 invitados, en la Plaza Mayor con motivo de la entrega de los trajes regionales, todo gasto incluido, con decoración y flores», 14 000 pesetas.

Como se ha comentado, el espectáculo folclórico culminaba con la entrega, a modo de regalo, de un traje regional correspondiente a cada una de las provincias de España, tanto si habían actuado en el evento como si no.

Se empezaba a hacer acopio de regalos a la dama argentina. Continuaría fluidamente hasta su partida a final de mes. El capítulo de regalos supuso un desembolso

[553] Ibídem. Factura 414.

Foto Vidal. EFE.

importante. Generalmente corría a cargo de ayuntamientos, diputaciones provinciales, sindicatos y otros organismos oficiales. A veces, particulares. Este aspecto, complicado de concretar en cifras, habría que añadirlo a los costes totales de la visita, que veremos más adelante. La Subsecretaría elaboró un inventario con dichos regalos. Un total de 18 páginas con el título de «Inventario que se formula correspondiente a los regalos recibidos por la Excma. Sra. Doña María Eva Duarte de Perón, esposa del presidente de la República Argentina, con motivo de su estancia en España y como recuerdo de viva simpatía de todos los españoles».[554]

La observación detenida de este inventario puede causar asombro por la diversidad de los regalos, en algunos casos realmente curiosos. Desde el sindicato textil de Alcoy, Alicante, se envían diferentes cortes de traje. Santiago de Compostela aporta bustos del Apóstol. De Toledo, cómo no, mazapanes. Pontevedra envía conservas varias, Talavera, cerámica. Hay zapatos, bolsos, collares, candelabros, rosarios, abanicos. A veces eran de parte de un sindicato nacional, eso puede elevar el tono de la apuesta. Industrias Químicas le regaló «un metro cúbico de perfume (sic)». En algunas provincias, como es el caso de Barcelona, hay numerosos donantes

[554] Ibídem. Inventario.

Entrega de regalos al final del espectáculo de la Plaza Mayor. Obsérvese que, pese a la cálida noche del junio madrileño, la dama argentina impuso la moda del abrigo de pieles para las damas. Foto: EFE.

particulares. Figuran con sus nombres y apellidos. Por ejemplo, F. Romero Valdés, cuyo regalo consistió en «un estuche con discos radiofónicos titulado "Mujer Argentina"». Francisco Mitajana le regaló «un libro de conceptos sociales». Francisco García Mercadant, de Daimiel, Ciudad Real, «una cerilla con parte de un discurso de la Excma. Sra. de Perón». Los sindicatos alicantinos, muy presentes en la lista de regalos, pese a que la comitiva no visitó Levante, hacen obsequios muy especiales: «Treinta y seis pares de calzado», «ochenta y tres pares de playeras» y «doscientos cuarenta y seis paquetes de libritos de papel de fumar». Casi todas las provincias hicieron regalos de joyería tradicional, además de los vestidos ya aludidos. La de Oviedo[555] envía «un par de pendientes de coral» y «un collar de coral de tres vueltas típico asturiano». Regalos que palidecen ante «un collar de cinco vueltas de oro» que envía Pamplona, pero que no puede llegar a competir con «un collar de ocho vueltas de coral con adornos de plata» a cargo de Zamora. Como anécdota especial, figura un particular de la aldea de «Fasfias, Tineo», que podría referirse a Fastias,

[555] Hasta 1983 no pasaría a llamarse provincia de Asturias.

CUADRUPLICADA

N.º 418

Pedro Chicote

AVENIDA DE JOSE ANTONIO, 12

Teléfonos: Bar 19931 y 12712 - Servicio, 24475

Sr. D. VICESECRETARIA DE EDUCACION POPULAR Debe:

Madrid, 25 de junio de 1947

Por el Champagne Lunch- servido en Honor de S.E. El Generalísimo, Excma Sra. Dña Eva Duarte de Peron y 200 invitados, en la Plaza Mayor con motivo de la entrega de los trajes regionales, todo gasto incluido, con decoracion y flores 14.000.--

182

13.818 =

CONFORME

El Arquitecto Jefe

Recibí

AGA, caja 03 21-2264.

Tineo, Asturias. Desde allí se envía, no podía faltar, «una medalla de la Virgen de Covadonga», «un paquete con obsequio de la Hermandad de la Esperanza», «un álbum con fotografías de piel grabada en oro» y «una cartera piel con inventario». La persona en cuestión se llama Manuel Fernández Gómez. Asturias, la Hermandad de la Esperanza y el apellido Gómez sugieren cierta cercanía al arquitecto.

Tanta acumulación de regalos trajo como consecuencia una nueva obligación para la Subsecretaría. Hubo de hacerse cargo de su empaquetado y envío. El embalaje se realizó en Madrid. Lo despachó una de las empresas que recibían contratas habitualmente de la Subsecretaría, la de Ismael Guarner. Después se enviarían por carretera hasta Bilbao. En esa ciudad, el agente de aduanas Álvaro Bergareche organizó el transporte marítimo. Salieron 53 cajas con 5600 kilos desde el puerto bilbaíno hasta Buenos Aires.[556] El coste de la operación ascendió a 130 697,84 pesetas, repartidas entre el embalaje, el transporte y el agente aduanero.

El éxito del espectáculo de la Plaza Mayor de Madrid debió de ser arrollador y las felicitaciones tuvieron que llover sobre el arquitecto cangués. Había sabido

[556] AGA, caja 03 21-2264. Factura Bergareche E-598.

superar las rutinas habituales y buscar fórmulas ingeniosas y espectaculares. La manera de entender aquel escenario incluyó algunas variantes curiosas.

No de manera inmediata, sino seis meses más tarde, en enero de 1948, apareció, como el propio Gómez diría, «profusamente» por las calles de Madrid un panfleto titulado ¿Es *masón Franco? El Régimen y la masonería.*[557]

La osadía del título no podía ser mayor. Probablemente *masón,* junto a comunista o *mal cristiano* serían en ese momento las tres fórmulas más insultantes que se pudieran dirigir a la persona del Caudillo. Algunos autores han tratado de rastrear el origen y el desarrollo de la fobia de Franco a la masonería. Domínguez Arriba[558] no la ve muy palpable hasta el final de la República, aunque desde luego es muy evidente desde la guerra. Tras el final de la contienda, el mantra «contubernio judeo masónico» se utiliza para explicar cualquier inconveniente del Régimen.

Respecto a los motivos también hay varias versiones. Se ha barajado su rencor a Azaña. El ministro y presidente de la República, reconocido masón, lo envió a Canarias para tenerlo alejado de Madrid en la primavera del 36. También se ha considerado la complicada relación familiar con su padre, simpatizante de la masonería. Incluso con su hermano Ramón, el aviador, masón y republicano, aunque al final se pasaría al bando franquista en la guerra, antes de morir en 1938.

El primer párrafo del panfleto es una joya del nadar y guardar la ropa sin desperdicio.

> Se muestra por ahí, con toda reserva, la fotocopia de una supuesta solitud firmada por Franco para ingresar en la masonería y se arguye como prueba confirmatoria que en los tiempos en que obtuvo sus ascensos era casi necesario en África, para lograrlos, pertenecer a la secta. Nosotros que solo somos católicos, con absoluto apoliticismo, que no queremos mal a Franco, ni tampoco lo adoramos, no podemos hacernos eco de especies probablemente calumniosas; preferimos atribuir los ascensos a los propios méritos del interesado y sabemos lo fácil que es falsificar una ficha masónica; por tanto, ni a lo uno ni a lo otro concedemos fuerza probatoria, como tampoco al hecho de que alcanzaran grados jerárquicos en la Masonería familiares cercanos del ilustre Jefe del Estado.

El posible deseo por parte del Generalísimo de entrar en la sociedad y el resentimiento al haber sido rechazado es también una de las posibles circunstancias que explicarían su inquina. Ferrer Benimeli, conocido especialista en el tema de la masonería, publicó en 1977 el artículo «Franco contra la masonería».[559] En él se

[557] AGA, caja 7 30.12 17092.

[558] Domínguez Arribas, 2009, p. 97 y ss.

[559] Ferrer Benimeli, 1977.

recogía el testimonio de un oficial masón, Joaquín Morlanes, quien aseguraba que el entonces teniente coronel Francisco Franco solicitó su ingreso en una logia de Larache. Formada por miembros civiles y militares, precisamente estos últimos dieron informe negativo, fundamentalmente por cuestiones de ascensos en el escalafón. Siempre según el artículo de Ferrer Benimeli, que se remite a Morlanes, hay un segundo intento en Madrid en 1932. Sería nuevamente rechazado también por consejo de los componentes militares. Entre ellos figuraban el general Cabanellas y el propio hermano del Caudillo, el comandante Ramón Franco. Sin embargo, este testimonio de Morlanes ha sido puesto en duda. Contactamos con el profesor Ferrer Benimeli, quien amablemente nos contestó por correo electrónico:

> Estimado amigo, su pregunta sobre si Franco intentó realmente ingresar en la masonería, el único que le podría contestar es el propio Franco. Como usted sabe solo disponemos de algunos testimonios orales muy lejanos de los hechos y de ningún documento masónico. De momento, su pregunta sigue sin una respuesta histórica clara.
> Un cordial saludo,
> José Antonio Ferrer Benimeli.[560]

El panfleto continúa suponiendo la infiltración de «hermanos» en el aparato de Estado, dando lugar a consecuencias tan perversas como la erección de numerosas capillas protestantes, amparándose en el artículo sexto del *Fuero de los Españoles*.[561] Así lo había denunciado el cardenal Segura en una pastoral desde el Arzobispado de Sevilla.

Pero el remate, como reza el propio panfleto, es el siguiente:

> Muchas más cosas se nos afirman con pruebas que entristecen nuestra alma de católicos españoles; no queremos entristecer las de nuestros lectores, y solo vamos a citar un episodio reciente, a manera de colofón demostrativo, de que la Secta se siente fuerte y alardea de su poder. Entre los festejos con que se obsequió, en el mes de julio [sic] pasado, a la Sra. de Perón, destacó por su espectacularidad el que se celebró en la Plaza Mayor de Madrid, al que asistieron, con el ilustre huésped, nuestro Jefe del Estado, su Señora y su hija Carmen.

Parece ser que la cuestión era la interpretación del escenario

Hallábase la plaza vistosamente adornada, habiéndose levantado en su centro un escenario monumental, de tres pisos, rodeado por esbeltas pirámides rematadas por

[560] Correo electrónico de José Antonio Ferrer Benimeli a Jorge Bogaerts, 29-06-2018.

[561] «Nadie será molestado por sus creencias religiosas ni el ejercicio privado de su culto. No se permitirán otras ceremonias ni manifestaciones externas que la Religión Católica».

sendos globos terráqueos. Frente al palco presidencial, se elevaban dos enormes bastidores, que, en su parte superior, remataban por grandes triángulos, con un sol en el centro; y daban la impresión de decoración de la Logia con su estilo inconfundible. Todos los signos allí representados: triángulos, soles, estrellas y paños eran habituales signos masónicos.

Seguramente el Sol de Mayo, símbolo por excelencia de Argentina y su independencia, tenga relación con la masonería, al igual que todos los elementos geométricos de un frontón clásico esquematizado, pero los firmantes lo mostraban como prueba acusatoria contra quien había diseñado el escenario.

De todos modos, los firmantes del libelo aseguran haber buscado asesoramiento para asegurarse de sus intuiciones:

> No queriendo juzgar por nuestro solo criterio, consultamos con religiosos especializados en la materia, con arquitectos y con personas con claro juicio, y todas opinaron que la citada ornamentación era muy sospechosa, y tratamos de indagar acerca de quién fue el autor del proyecto, obteniendo la siguiente información: «Lo es el arquitecto de Actos Públicos de la Subsecretaría de Educación Popular, procedente de la *Institución Libre de Enseñanza,*[562] el cual goza hoy en día de especialísima protección en las *altas esferas,*[563] y se dice que también de Franco».

En lo que probablemente sí estaban acertando es en la cuestión de la confianza que Gómez se estaba labrando en las cercanías del poder. Pero el aspecto detectivesco de los autores de la octavilla los llevó a ahondar más en la figura del arquitecto cangués, creyendo haber descubierto lo siguiente:

> Otra investigación posterior nos llevó al convencimiento de que dicho señor pertenece a la Masonería con el grado diez y ocho (Rosa cruz). También pudimos comprobar que el citado arquitecto ordenó que a nadie se facilitasen estas fotografías que a nosotros nos facilitó, alarmado, por especial favor, un sincero católico.[564]

El final del folleto es un gran toque de atención:

> ¿No explican estas incrustaciones muchas cosas raras que están sucediendo? ¡Ojo, españoles! No está el peligro para España en el Comunismo, hoy sin fuerza ni organiza-

[562] En cursiva en el original.

[563] Ídem.

[564] Las fotografías aparecieron abundantemente en la prensa. Por ejemplo, en la portada de *ABC,* 12-06-1947.

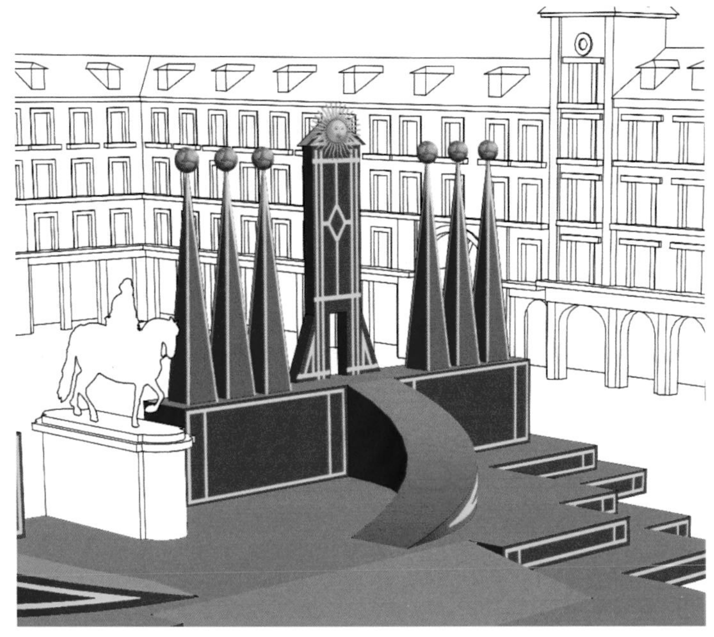

Reconstrucción del escenario, detalle. Fernando Almaraz.

ción. Como no era una organización clandestina dio la cara, se batió y fue vencido. En cambio, la Secta, como era secreta, no dio la cara y capeó el temporal.

Un Grupo de católicos.

Por supuesto, el panfleto no tuvo la más mínima atención por parte de las autoridades, ni perjudicó a Gómez. Al contrario, trataría de utilizarlo meses más tarde durante su proceso. Lo trataría como parte de una serie de acusaciones injuriosas contra su persona, que presentó como una especie de complot. En ese proceso, como veremos, demostraría abrumadoramente no haber tenido ninguna relación ni con la masonería ni con la Institución Libre de Enseñanza.

Madrid y alrededores

El miércoles 11, la comitiva hizo un viaje por Castilla, fue Ávila la primera parada. Eva llegó acompañada de Carmen Polo sobre las 13:30. Como publicaba *La Vanguardia Española*, «ante la Puerta de San Vicente, en la muralla de Ávila, esperaban a los ilustres visitantes el subsecretario de Educación Popular, don Luis

Ortiz Muñoz, el arquitecto jefe de la misma, don José Gómez Collado [...]».[565] Ese día también visitaron Medina del Campo y el Castillo de la Mota, donde tenía su sede principal la Sección Femenina. Con los habituales horarios disparatados, la comitiva llegó a las cuatro y aún hubo ceremonial antes de comer. La jornada se completó con visitas a Segovia y La Granja. En el Real Sitio de San Ildefonso, el Hotel Ritz sirvió 56 meriendas a los viajeros, a razón de 100 pesetas cada una; con el coste del servicio ascendió a 6272 pesetas.[566]

El día 12 visitó la Exposición de Artes Decorativas, que, recordamos, había preparado la Subsecretaría con especial atención a las devociones personales de Luis Ortiz. Él mismo la había mostrado a Franco y su esposa el día de la inauguración la semana anterior. En esta ocasión, el papel de guía se lo quedó el ministro Ibáñez Martín, aunque Carmen Polo también le comentó varias piezas. A Eva le llamó especialmente la atención el paso de la Macarena que, como recordamos, se exhibía en la nave central.

Por la tarde tocaron toros en Las Ventas. Según cuenta Lilian Logomarsino, ambas mujeres estaban impresionadas por el ambiente y las vestimentas del público. La Subsecretaría se había esmerado llenando los palcos de tapices y colgaduras, así como banderas pendiendo de las puertas de los tendidos y guirnaldas de laurel en los tendidos bajos. Sin embargo, a Evita el sufrimiento del toro le disgustó enormemente. «Desde que la pobre bestia entra en la arena —decía ella— ya sabe que está condenada irremediablemente a ser sacrificada. No le quedan esperanzas de salir con vida por más proezas que haga. ¡Eso es lo que me hace sufrir!».[567]

Y aunque trataron de convencerla los acompañantes españoles, Eva fue tajante: «¡A mí no me gusta! Disculpen, me parece un espectáculo de barbarie, ¡qué quieren que les diga!». La corrida supuso un gasto para la Subsecretaría de casi 35 000 pesetas. Se repartieron para pagar la labor de un artista que trazó un escudo en la arena del ruedo, alquiler de trajes y calesa, ornamentación floral de la plaza, alquiler de tapices a la Real Fábrica y las entradas propiamente dichas.

Se cerró la jornada con una representación de *Fuenteovejuna* en el Teatro Español. Era una reposición de la versión de Giménez Caballero, dirigida por Cayetano Luca de Tena, que se había estrenado en octubre de 1944 a cargo de la Compañía del Teatro Español. Según Cristina Santolaria, experta en documentación teatral,

[565] *LVE*, 12-06-1947. Como era la propia subsecretaría la que hacía los partes oficiales para la prensa, en esta ocasión no tuvieron empacho por autocitarse. A Gómez solo se le cita en esa ocasión, pero el subsecretario Luis Ortiz aparece prácticamente en todas las visitas del recorrido, y sabemos, por los comentarios de José María Ortiz, su hijo, que iban siempre juntos. También hemos detectado a Ortiz y Rocamora en algún reportaje gráfico junto a la dama argentina.

[566] AGA, caja 03-21-2264.

[567] Lagomarsino de Guardo, 1996, p. 133.

ante esta reposición, el escritor Cristóbal de Castro afirmó que «se había redimido a Lope del cautiverio comunista».[568] Para la Subsecretaría supuso un desembolso de 22 345,71 pesetas en conceptos de impresos, flores y elementos decorativos. Destaca el gasto de 2000 pesetas sobre un recibo del escenógrafo alemán afincado en España Sigfredo Burmann. Seguramente tuvo que adaptar sus celebrados decorados de la versión de 1944.[569]

El día 13 le correspondió a Toledo recibir a la ilustre dama, acompañada nuevamente por Carmen Polo. Como siempre, la cuadrilla de la Subsecretaría se habría pegado el madrugón. «Desde primeras horas de la mañana comenzó a trabajarse en el adorno de las calles que había de recorrer la comitiva. Millares de banderas argentinas y españolas adornaron las calles, y los típicos toldos que cubren la carrera del Santísimo el día del corpus se instalaron también».[570]

En esta visita hubo algo de exhibición militar. En honor de la visitante, varias escuadrillas de aviación realizaron vuelos rasantes. En la plaza del Zocodover formaban las fuerzas del regimiento ciclista de Cantabria número 39, que rindieron honores a las dos mujeres.[571] Por la tarde se visitaron las ruinas del Alcázar contando con la presencia del propio general Moscardó y algunos de sus defensores. Por la noche, ya de vuelta en Madrid, se organizó una cena de gala para 1200 invitados con espectáculo incluido, en los jardines del Retiro. Empezó con la llegada de Eva y Franco a las 00:20 h. El espectáculo de corte netamente flamenco contaba con un generoso elenco. Después se ofreció la cena. Ese mismo día había llegado a Barcelona el paquebote Río Santa Cruz, con la primera remesa del ansiado trigo argentino.

El sábado 14 por la mañana visita la Ciudad Universitaria, siempre en compañía de Carmen Polo. Fue agasajada y homenajeada en el paraninfo, donde el SEU le otorgó una medalla.

Después visitó el Prado y comió en la embajada de Argentina. Por la tarde, en el marco de las demostraciones de política social del Régimen, visitó el Instituto Nacional de Previsión. Seguramente Gómez del Collado no tuvo ningún inconveniente en engalanar el inmueble. En esa época se ubicaba en uno de los edificios fetiche de la arquitectura moderna española, la popular Casa de las Flores, obra de Secundino Zuazo. «Balcones y fachadas lucían colgaduras de los colores nacionales de España y Argentina».[572] La tarde siguió por derroteros sociales. Las siguientes visitas fueron el grupo de viviendas Virgen del Pilar, que se había inaugurado, como

[568] Santolaria (s. f.): *Escena y política*, p. 1947.

[569] AGA, caja 02 21-2264.

[570] *ABC*, 14-06-1947.

[571] *LVE*, 14-06-1947.

[572] *ABC*, 15-06-1947.

se ha dicho, oficialmente en julio de 1945. Se le mostraron a Evita como prueba de la labor de la Obra Sindical del Hogar; por supuesto, «las casas se hallaban adornadas con banderas nacionales argentinas y españolas».[573]

Pero el gran acto de masas tendría lugar en la Institución Sindical de Formación Profesional Virgen de la Paloma, en la actualidad IES Virgen de la Paloma, junto a la Dehesa de la Villa. Además de visitar las instalaciones, se dio un baño de multitudes ante cien mil personas[574] concentradas en el Campo de Deportes. Algunos llevaban pancartas con textos tan significativos como «Los obreros de Franco saludan a los "descamisados" de Perón». Las autoridades se situaron sobre una tribuna con el estilo inequívoco de la Subsecretaría, «sobriamente adornada con tapices y banderas de los dos países».[575]

Los protagonistas, claro está, aparte de la inexpresiva y lacónica presencia de la señora de Franco, fueron el Caudillo y sobre todo Eva. Ofreció un encendido discurso a los «obreros de Franco»: «Tal vez nunca os haya dirigido la palabra una mujer; pero esa mujer que hoy os dirige la palabra es una mujer argentina salida del pueblo, que sufrió vicisitudes». Les mandó todo tipo de saludos de Perón y de los descamisados argentinos, un Perón que «está soñando y luchando por la felicidad de sus catorce millones de argentinos, para que no haya ni demasiados ricos, ni demasiados pobres». Terminaba ofreciéndoles su «corazón, toda mi ternura de mujer y mi deseo de que cada día sean más felices, ya que los veo tan felices al verlos rodeando a su Caudillo».[576]

El domingo 15, antes de abandonar Madrid, a través de las ondas de Radio Nacional, la señora Perón dirigió un mensaje a las mujeres españolas, que también se retrasmitió a través de emisoras argentinas. El arranque del discurso[577] no podría ser más revolucionario: «Nuestro siglo no pasará a la historia con el nombre del "siglo de las guerras mundiales" ni acaso con el nombre de "siglo de la desintegración atómica", sino con este otro mucho más significativo de "siglo del feminismo victorioso"». Sin embargo, el resto del discurso se fue haciendo menos combativo hasta llegar a la conclusión de que lo más importante para la mujer argentina era «la estructuración del hogar cristiano con vínculo indisoluble».

[573] *LVE,* 15-06-1947.

[574] Esa es la cifra que manejaron, quizás un poco exageradamente, los diarios del momento. Hay que señalar, como han subrayado algunos autores (Rein, 1995, p. 57), que además de la curiosidad y de que medios y autoridades «animaban» a la gente a acudir a estos actos oficiales; en el caso de Evita hay que admitir que su carisma, estilo y atractivo provocaban curiosidad y sincero entusiasmo entre la población, que la veía con auténtica admiración.

[575] *ABC,* 15-06-1947.

[576] *LVE,* 15-06-1947.

[577] *ABC,* lo reprodujo íntegramente el 17-06-1947.

Por la tarde, en el Aeropuerto de Barajas, «profusamente engalanado con tapices, reposteros, y en altos mástiles ondeaban banderas de España y la República Argentina»,[578] Franco y Carmen Polo acudieron a despedirla. Evita abandonaba Madrid para siempre, y comenzaba su gira por España que la llevaría en primer lugar a Granada. Como iba a ser norma en sus desplazamientos por el país, Eva viajaba en un avión en compañía de su séquito más cercano: Lilian Logomarsino y su hermano Juan Duarte, personaje del que hablaremos más adelante, que oficialmente viajaba como secretario privado de Perón. Otro acompañante notable era Alberto Dodero, acaudalado empresario que había hecho su fortuna con navieras. Suyos eran los barcos que traían el trigo a España. Él costearía el resto del viaje europeo de Evita. La etapa española era invitación del gobierno español, que corría con los gastos, gestionados por la Subsecretaría. El resto del viaje, que se alargó semanas, debían pagarlo los viajeros, y Dodero fue el principal «patrocinador».

En el desplazamiento a Granada iban, además, dos ministros: Raimundo Fernández-Cuesta, de Justicia, y Rein Segura, de Agricultura, con sus esposas. También el embajador Radío y algún miembro cercano. En un segundo avión viajaba la servidumbre, la prensa y los miembros de la Subsecretaría que se encargarían de los actos, Luis Ortiz y Gómez del Collado estuvieron siempre presentes.

Antes de la definitiva despedida de Madrid, hubo que arreglar las cuentas del séquito de la dama argentina. Ella, se ha dicho, se alojaba en El Pardo como invitada de Franco y su esposa. Pero el resto de sus acompañantes destacados, como su hermano Juan o el empresario Dodero, se alojaron en el Hotel Ritz.

Utilizarían la misma cadena hotelera en su estancia en Barcelona. La minuta del hotel ascendió a 23 371,40 pesetas.[579] La mayor parte del gasto corresponde a siete habitaciones. Hay algunas cantidades significativas en los gastos de restaurante. Llama la atención el considerable capítulo de bebidas en el «jardín de invierno». La cifra más sorprendente son los costes de teléfono acumulados, 4.187 pesetas, el equivalente a la mitad de los gastos totales de un español medio en un año. Solo el día 14 se fueron 1618 pesetas en llamadas. Pero tal vez lo más chocante, o quizás no tanto, es un apunte del día 15, el día de la partida para Andalucía. Se trata de una cantidad de 532 pesetas bajo el concepto «Desembolso del conserje». Permite intuir un *sablazo* del *hermanísimo* Juancito Duarte que, de ser así, no sería el único en el viaje, como comprobaremos enseguida. También podemos considerar los gastos acarreados a los equipos de la Subsecretaría en sus desplazamientos para ornamentar los escenarios de Ávila, Toledo, Medina del Campo, El Escorial, La Granja

[578] *LVE*, 17-06-1947.

[579] AGA, caja 03 21-2264. Factura del Hotel Ritz: «Séquito de la Excma. Sra. D.ª Eva Duarte de Perón».

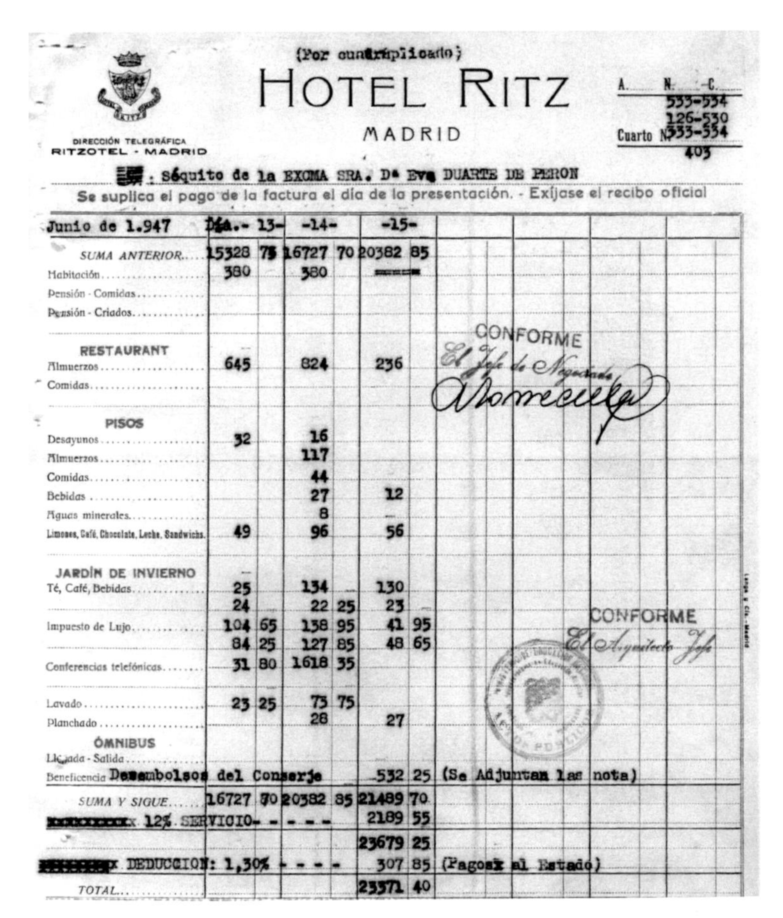

(Por cuadruplicado)

HOTEL RITZ

MADRID

DIRECCIÓN TELEGRÁFICA RITZOTEL - MADRID

A. N. C.
533-534
126-530
Cuarto Nº 333-334
403

: Séquito de la EXCMA SRA. Dª Eva DUARTE DE PERON

Se suplica el pago de la factura el día de la presentación. - Exíjase el recibo oficial

Junio de 1.947	Día.- 13-		-14-		-15-	
SUMA ANTERIOR	15328	75	16727	70	20382	85
Habitación	380		380		======	
Pensión - Comidas						
Pensión - Criados						
RESTAURANT						
Almuerzos	645		824		236	
Comidas						
PISOS						
Desayunos	32		16			
Almuerzos			117			
Comidas			44			
Bebidas			27		12	
Aguas minerales			8		—	
Limones, Café, Chocolate, Leche, Sandwichs	49		96		56	
JARDÍN DE INVIERNO						
Té, Café, Bebidas	25		134		130	
	24		22	25	23	
Impuesto de Lujo	104	65	138	95	41	95
	84	25	127	85	48	65
Conferencias telefónicas	31	80	1618	35		
Lavado	23	25	75	75		
Planchado			28		27	
ÓMNIBUS						
Llegada - Salida						
Beneficencia Desembolsos del Conserje					532	25 (Se Adjuntan las nota)
SUMA Y SIGUE	16727	70	20382	85	21489	70
12% SERVICIO - - - -					2189	55
					23679	25
DEDUCCION: 1,30% - - - -					307	85 (Pagos al Estado)
TOTAL					23371	40

CONFORME
El Jefe de Negociado

CONFORME
El Arquitecto Jefe

AGA, caja 03 21-2264.

y Segovia. Escenarios, banderas, pancartas, etc. fueron transportados, montados y desmontados a cargo de la empresa Agustín Marsá, sobre los que se facturaron 28 352,71 pesetas.[580]

Andalucía

En Granada, «el aeropuerto estaba profusamente engalanado con tapices, reposteros y plantas y, en los altos mástiles, ondeaban las banderas de Argentina

[580] AGA, caja 03 21-2264.

y de España».[581] Eva fue recibida por las autoridades y por una multitud enfervorizada.

Desde el aeropuerto el cortejo se dirigió a la basílica de Nuestra Señora de las Angustias, patrona de la ciudad. Allí fue recibida por autoridades militares y religiosas, aparte del entregado público. Después de recibir medallas y títulos honoríficos, fue conducida al hotel Alhambra Palace, donde se alojaría. Tras descansar un rato y cambiarse, salió hacia el ayuntamiento. Llegó cerca de la medianoche y comenzó una cena en su honor. Tras los pertinentes discursos, se le regaló un cuadro del pintor local Gabriel Morcillo. Al finalizar se celebró una fiesta en los jardines de la Alhambra. «El palacio árabe ofrecía un aspecto fantástico, iluminadas por centenares de reflectores sus salas principales y cúpulas».[582] Dicha iluminación, gestionada por la Subsecretaría, supuso el abono de 18 900 pesetas, que facturó el industrial eléctrico Francisco Benito Delgado por tales usos.[583] Tras un breve concierto de piano, la fiesta se alargó con la intervención de un grupo de gitanas del Sacro Monte. Seguramente alguna de esas gitanas *arrastró* a Juan Duarte y al empresario Dodero a una de sus sonadas fiestas, según cuenta Lagomarsino, sobre las que hablaremos más adelante.

Al día siguiente, recorrió la ciudad y sus monumentos, incluyendo una visita a la tumba de los Reyes Católicos y la catedral. Su acompañante Lillian Lagomarsino, señora de Guardo, calificó el templo de «estilo románico [sic]».[584] Más tarde visitó la Fábrica Nacional de Pólvora y Explosivos, donde esperaba «el subsecretario de Educación Popular señor Ortiz Muñoz [...]. A la entrada de la barriada se había levantado un gran arco de triunfo con los escudos de España y Argentina y la inscripción "¡Viva Argentina!"».[585]

Por la tarde la expedición se dirigió a Sevilla tomando tierra en La Tablada.

Nuevamente Eva Perón volvió a ser aclamada por una multitud en el recorrido hasta su alojamiento en el Hotel Alfonso XIII. Se habían dado facilidades: «a partir de las cuatro de la tarde cesaron las actividades en fábricas y talleres para poder desplazarse representantes de los 101 pueblos de la provincia con sus alcaldes».[586] Al día siguiente se tomó la mañana de descanso. Poco después de las dos de la tarde acudió a la catedral para asistir a una solemne salve. Ni el arzobispo cardenal Segura ni ninguno de sus gregarios de relevancia estuvo presente en el acto. En general,

[581] *LVE,* 17-06-1947.

[582] *ABC,* 17-06-1947.

[583] AGA, caja 03 21-2264.

[584] Lagomarsino de Guardo, 1996, p. 136.

[585] *LVE,* 17-06-1947.

[586] Ibídem.

la relación de Evita con la Iglesia española fue buena. En casi todas las catedrales y grandes basílicas que visitaba, hacía la entrada bajo palio, por entonces algo casi exclusivamente reservado al Santísimo y al general Franco. Así sucedió en El Escorial, Granada, El Pilar de Zaragoza y la catedral de Barcelona. En Toledo entró por la puerta de los Reyes, reservada a jefes de Gobierno y cardenales primados el día de su coronación. Además, se le solía ofrecer un sitio de importancia dentro de los templos. En ocasiones, el obispo salía a recibirla y le ofrecía personalmente el agua bendita.[587] Sin embargo, Segura siempre mantuvo una constante hostilidad con el Régimen. En un sermón público en 1940, dijo que la palabra *caudillo* significaba, en el lenguaje clásico, jefe de una banda de ladrones.[588] En cuanto a Eva, la consideraba una mujer de imagen independiente y sensual. Por ello, antes de su llegada, partió para dirigir unos ejercicios espirituales en otra ciudad. Además, prohibió a sus allegados la participación en los actos organizados para ella.[589]

Después se dirigirían al templo de San Gil, baluarte de los macarenos. Allí fue nombrada camarera de honor de la cofradía. El propio Luis Ortiz, tan vinculado a ella, le explicó el estado de las obras de la nueva capilla. La esposa del presidente argentino aportó 100 000 pesetas para ayudar a sufragarlas.[590] Tras ese acto se retiró a comer al hotel y por la tarde visitaría la Fábrica de Tabacos.[591] «La fachada principal había sido magníficamente adornada con colgaduras y reposteros y gran número de banderas españolas y argentinas».[592] A continuación, presidió, con el ministro de Agricultura, otro acto social en la Finca Torre Pava, «espléndidamente adornada y en la que se levantaba una tribuna que ocuparon la ilustre dama y los ministros».[593] Allí haría la entrega de títulos de propiedad a colonos y campesinos. La jornada aún se alargaría con una cena en Capitanía General que empezó cerca de las doce de la noche. Al terminar la cena, la distinguida dama y acompañantes hicieron un recorrido por el barrio de Santa Cruz. Grupos de campanilleros y de cantaores flamencos interpretaron un repertorio escogido. Después, en los jardines del Alcázar, maravillosamente iluminado, se sirvió una cena fría y hubo una fiesta flamenca organizada en su honor.

Las largas y agotadoras jornadas y los disparatados horarios justifican perfectamente que al día siguiente se suspendiesen los actos previstos para la mañana.

[587] Gómez-Ferrer Morant, 2012, p. 22.

[588] S. Payne, 1984, p. 187.

[589] Rein, 1995, p. 60.

[590] *ABC*, 18-06-1947.

[591] En la década de 1950 se trasladó a otro lugar; el edificio se transformó en la sede central de la Universidad de Sevilla en 1954.

[592] *LVE*, 19-06-1947.

[593] *ABC*, 18-06-1947.

Huelva. NO-DO 243 B.

Se anuló su visita al Archivo de Indias, lo que causó cierta frustración entre el numeroso público que se agolpaba esperándola para vitorearla. Por la tarde tocaba visitar Huelva.

> La ciudad toda lucía engalanada con banderas argentinas y españolas, formando un arco ininterrumpido a lo largo del itinerario que habría de seguir. Ventanas y balcones lucían colgaduras con los colores nacionales de ambos países, banderas, tapices, reposteros, mantones de Manila y ricas colchas de seda. Los postes del alumbrado público se habían adornado con haces de banderas de ambos países.[594]

Tras recorrer las calles se embarcó en el puerto para hacer una visita a La Rábida. Esa noche se despidió de las autoridades andaluzas, a la mañana siguiente la comitiva salía hacia Galicia.

[594] *LVE*, 19-06-1047.

PORTE GRATUITO

TELEGRAMA

TELEGRAFOS

EGRAMA

Recibido de ANTONIO TORRECILLA

ERNANDO EL SANTO 19

8 19

corresponden
ama.

Para

depositado el a las

58202 MADRID GRANADA 153 16/16 16 17H30

GIRAME A SEVILLA ANDALUCIA PALACE TELEGRAFICAMENTE 20,000 PTAS

- COLLADO

Un telegrama enviado desde Sevilla[595] nos permite hacernos una idea del trajín en el que el arquitecto cangués estaba instalado. Él se va encargando de ir cubriendo las necesidades inmediatas, de asumir los pequeños o no tan pequeños gastos de la expedición. Aparecen listados de numerosos pagos en restaurantes, a conductores del PMM (Parque Móvil Ministerial), a los tripulantes y técnicos de los aviones... Gastos de hoteles, taxis, anticipos a alcaldes y autoridades locales. La pernocta en el Hotel Alhambra de Granada ascendió a 9000 pesetas.

Galicia

Tras una serie de actos militares en el aeropuerto sevillano, la expedición emprendió el vuelo hacia Santiago. Durante el trayecto habría sucedido un curioso episodio. Aunque no afecta directamente a Gómez del Collado ni a la Subsecretaría de Educación Popular, pensamos que merece la pena recordarlo. Casi nadie se acerca a la figura de Eva Perón sin apasionamiento. Exactamente igual sucede con su acompañante en el viaje Lillian Logomarsino. La visión que da en su libro es bastante desigual. La señora de Guardo suele presentar a Eva como una persona egocéntrica, codiciosa, poco considerada y, sobre todo, muy desconfiada.

[595] AGA, caja 03 21-2264. Justificantes de gastos entregados por el Sr. Collado.

Reproduzco la anécdota tal y como ella la cuenta:

> Nos embarcamos rumbo a Santiago de Compostela, en el avión ocurrió algo increíble. Yo siempre iba sentada junto a la Señora, pero ese día alguien se acercó a conversar y entonces le sugerí dejarle mi asiento para pasarme al de atrás, así podría escribirle a mi familia. Pasados unos quince minutos, la Señora extendió su mano hacia atrás entre los asientos, y de un tirón me sacó la carta y empezó a leerla para sí. Todo el pasaje del avión —éramos como veinte personas— hizo un profundo silencio. Así era Eva Perón. Una vez que terminó la lectura me la devolvió, y todas las miradas estaban fijas en mí. Nadie lo podía creer. Yo continué escribiendo como si nada hubiera pasado. Desde entonces le mostraba cada carta que escribía. Desconfiaba hasta de su sombra.[596]

El avión aterrizó en Lavacolla cerca de la una de la tarde. Para entonces la ciudad de Santiago ya estaba[597] «toda engalanada con banderas y gallardetes españoles y argentinos, y en el aeropuerto le esperaba una tribuna con reposteros y banderas argentinas y españolas».[598] Tras los correspondientes actos en el ayuntamiento y la catedral, comió en el Hotel Compostela. Por la tarde visitó Vigo y allí se alojó en el Pazo de Castrelos.

A la mañana siguiente, la primera visita era a un lugar bien conocido por el arquitecto jefe de Propaganda de la Subsecretaría de Educación Popular: Marín y la academia naval. Recordemos que él había organizado los actos de inauguración en el verano de 1943, cuando se trasladó desde su anterior emplazamiento en San Fernando, Cádiz.[599] Para este acto se preparó una «monumental tribuna, en la que se hallaba un altar magníficamente adornado, estilo Renacimiento, con alegorías del descubrimiento de América y atributos de la Marina admirablemente distribuidos»,[600] además de «varios estrados para autoridades e invitados». Tras almorzar en el cuartel, hubo un paseo por la ría a bordo del Azor. Después, un acto de masas ante «setenta mil productores que aclamaron a la señora Perón en la ría de Vigo». Por la noche, cena de gala en el Casino de Vigo. A la una de la ma-

[596] Lagomarsino de Guardo, 1996, p. 141.

[597] Nos consta por la prensa que Ortiz viajaba en los aviones de la expedición, pero pensamos que, en estos desplazamientos largos, es probable que Gómez y su gente de confianza se adelantasen, tal y como hacía con el Caudillo para preparar los escenarios, que ya estaban montados cuando llegaba la señora de Perón. En AGA caja 03 21-2264 hay una anotación de Talleres Marsá «correspondiente a los equipos de operarios trasladados para la ornamentación de los actos celebrados en Galicia, jornales, horas extraordinarias, desplazamientos, cargas sociales y transportes», que suman 45 288,22 pesetas.

[598] *ABC*, 20-06-1947.

[599] Aunque orgánicamente era Vicesecretaría y dependía del Movimiento.

[600] *LVE*, 21-06-1947. Aunque no ponemos en duda la «distribución admirable» de los atributos, recordamos, una vez más, que era la propia subsecretaría la que proporcionaba los partes a la prensa.

La academia de Marín engalanada para los visitantes. NO-DO 234 B.

drugada se trasladaron al edificio del Real Club Náutico, donde contemplaron un espectáculo folclórico. Aún más tarde se dio una fiesta en los salones del club, a la que asistirían todos los invitados, incluyendo el «agregado obrero de la Embajada de Argentina».[601]

Desde Galicia, en el primer proyecto del viaje, la idea era ir a Asturias.

Suponemos que la anulación de este trayecto causaría alguna frustración a Gómez del Collado. Seguramente le habría gustado mostrarse ante sus paisanos en semejantes circunstancias. Reproducimos, no obstante, la planificación tal y como había sido prevista inicialmente a partir del 18 de junio:

19:30 Salida del aeródromo de La Coruña para Oviedo (Lugo de Llanera).
21:30 Recepción popular y de autoridades en Oviedo. Cena íntima y descanso en sus habitaciones del Ayuntamiento de Oviedo.

[601] *ABC*, 21-06-1947.

19 de junio (jueves)

10:30 Salida para Covadonga por la carretera de la Tenderina deteniéndose en la piscifactoría de Infiesto.
12:00 En Covadonga será recibida por el Clero de la Colegiata, en la que se celebrará un Tedeum y se cantará la Salve de la Virgen de Covadonga.
12:30 Visita a Los Lagos, Picos de Europa y Balcón de la Reina.
14:00 En Covadonga, comida regional, salmón, etc.
15:00 Salida para la Cuenca Minera; puede hacerse una manifestación obrerista de 50 a 100 000 mineros (sic). Visita a un grupo minero y, de paso, a las grandes factorías metalúrgicas de La Felguera y Mieres. Visita a Oviedo, comida de gala en la Diputación y, a continuación, exhibición de danzas y cantos asturianos.
Descanso: Pernoctará en sus habitaciones del ayuntamiento.

20 de junio (viernes)

10:30 Salida del Aeródromo de Lugo de Llanera para Madrid.[602]

De modo que finalmente, ni colegiata ni salmón ni «manifestación obrerista de 50 a 100 000 mineros».

Zaragoza y Barcelona

El sábado 21, por la tarde, sale la expedición con rumbo a Zaragoza. En ese momento ya eran tres aviones.

> A las siete treinta y cinco tomó tierra el avión «Junkers» trimotor, en el que viajaba el subsecretario de Educación Popular, don Luis Ortiz, acompañado de los equipos de radiodifusión y NO-DO. El señor Ortiz fue recibido por las autoridades, directores de periódicos y representaciones diversas. Pocos minutos después llegaba un bimotor Dakota con personal del séquito de la esposa del presidente de la República Argentina. A las ocho menos diez en punto tomó tierra felizmente en el aeródromo de Valenzuela el avión con el que ha hecho el viaje a la ciudad del Pilar la excelentísima señora doña Eva Duarte de Perón.[603]

Gómez probablemente los habría precedido o habría dado las instrucciones precisas:

[602] AGA Caja 3 21-2264.
[603] *LVE*, 22-06-1947.

> Desde primeras horas de la tarde la animación en la ciudad es extraordinaria con motivo del viaje de la Excma. Sra. doña María Eva Duarte de Perón. En el barrio del Arrabal, Paseo de Pamplona, Plaza de Aragón, Paseo de la Independencia, Plaza de España, Coso y calle de Alfonso, todos los balcones están adornados con banderas españolas y numerosas argentinas. Asimismo, ha sido adornada profusamente con banderas españolas y argentinas la fachada del templo del Pilar y el palacio de la Lonja, adyacente al templo. La llegada a la Plaza del Pilar fue especialmente solemne. La fachada del templo estaba adornada con miles de banderas y gallardetes y en la entrada por donde había de pasar la esposa del presidente argentino se había instalado un repostero gigante con las armas pontificias.[604]

La estancia en Zaragoza fue muy breve. Visita al Pilar, banquete de gala en el Palacio de la Lonja y descanso en un alojamiento preparado en el Monasterio de Cogullada. Aunque en la prensa no aparece nada previsto para la mañana del domingo 22, Eva la pasó descansando en Cogullada. En la capilla asistió a misa acompañada del ministro del Aire, González-Gallarza y del resto del séquito. Por la tarde partirían para la última gran etapa del viaje.

A Barcelona habían llegado por carretera Carmen Polo y Carmencita el sábado por la noche. En tren llegó el embajador Pedro Radío. A mediodía lo había hecho el ministro de Industria y Comercio Juan Antonio Suanzes y otros altos cargos. A las dos y cuarto de la tarde del mismo sábado, el alcalde de la ciudad José María de Albert Despujol, barón de Terrades, pronunció a través de emisoras locales de Barcelona una cálida soflama. Invitaba a tributar multitudinarios homenajes a la dama argentina. Lo propio haría el gobernador civil de Barcelona, Eduardo Baeza, desde los micrófonos de Radio Nacional a las nueve menos cuarto de la noche.[605]

La expedición llegó al Prat la tarde del domingo. *La Vanguardia Española* titula «S. E. la presidenta de la Argentina en Barcelona [sic]».[606] Horas antes habían llegado los otros dos aviones: el Dakota con los cuarenta y seis baúles y maletas, que pesaban en conjunto 2300 kilos y otro avión que transportaba a los medios de prensa y al subsecretario de Educación Popular Luis Ortiz, quien de esa manera consigue aparecer dos veces en la misma página de los diarios. Se le cita aterrizando y dos horas después recibiendo a la dama.[607]

La labor de la Subsecretaría también lució en los diarios desde el propio aeropuerto.

[604] Ibídem.

[605] Ibídem.

[606] *LVE,* 24-06-1947.

[607] Ibídem.

El aspecto que ofrecía el campo de aterrizaje era magnífico. La estación de viajeros y sus dependencias se hallaban totalmente cubiertas por banderas con los colores nacional y argentino: de sus ventanas pendían ricos tapices y damascos y, entre edificio y edificio, colgaban artísticas guirnaldas de flores que se prolongaban hasta los árboles y postes de los jardinillos inmediatos, formando así un conjunto bellísimo. Circundando la pista de viajeros se hallaban largas filas de mástiles en los que ondeaban las banderas española y argentina y la torre de la antena del aeropuerto lucía un precioso empavesado que daba al viento de Montjuich la alegría de sus colores, rematados en lo más alto por una gran bandera nacional.

En la sala de espera de viajeros toda ella ricamente alfombrada y adornada con infinidad de flores y macetas, combinado todo ello con un gusto exquisito.[608]

También en el recorrido desde el aeropuerto al centro de la ciudad.

Los balcones de las casas y edificios oficiales lucían colgaduras y gallardetes con los colores nacional y argentino. Millares de estandartes ondeaban al aire luminoso del magnífico día y, especialmente, la Avenida de José Antonio y Vía Layetana hasta la misma Plaza de la Catedral se habían convertido en auténticos bosques de mástiles con banderas, pues mientras en las farolas se habían colocado, unidas en mástiles cruzados, las banderas de España y de la Argentina, en los árboles se habían pegado carteles con los colores nacional y argentino entrelazados por doquier, en balcones, terrazas y ventanas, en los troles de los tranvías y en todo lugar visible se agitaban al aire los colores hermanos de ambas naciones.[609]

El encuentro con el alcalde tuvo lugar en una abarrotada Plaza de España. Después, ambas primeras damas se acercaron a la catedral para un tedeum.

En las ventanas y balcones de la casa del Arcediano y de la Canonjía recayentes a la Plaza de la Catedral, había colgaduras y banderas. El inmueble frontero del templo, en la Plaza de Antonio Maura, estaba bellamente adornado con reposteros y colgaduras en las que se combinaban los colores nacionales de España y de la Argentina. Lo mismo que cuando la reciente visita del jefe del Estado, se habilitaron grandes tribunas emplazadas en los solares producidos por los derribos municipales, las cuales aparecían atestadas de invitados y púbico. Grupos de mástiles muy elevados permitió que ondeasen, hermanadas al viento, las enseñas nacionales de los dos pueblos.[610]

[608] Ibídem.

[609] Ibídem.

[610] Ibídem.

Suanzes, ministro de Industria, Eva, Girón, ministro de Trabajo, y Carmen Polo, en el acto sindical de Montjuic. Foto publicada por *La Vanguardia Española* en la portada del 26 de junio de 1947.

Terminado el acto religioso se dirigen al Palacio de Pedralbes, que era el alojamiento habitual de Franco en sus visitas a la ciudad. En esta ocasión acogería a la dama argentina en su periplo catalán.

Esa noche el alcalde de Barcelona, barón de Terrades, había organizado una cena en honor de Eva. A la misma fue invitando formalmente el «Iltre. Sr. Dn. José Gómez Collado. Jefe de Servicios Técnicos Subsecretaría Educación Popular».[611] Se le trataba protocolariamente como «distinguido y considerado Señor mío» y se le emplazaba para la cena a las 10 de la noche, del domingo, día 22, en la casa consistorial. Se advertía que la asistencia sería «de frac o uniforme de gala. Condecoraciones», lo que nos hace imaginar al arquitecto de Cangas del Narcea luciendo su Cruz de la Orden de Cisneros sobre el frac. Los atrasos se fueron acumulando, en parte por lo apretado del programa y en parte por la habitual laxitud de Eva para con los programas.[612] Los horarios resultantes fueron, de nuevo, un auténtico desatino. La comitiva de Carmen y Eva llegó al ayuntamiento a la una menos veinte, es decir, ya era lunes.

> La Plaza de San Jaime, escenario de otro grandioso homenaje de Barcelona a la señora de Perón, ofrecía un deslumbrante aspecto. El Palacio Municipal tenía su fachada adornada con damascos y valiosos reposteros. Una magnífica iluminación realzaba el soberbio aspecto del conjunto. También el Palacio Provincial lucía iluminación extraor-

[611] AGA, caja 03 42-4851.

[612] Esa noche se produjo uno de los retrasos que más abochornó a Lillian Logomarsino, ya comentado más arriba (Lagomarsino de Guardo, 1996, p. 144).

dinaria, brillando en el centro de la fachada el escudo nacional compuesto con bombillas de colores.[613]

La cena se efectúo en el Salón de Ciento precedida de largos brindis-discursos, especialmente del alcalde, y entrega de obsequios. Se dio por terminada más tarde de las dos de la madrugada. A continuación, «organizada por el Ayuntamiento de esta ciudad y la Subsecretaría de Educación Popular en obsequio a la ilustre dama señora doña María Eva Duarte de Perón, tuvo efecto, la madrugada del domingo, en los poéticos jardines de Montjuic, una función teatral representándose la célebre comedia de Shakespeare *Sueño de una noche de verano*».[614] La función empezó a las tres.

Como cuenta graciosamente Lillian Logomarsino: «Casi todo el mundo se durmió. Eran las tres de la madrugada. No podrían haber elegido una obra más acorde con lo que sucedió en la platea». [615] Seguramente así fue, pese al esfuerzo de la Compañía del Teatro Español, bajo la dirección de Cayetano Luca de Tena, el protagonismo de Aurora Bautista y Maruchi Fresno, la coreografía de José Luis de Udaeta y los decorados de Manuel Parada.[616] La Subsecretaría asumió el gasto de 27 555,60 pesetas.[617]

La fiesta terminó a altas horas de la madrugada. Aun así, «en el trayecto [al palacio de Pedralbes], pese a lo intempestivo de la hora, se hallaba estacionado numerosísimo público que saludó a las ilustres damas con enfervorizado acatamiento».[618]

Naturalmente, la mañana del lunes 23 se la pasó Eva durmiendo, y sus actividades empezaron tarde. A las dos se trasladó al puerto para visitar el buque Hornero, propiedad del armador y miembro de la comitiva Alberto Dodero. La nave había llegado días antes con dos mil toneladas del deseado trigo argentino. Por la tarde, nuevo acto de masas: «Homenaje de los productores barceloneses en Montjuich».[619]

Empezó el acto con un breve discurso de un delegado obrero.

Aludió a que Franco y Perón eran autores de sendas revoluciones nacionales y que ambos estaban llevando a cabo la gran tarea de conseguir la justicia social. Terminó así: «¡Trabajadores del mundo, por el amor y la paz, por la unidad entre los hombres, por un mundo más cristiano y más justo, uníos!».

[613] *LVE,* 24-06-1947.

[614] Ibídem.

[615] Lagomarsino de Guardo, 1996, p. 144.

[616] *LVE,* 24-06-1957.

[617] AGA, caja 03 21-2264.

[618] *LVE,* 24-06-1957.

[619] *ABC,* 24-06-1947.

Siguió un discurso del ministro de Trabajo, Girón. Cuando llegó el turno de Evita recurrió una vez más a «los descamisados». A continuación, a través de la conexión con Radio Nacional de España se retransmitió un mensaje del propio Perón. El presidente argentino homenajeó a la mujer española y a la civilización cristiana. Recordó lo que su gobierno hacía por la dignidad de los trabajadores y pedía al pueblo español que trasmitiese «al gobierno del Generalísimo Franco el deseo del pueblo argentino y del gobierno argentino de estrechar cada día más los lazos de sangre, de lengua y de fe, que nos unen reforzados por ese idéntico recobro de la conciencia colectiva de las masas obreras que entre nosotros tuvo su origen en la revolución del 17 de octubre, determinante de la afirmación de nuestra soberanía nacional ante el mundo entero».[620]

Esa noche era la Nit de Sant Joan, y las dos señoras se sumaron al festejo.

Empezaron por una cena íntima en un restaurante del centro, acompañadas de Artajo, Dodero, Lillian y algunos otros. Después, a las dos de la mañana, se trasladaron al Club de Tenis, entonces en la calle Alfonso XII, en San Gervasi. Allí asistieron a la verbena, en la que «aparecía congregado lo más selecto de la buena sociedad barcelonesa».[621] Más tarde, fueron al Pueblo Español en Montjuic, donde recibieron la aclamación popular de los que allí celebraban la Noche de San Juan.

El martes 24 llegó Franco a Barcelona por vía aérea. Desde el Prat se dirigió al palacio de Pedralbes, donde saludó a Eva y felicitó a Perón por su santo. Eva debió de pasar la tarde descansando, mientras Franco y su esposa se daban un paseo por la Costa Brava. Por la noche acudieron a la última gran fiesta, organizada por la Diputación Provincial en su palacio, actual Palacio de la Generalitat. Tanto el edificio como la Plaza de San Jaime y el ayuntamiento, enfrente, estaban adornados con banderas y escudos de los dos países. En el centro de la plaza se había instalado un gran tablado para la exhibición folclórica que daría colofón al banquete. La cena se celebró en el Patio de los Naranjos. La prensa daba con cierto detalle el nombre de parte de los asistentes, entre los que no podía faltar Luis Ortiz.[622]

Aunque no aparece mencionado en los periódicos, sabemos que José Gómez del Collado no solo estuvo presente, sino que además fue víctima de uno de los muchos excesos de Juan Duarte, el hermanísimo de Eva y por tanto cuñadísimo de Perón, en un país de cuñadísimos.

[620] En la edición de *ABC* del 24-06-1947, se reproducen los discursos completos de las tres autoridades, el del delegado obrero, el metalúrgico Francisco Renter Moncunill, está reproducido en *LVE,* 24-06-1948.

[621] *LVE,* 24-06-1947.

[622] *LVE,* 25-06-1047.

Juan Duarte, Juancito, hermano y acompañante de Eva, en la puerta del avión, en la despedida de Madrid. Barajas, 15-06-1947. EFE.

Juan Duarte, Juancito, como lo llamaba casi todo el mundo, fue un personaje muy peculiar.[623] Era el único varón de los cinco hermanos, de los que Eva era la pequeña. Ella siempre le dio todo su cariño y apoyo. Le perdonaba lo que no le hubiese perdonado a otra persona. Con bien ganada fama de crápula, le gustaba frecuentar los prostíbulos, las barras de los bares, los lugares de fiesta y los entresijos de la corrupción.[624] Siempre cercano a su hermana, fue medrando a medida que ella ascendía. De vendedor de jabones, pasó a ser inspector del Casino de Mar del Plata.

Tras la boda de Eva con el general Perón se convirtió en su secretario personal. Perón sabía bien quién era, pero le dejaba hacer, seguramente porque si no tendría que enfrentarse con su esposa. En los distintos periodos presidenciales del general amasó una enorme fortuna a base de corruptelas. Hacía pública ostentación de su dinero mediante pisos de lujo, coches de grandes marcas y su presencia en los lugares más caros de la vida nocturna. Tras la muerte de Eva en julio de 1952 su vida

[623] Sobre su vida, y sobre todo sobre su muerte, pueden verse Alaniz, 2014; Abós, 1997.

[624] Ya en 1938, se había visto envuelto en un escándalo por malversar dinero en una caja de ahorros en la que trabajaba. Su hermana tuvo que vender todas sus propiedades para devolver el dinero (Pigna, 2012, p. 50).

entró en barrena. Además de haber contraído una sífilis incurable, empezó a ser acusado desde dentro del peronismo por corrupto y sinvergüenza. El propio Perón dijo en una alocución pública en la radio: «Aunque sea mi propio padre, irá preso porque robar al pueblo es traicionar a la Patria»,[625] en clara alusión a su cuñado. Tres días después, Juan Duarte apareció muerto en su piso. Tenía una bala en la sien y a su lado una nota dirigida a Perón. En ella confesaba su suicidio y le declaraba su fidelidad. Para muchos analistas y periodistas argentinos se habría tratado de un crimen y no de un suicidio. Cuando Perón leyó la carta se afirma que dijo: «A ese muchacho lo perdieron el dinero fácil y las mujeres. Tenía sífilis».[626] Al igual que sucedería con el cadáver de Evita tras el golpe de Estado de 1955 que depuso a Perón, su tumba fue exhumada.

Uno de los jefes de los grupos parapoliciales antiperonistas, conocido como Capitán Ghandi, le cortó la cabeza y la exhibió varios días en su despacho.[627]

Durante el viaje de Eva por España, a la que acompañaba, se ha dicho, en parte como hermano, pero oficialmente como secretario personal de Perón, Juancito se había dejado notar. Especialmente desmedida debió de ser la juerga que se corrieron él y Dodero en la etapa de Granada. Según cuenta Lillian Logomarsino,[628] Eva tuvo que ser advertida por el ministro de Exteriores Martín Artajo. El naviero y el cuñadísimo se habían ido de farra a la parte más oscura de las Cuevas del Sacro Monte. El asunto fue considerado por el ministro muy peligroso. Le comunicó a la dama argentina el elevado coste que suponía custodiar la seguridad de su hermano. Como resultado, ella lo amenazó de enviarlo de vuelta a Argentina. El relato de Felipe Pigna, sin citar la fuente, es aún más contundente:

> Evita andaba por España portando la condecoración de la orden de Isabel la Católica. La que no era muy católica era la conducta de su hermano Juancito y su compañero de juergas, Alberto Dodero. Las visitas de Duarte y Dodero a cuanto cabaré se les cruzaba se estaban haciendo célebres, desdibujando la imagen de la comitiva argentina. Evita se cansó, llamó a Juan por teléfono y le advirtió: «Una puta más y te volvés a Buenos Aires. ¡Hay que demostrar que somos un pueblo educado y no un pueblo de hijos de puta y milongueros como vos!».[629]

[625] Juan Domingo Perón en Radio la Cadena Nacional, 6 de abril de 1953.

[626] Abós, 1997.

[627] Recordemos que ese extraño comportamiento afectó al cadáver de Evita. Secuestrado también en 1955, emprendió un macabro periplo hasta ser enterrado en Milán. Solo en 1971 se le devolvió a Perón, entonces exiliado en España. El cuerpo volvería a Argentina en 1974 (Rubín, 2002). Como colofón a tan siniestros comportamientos, debemos añadir que la tumba del propio Juan Domingo Perón fue profanada en 1987; había muerto en 1974, al cadáver se le cortaron las manos (Santos Coelho, 2017).

[628] Lagomarsino de Guardo, 1996, p. 138.

[629] Pigna, 2012, p. 139.

Es evidente que estas aventuras tenían su coste y que Juancito no tenía mucha capacidad de contención para que el dinero se quedase en su bolsillo. José Gómez del Collado lo vivió en primera persona, como contaría durante el proceso el año siguiente. Entonces utilizaría la anécdota para demostrar que había situaciones de gastos absolutamente imprevisibles para la Subsecretaría. Así lo relató en el juicio:

> En servicio oficial como jefe de Actos Públicos, teniendo a mi cargo cuanto se refería a un viaje oficial por España de una personalidad extranjera, en Barcelona, a pocos pasos del jefe del Estado, y para fin no consignable en facturas, me fueron pedidos unos miles de pesetas por el hermano político del presidente de una República amiga, en cuyo honor se celebraban los actos. Visto este hecho solo como tipo de gasto inevitable y no previsible.[630]

Gómez debió de quedarse de piedra con la petición a dos días de la partida del séquito, pero evidentemente le dio el dinero a Juancito.[631]

Si hacemos caso a Lillian Logomarsindo, la costumbre de sablear a las compañías no era exclusivo del hermano. Al menos eso dice en un curioso momento de sus memorias cuando narra los comienzos del viaje:

> A las pocas horas ocurrió algo que me puso sumamente nerviosa y alerta.
> —Lillian..., ¿usted tiene plata encima?
> —Sí, Señora, tengo este dinero que me dio Ricardo —sería el equivalente a tres mil dólares—.
> —Préstemelos, Lillian —me solicitó de forma distraída.
> Me sentí totalmente desprotegida y a la vez me preguntaba: ¿tanto desconfía de mí? ¿No le bastaron mis pruebas de fidelidad y desinterés? ¿Qué concepto tiene la Señora de la amistad? ¿Tanta gente le ha fallado en el pasado? Yo no ejercía un puesto oficial, no era empleada del gobierno, no cobraba sueldo alguno, era solamente su amiga. Pero me sobrepuse.[632]

Terminada la cena, las autoridades salieron al balcón y desde allí presenciaron el festival folclórico que se celebró en un escenario levantado en la Plaza de San Jaime.

El 25, miércoles, Eva Perón acompañada de Artajo y Girón visitó el Monasterio de Montserrat. El lugar estaba preparado con su correspondiente decoración a base de un gran tapiz con el escudo de España y ambas banderas nacionales. Las

[630] AGA, caja 7 30-12 17902.

[631] En la lista ya aludida de pagos que hizo personalmente Gómez del Collado aparece: «Anticipo a Juanito en Barcelona, para pago fonda»; ignoramos si se refiere a esa petición.

[632] Lagomarsino de Guardo, 1996, p. 123.

LA VANGUARDIA ESPAÑOLA

BARCELONA
Jueves 26 de junio de 1947

40 cénts. Precio de este ejemplar
Teléfono: 14135
Redacción y Admón.: PELAYO, 28

FUNDADORES: DON CARLOS Y DON BARTOLOMÉ GODÓ — Año LXIII. - Número 25.208 — DIRECTOR: LUIS DE GALINSOGA

LA ESTANCIA DEL CAUDILLO Y DE LA PRESIDENTA ARGENTINA EN BARCELONA

El Generalísimo Franco y doña María Eva Duarte de Perón, presencian el festival folklórico celebrado en la plaza de San Jaime, en honor de la primera dama argentina. Un aspecto del festival y del numerosísimo público que lo presenció

ventanas de las celdas que daban a la plaza del monasterio fueron profusamente engalanadas con colgaduras y motivos religiosos.[633] Finalmente, el jueves 26, tras una nueva llamada a la población, incluyendo el retraso en la apertura de la tarde de oficinas y comercios, se realiza la gran despedida.

> Todo el trayecto que ha seguir, hasta el Prat, la comitiva oficial en la que marchará la Excma. Sñra. doña María Eva Duarte de Perón está magníficamente engalanado. Desde ayer por la mañana trabajaban en la Plaza de España varias brigadas de obreros, para preparar el engalanamiento extraordinario de la misma. Desde la fuente monumental del centro hasta los palacios y edificios circundantes se han tendido larguísimas guirnaldas con los colores nacionales y argentino. Las fachadas de todos los edificios hasta la misma carretera del Prat están vistosamente adornadas con banderas y tapices. También el pueblo de Prat del Llobregat se ha engalanado brillantemente para despedir a la egregia dama argentina a su marcha de España para dirigirse al Vaticano.[634]

[633] *LVE*, 26-06-1947.

[634] Ibídem.

En la Plaza de España se hacía la despedida oficial de la ciudad, abarrotada de gente y representada por el alcalde. La comitiva encabezada por Eva y por Franco continuó al aeropuerto para formalizar el adiós España.

> Los edificios del aeropuerto Muntadas estaban artísticamente adornados con flores naturales, tapices, gallardetes y banderas con los colores nacionales españoles y argentinos. Numerosos tapices ostentaban escudos de España y el Víctor del Caudillo. En el vestíbulo de la estación de viajeros, sobre las alfombras que lo cubrían, se había confeccionado una artística alfombra de flores blancas que cubrían el piso en su totalidad.[635]

En un documento de la Subsecretaría fechado en Madrid el 10 de marzo de 1948,[636] se desglosan los gastos ocasionados al Estado por el viaje. Las previsiones iniciales fueron un gasto total de tres millones de pesetas. El Ministerio de Hacienda hacía llegar los fondos al de Exteriores, que, a su vez, lo transmitía a la Subsecretaría de Educación Popular, organismo que, como se ha dicho, realizaba la gestión final. Se hizo un primer adelanto de un millón y medio el 6 de junio de 1947 y otro el 17 de junio. Pero en octubre hubo de solicitarse un crédito extraordinario por valor de 1 822 936,22 pesetas. Había que asumir los numerosos pagos, que excedieron el presupuesto inicial. Abundantes escritos siguieron llegando a la Subsecretaría reclamando cantidades no pagadas durante meses. De modo que el gasto total asumido por el gobierno fue 4 822 936,22 pesetas. A ello habría que sumar los numerosos obsequios por parte de ayuntamientos, autoridades locales y particulares.

Vuelta a la rutina

Fue un viaje evidentemente agotador para la primera dama argentina. También debieron de sentir alivio los componentes de la Subsecretaría de Educación Popular cuando tuvo lugar su fin. Si se piensa en lo vertiginoso de esos días, la partida de la dama tuvo que otorgar a Gómez del Collado cierto sentimiento de respiro cuando volvió a las rutinas habituales.

Los esfuerzos fueron debidamente correspondidos. El 18 de julio, como era habitual, se entregaron premios y reconocimientos: la Gran Cruz de la Orden de Isabel

[635] *LVE*, 27-06-1947.

[636] AGA, caja 03 21-2264. Visita a España de la Excma. Sra. Dña. María Eva Duarte de Perón. Estudio económico.

la Católica[637] «al Mérito Civil» para Luis Ortiz,[638] el nombramiento de comendador de la misma orden a José Gómez del Collado.

El domingo 6 de julio se había celebrado el referéndum sobre la Ley de Sucesión en la Jefatura del Estado. España se constituía en un «Reino católico, social y representativo».[639] Había participado el 82 % del cuerpo electoral, según fuentes oficiales.[640] El 92,94 % de votos fueron a favor de la propuesta gubernamental. Ávila fue la provincia más favorable a la ley, 94,32 %. Asturias —entonces provincia de Oviedo—, la más adversa, con solo el 67,5 % de votos favorables.

Por lo demás, Franco retomó sus rutinas veraniegas, que ese año fueron particularmente extensas y tranquilas, hizo pocas apariciones en público, lo que aligeraría las actuaciones de la Subsecretaría. El 31 de julio llegaba a San Sebastián, donde pasaría prácticamente todo el mes. El sábado 2 de agosto se llevó a cabo una demostración de los muchachos del Frente de Juventudes en el hipódromo de Lasarte. Se levantó una tribuna adornada con reposteros. La mayor parte de los días de aquel mes no se celebró ninguna actividad, lo que se traduce en informaciones como las emitidas por la agencia Cifra: «S. E. el Jefe del Estado ha permanecido trabajando en su despacho durante toda la mañana, en el Palacio de Ayete». Franco se pasa los días haciendo pequeños recorridos en el Azor, asistiendo a corridas de toros,[641] funciones de teatro, etc. De tan placentera vida no le sacó ni siquiera la trágica explosión del polvorín de la Armada en Cádiz. Sucedió el 18 de agosto. Originaría 150 muertos y más de dos mil heridos, además de arrasar unas 5000 viviendas del barrio de San Severino. Pero lejos de abandonar sus vacaciones, envió como representante al ministro de Marina, Regalado Rodríguez.[642] Él continuó en San Sebastián haciendo visitas a la yeguada militar y asistiendo a cenas de agasajo por parte del ayuntamiento.

[637] La Orden de Isabel la Católica fue creada en época de Fernando VII con el nombre de Real Orden Americana de Isabel la Católica, en principio, para premiar la lealtad de aquellos territorios. Con el tiempo pasó a ser un reconocimiento a méritos de coordinación internacional. Recordamos que Perón había sido investido con el Collar, que es la máxima distinción, y Eva con la Gran Cruz. Disponible en línea en <http://www.exteriores.gob.es/Portal/es/SalaDePrensa/Multimedia/Publicaciones/Documents/2011orde n%20isabel%20la%20catolica_reglamento.pdf>, consultado el 27-07-2019.

[638] *BOE,* 1-08-1947.

[639] *LVE,* 8-07-1947.

[640] Según Mari Luz Alonso García y Raúl Camañas en *El franquismo año a año 1947,* publicado por diario *El Mundo,* vol. 7, p. 33, 2006.

[641] Antes de comenzar la corrida que presenció en San Sebastián el domingo día 10, saludó personalmente a Manolete, el torero del momento, que moriría solo 19 días más tarde en Linares.

[642] La prensa recogió que los hijos del subsecretario de Educación Popular Luis Ortiz, que pasaban el verano en la bahía, estaban a salvo y habían sido trasladados a Jerez de la Frontera; *LVE,* 20-08-1947. Extremo confirmado en una de las conversaciones telefónicas con José María Ortiz.

Algunos de esos movimientos del Caudillo quedan reflejados en las facturas que asume la Subsecretaría,[643] por ejemplo, una de Marsá, con fecha 27 septiembre, por el transporte de elementos prefabricados para la instalación de tribunas, mástiles de banderas, etc., o la emitida por la «construcción con materiales de madera facilitados por la Subsecretaría de Educación Popular, de 30 motivos decorativos, según diseños facilitados por el Servicio de Arquitectura». Un taller local, Casa Sanabra, presenta varias facturas por pintura de mástiles y otros elementos, como «el palco de su Excelencia el Generalísimo en la Plaza de Toros de San Sebastián». El pintor decorador de Zarauz Agustín García Fernández también factura por pintar unos mástiles correspondientes a los actos celebrados en Guetaria el 4 de agosto.

Villa María Luisa, una empresa de flores, presenta varias facturas por decoraciones florales en el Palacio de Ayete y en el teatro Victoria Eugenia. A su vez, el teatro presentó su propia factura por el concepto de alquiler de sus instalaciones para una función que incluía una «fiesta marinera», en la que se homenajeaba a unos marineros argentinos del crucero Argentina.

El día 1 de septiembre la prensa da pomposamente por terminado el veraneo del Caudillo. El Caudillo ofrece un almuerzo a las autoridades de Guipúzcoa. Se despide y se traslada a Vitoria. En Burgos preside un Consejo de Ministros en el que fundamentalmente se estudian las medidas a adoptar sobre la catástrofe de Cádiz. A continuación, arrancando desde Palencia y León, comienza un «viaje del Jefe del Estado por tierras de Galicia». Es decir, otra temporada de vacaciones entre el yate Azor, que ya lo esperaba en Villagarcía de Arosa, y el Pazo de Meirás. Hasta allí se desplazarían algunos ministros para despachar, incluyendo un Consejo de Ministros que se celebró el día 23. Regresa a Madrid el día 30, a punto para celebrar su año XI como jefe del Estado, el Día del Caudillo. Las celebraciones, sin exhibiciones, se limitan a un tedeum en San Francisco el Grande y a una recepción en el Palacio Nacional.[644]

Jornadas cervantinas

La Subsecretaría se pasó buena parte del mes de septiembre preparando lo que sería para ellos el gran acontecimiento de octubre. Se trataba de celebrar, por todo lo alto, el cuarto centenario del nacimiento de Cervantes. Se realizaría una serie

[643] AGA, caja 03 21-2264.

[644] *ABC*, 2-10-1947.

de sesiones de la denominada Asamblea Cervantina de la Lengua Española. Los actos corrían a cargo de la Junta del Centenario de Cervantes. El presidente de la comisión era, por normativa, el subsecretario de Educación Popular. Este puso a trabajar a sus hombres. Ortiz, en declaraciones a la prensa en el mes de septiembre, ya había anunciado: «se ha venido trabajando en fecundo silencio [sic] y dentro de breves días se ofrecerá el anuncio de los actos organizados».[645] Se trataba de reunir académicos de diferentes países bajo la batuta de José María Pemán, presidente de la Academia de la Lengua. Acudieron fundamentalmente especialistas hispanoamericanos. Los actos académicos confluirían con actos políticos. Se aprovechaba la circunstancia de que Cervantes había combatido en Lepanto y se conjugaba con la discutida fecha del nacimiento de Juan de Austria,[646] de ese modo se convertía el centenario en doble, lo que le daría a la celebración un matiz político y militar importante. Por si fuera poco, como veremos, no faltó la exaltación religiosa al revivirse con devoción el culto al Cristo de Lepanto. Gómez del Collado, además de encargarse de los trabajos propios de su departamento, ayudó en la elaboración del folleto programa. Este tipo de actividades que ya había desarrollado en la época de Regiones Devastadas, lo seguiría realizando en las cercanías de Luis Ortiz. En esencia, las jornadas se iniciaron el 2 de octubre en la Real Academia, en un acto inaugural de acreditación de los miembros y de aprobación del reglamento. El episodio político fuerte tuvo lugar al día siguiente, para el que la asamblea se trasladó a Alcalá de Henares. Allí los académicos se reunirían con autoridades, miembros del Gobierno, los embajadores de Argentina y Portugal y, sobre todo, con el Caudillo. Se visitó la Capilla del Oidor, donde se habría bautizado Cervantes. En ese momento se estaba restaurando, puesto que tanto la pila bautismal como la capilla habían sido «destruidas por los rojos en 1936».[647]

Después de un acto religioso se dirigieron a la universidad, donde se hizo notar el trabajo habitual del arquitecto jefe de Propaganda. «La Universidad Complutense tuvo hoy un día de gloria y aparecía magníficamente engalanada con tapices. Junto a la bandera española ondeaba el escudo de Cisneros, que hizo famosa universalmente a esta Universidad de Alcalá»;[648] «la magnífica fábrica de la universidad se encontraba adornada con tapices y reposteros. Los claustros estaban igualmente adornados».[649] Algo que ya se había manifestado también en las calles: «El pueblo

[645] *LVE*, 25-09-1947.

[646] Hay una discusión entre especialistas sobre si su nacimiento tuvo lugar en 1545 o en 1547.

[647] *LVE*, 4-10-1947.

[648] Ibídem.

[649] *ABC*, 4-10-1947.

de Alcalá se asoció jubiloso a estos actos. Todas las ventanas y balcones estaban engalanados con banderas y colgaduras».[650]

El acto principal, presidido por el Generalísimo, fue la apertura oficial del curso académico. Después, Pemán dio un discurso para inaugurar las sesiones de la Asamblea Cervantina. El domingo día 5 la asamblea se dirigió a El Escorial para celebrar el nacimiento de Juan de Austria, a quien Luis Ortiz había calificado días antes como «Generalísimo cristiano de Lepanto».[651] El lunes continuaron las jornadas en la Ciudad Universitaria de Madrid. El martes por la mañana, el Caudillo, acompañado de su esposa, inauguró una exposición en el Museo Naval que rememoraba la batalla de Lepanto.

Por la tarde, tuvo lugar una procesión conmemorativa de Lepanto, con las imágenes de la Virgen del Rosario y del Cristo que llevó don Juan de Austria en la batalla. Partiendo «de la catedral de San Isidro,[652] recorrió las calles de Toledo, Plaza Mayor y adyacentes, todas cubiertas con banderas con los colores nacionales, gallardetes y colgaduras que pendían de las ventanas».[653] La asamblea seguiría sus trabajos en la sede central del CSIC y se clausuró en el edificio de la Academia.[654]

En plena celebración de las jornadas de la Asamblea Cervantina, el 5 de octubre se crea el Kominform,[655] un órgano de colaboración entre partidos comunistas que venía a sustituir a la Internacional Comunista. El acontecimiento hacía subir un escaño más el nivel de tensión de la Guerra Fría. Aumentaba el malestar internacional, pero aflojaba la soga a un régimen inequívocamente anticomunista. El 17 de noviembre, en la ONU, se produjo un intento de reafirmar la resolución del año anterior contra España. No solo no la respaldó una mayoría suficiente, sino que el voto de Estados Unidos ya estaba claramente a favor de la causa española.[656] En febrero de 1948, Francia abría sus fronteras.[657] En abril el senador americano O'Konski intentaba, sin éxito, que el Plan Marshall se extienda a España. En mayo se firmaron acuerdos comerciales con Francia y Reino Unido. Fuera del período que estudiamos, en noviembre de 1950, la ONU revocaba las sanciones contra Espa-

[650] *LVE*, 4-10-1947.

[651] *LVE*, 25-09-1947.

[652] Hoy en día colegiata. Recordamos que fue la catedral de Madrid hasta la consagración de la Almudena en 1992.

[653] *ABC*, 8-10-1947.

[654] Como se puede observar, el ministro Ibáñez hizo desfilar a la Asamblea Cervantina por todos sus edificios de prestigio, especialmente los más nuevos.

[655] Chautard, 2001, p. 64.

[656] Tamames, 1973, p. 521.

[657] *ABC*, 11-02-1948.

ña[658] En 1951 empezaron a volver los embajadores. España se iría integrando en los diversos organismos internacionales hasta completar el ingreso total en la ONU en 1955. Antes, en 1953, ya se habían rubricado los acuerdos con USA y el Vaticano. El régimen franquista estaba plenamente reconocido a nivel internacional, al menos en el mundo occidental.

La celebración del 20 de noviembre de 1947 en El Escorial, en pleno debate de la ONU, se lleva a cabo de forma discreta y sin alardes.

Gómez del Collado terminaría el año recibiendo una nueva felicitación por escrito, en este caso de su jefe directo, el director general de Propaganda Pedro Rocamora. Además, le retransmitía la que había recibido del ministro de Aviación González Gallarza por su valiosa contribución al éxito de la visita a España de los profesores y cadetes de la Escuela de Aviación argentina».[659] Todo parecía indicar que, a sus habilidades como arquitecto de estructuras efímeras, fundamentalmente a raíz de la visita de Eva Perón, habría sumado otras reconocidas como anfitrión de visitantes. Seguramente la propia sombra del viaje de junio de la dama argentina, subrayando la luna de miel entre ambos gobiernos, explica que la visita del grupo de aviadores argentinos alcanzase una notable atención en la prensa. Varias portadas y amplias explicaciones en los periódicos más importantes así lo muestran. El grupo de aviadores, 92 cadetes y oficiales, volaba en tres aparatos cuatrimotores bautizados con los simbólicos nombres de Pinta, Niña y Santa María. Habían cruzado el Atlántico el día 3 de diciembre, para agruparse en Dakar y llegar a Barajas el día 4 por la tarde. Serían recibidos por el ministro del ramo y el embajador Radío; después hicieron una ofrenda en el monumento a Colón. También la prensa extranjera se hizo eco de la visita. *ABC* comentaba un editorial del *New York Times* titulado «1492-1947». En él, evidentemente, se comparaba el vuelo con el viaje del descubrimiento de América.[660] En los días siguientes, los cadetes fueron agasajados con diversas visitas y celebraciones. El día 5 visitaron el Alcázar y la ciudad de Toledo. Por la noche, cena de gala en el Ritz y baile en el Círculo de Bellas Artes, al que acudieron Carmencita Franco Polo, el ministro, embajador, también el subsecretario de Educación Popular,[661] suponemos que acompañado por el arquitecto jefe de la Subsecretaría, etc. El sábado 6 fueron recibidos por el Caudillo y visitaron los museos del Ejército y el Prado. El domingo visitaron la exposición sobre Lepanto que aún se podía contemplar en el Museo Naval y El Escorial. El lunes 8 volaron de regreso a Argentina.

[658] Resolución 386 4-11-1950.

[659] AGA, caja 3 42-04841. Nota de Rocamora a Collado.

[660] *ABC*, 05-12-1947.

[661] *ABC*, 6-12-1947.

1948. El final

En los primeros meses de 1948, con poca actividad oficial, Gómez se dedica a la ornamentación de locales donde se celebran actos de relativa importancia. El 6 de febrero se estrenó en el Palacio de la Música de Madrid la película *Alhucemas*, de José López Rubio. Rezaba el cartel anunciador: «la película que el cine español debía a los héroes de la gesta africana. Una auténtica superproducción nacional, por su tema y por su realización».[662] Debió de asistir alguna autoridad, aunque no hemos encontrado ninguna referencia en la prensa. Sí que hay constancia[663] de la «ornamentación del Palacio de la Música de esta capital para la función de gala con motivo del estreno de *Alhucemas*». Por cierto, en esa película tuvo su primer papel protagonista Sara Montiel.

A primeros de marzo se encargó de engalanar la iglesia de los Jerónimos para la celebración de una serie de actos en honor del Santo Ángel de la Guardia, patrón del cuerpo de Policía gubernativa. Asistieron el ministro de la Gobernación Blas Pérez González y autoridades policiales.[664]

Coincidiendo en esas fechas, tuvo lugar un «acto [y la] ornamentación del cine Rialto de esta capital con motivo del estreno de la película *Don Quijote de la Mancha*».[665] Se trataba de una «función de gran gala patrocinada por el Ministerio de Educación Nacional».[666] La película estaba dirigida por Rafael Gil y el dúo protagonista eran Rafael Rivelles y Juan Calvo. Varios críticos e historiadores coinciden en que esta versión, la más larga hasta entonces, fue la más fidedigna al texto. Su director decía que era una síntesis y no una adaptación.[667]

Sevilla. Abril

La aparición de una versión cinematográfica del *Quijote* promovida desde la Administración no era casualidad. Se enmarcaba en los actos del IV Centenario de Cervantes, comenzados en octubre del año anterior y que tendría continuidad en la primavera del 48. El asunto afectaba profundamente a la actividad de la Subsecretaría y a su arquitecto jefe. Luis Ortiz dio nueva muestra de su sevillanismo.

[662] Anuncio a toda página en *ABC*, 6-02-1948.

[663] AGA, caja 3 49.2 10478. Acto de estreno en el cine de *Alhucemas*.

[664] AGA, caja 3 49.2 10478. Actos religiosos en San Jerónimo.

[665] AGA, caja 3 49.2 10478. Estreno de la película *Don Quijote*.

[666] *ABC*, 2-03-1948.

[667] Ibídem.

Aprovechando la circunstancia de que se celebraba el primer centenario de la Feria de Abril, se llevó a la ciudad de la Giralda la Feria Nacional del Libro. Añadió, además, un segundo periodo de sesiones de la Asamblea Cervantina de la Lengua Española; esta, además de estar en Sevilla, se desplazó a otras poblaciones.

El 14 de abril, miércoles, se inauguraron la Feria del Libro y las sesiones de la asamblea. La Feria de Abril sevillana propiamente dicha empezaría el domingo 18.

Para el diseño de las casetas de ese año, Gómez del Collado,[668] tal vez por las críticas recibidas el año anterior, eligió una idea más moderada y convencional. Eran casetas estándar, con un remate exterior decorado con celosía, lo que les daba cierto aspecto de frescor.

Por otra parte, todo el recinto estaba «artísticamente adornado y a él dan acceso arcos de fina traza». La inauguración oficial la hizo el propio Luis Ortiz en representación del ministro Ibáñez Martín. Estaban presentes el capitán general de la región, el gobernador, el alcalde, los cónsules de Argentina y Portugal, Pemartín, por el INLE, el arzobispo, el rector y los académicos miembros de la Asamblea Cervantina. Se destacaba la presencia de Antonio Eça de Queiroz, en su calidad de subdirector del portugués SPN (Secretariado da Propaganda Nacional), el organismo portugués de propaganda, censura y cultura, similar a la Subsecretaría de Ortiz.[669]

El conjunto de la feria estaba compuesto por cuatro pabellones y cuarenta casetas. Tres de los pabellones se destinaban a oficina de información, sección de ediciones de la Dirección General de Propaganda y estafeta postal y telegráfica. El cuarto se reservaba para el Secretariado Nacional de Información, Cultura Popular y Turismo de Portugal. Además de los amigos habituales, Portugal y Argentina, la presencia internacional se vio reforzada por México. Este detalle fue muy celebrado en un artículo de tono poético aparecido en *La revista Nacional de Educación*. Se publicó sin firma, pero podría ser perfectamente de Rocamora. En él también se destacaba «las lindas casetas, fabricadas con gracia y donaire».[670]

[668] AGA, caja 03 10474. Contiene varias facturas y correspondencia con la firma de Gómez del Collado y también algunas en las que firma J. Valverde como arquitecto jefe accidental.

[669] Hijo de José Maria Eça de Queiroz, patriarca de las letras portuguesas del siglo XIX, Antonio ocupó diversos cargos de responsabilidad en los distintos gobiernos del Estado Novo de Oliveira Salazar, entre ellos el comentado de subdirector del citado SPN. Este organismo de propaganda política prestó siempre su apoyo incondicional al golpe de Estado de Franco. En plena guerra, en 1936, Antonio Eça de Queiroz había visitado la «Zona Nacional» para hacer propaganda de sus bondades en la prensa portuguesa. En 1938, invitado por Serrano Suñer, haría otra gira por las ciudades «liberadas», entre las que figuró Oviedo, con los mismos fines propagandísticos (Pena Rodríguez, 2012, p. 200).

[670] Anónimo, 1948.

La imagen se corresponde a la Feria del Libro de Madrid de 1951, pero tienen el mismo diseño y probablemente los mismos materiales que las empleadas en la de Sevilla de 1948. EFE.

La feria se alargó toda esa semana y la siguiente, coincidiendo ya con el festejo popular sevillano. Hubo detalles muy propios del lugar, como el dedicar un día especial a los libros de toros.[671]

La visita más popular fue la de Pedro Radío, embajador de Argentina. El día 3 se había hecho oficial la firma del «Protocolo Franco-Perón», en medio del clamor popular agitado por la prensa. El día 5, sendas manifestaciones en Madrid y Barcelona vitorearon a Argentina. La de Madrid se dirigió a la embajada, donde Radío tuvo que salir a saludar al balcón. El embajador llegó a Sevilla el día 17, sin un programa definido en sus primeros días de estancia. El sábado 24, asistió a la inauguración de un consultorio médico al que se denominó Eva Duarte de Perón y en el que Radío dio un discurso.

El resto de la semana se la pasó como un visitante particular que venía a divertirse. Como dijo literalmente: «vengo a engolfarme de la feria sevillana».[672] No obstante, Radío visitó la Feria del Libro, donde fue recibido por Julián Pemartín. Dedicó especial atención, lógicamente, a la caseta de Argentina y al pabellón de

[671] *ABC Andalucía,* 17-04-1947.

[672] *ABC Andalucía,* 18-04-1947.

Foto probablemente tomada durante la Feria de Sevilla de 1948. El tercero por la izquierda podría ser el embajador argentino Radío, Gómez en el centro, a su izquierda Pedro Rocamora, con bigote. Archivo Familia Gómez del Collado.

Portugal. En él tuvo que refugiarse del peor enemigo de aquella feria, la lluvia que a veces caía a chaparrones.[673] En los días siguientes, el embajador aparece mencionado por la prensa como invitado y objeto de agasajos en diversas casetas de la feria festiva.

La Feria del Libro se clausuró el domingo 25. Se achacó a la lluvia el relativo fracaso de ventas. Se recaudaron, de forma estimada, 433 386 pesetas, la cuarta parte de 1 615 839 conseguido el año anterior, poco más de un tercio de 1 135 387 de 1944, el año en que se recuperaba tras la guerra. No conocemos los datos de la feria de 1946, celebrada en Barcelona. En Sevilla, al evidente problema de la lluvia, habría que sumar las dudas sobre la idoneidad de celebrar allí la Feria del Libro. La

[673] *ABC Andalucía,* 18-04-1947. Toda la prensa y comentaristas se hicieron eco del fenómeno meteorológico adverso que sufrieron esos días y que afectó a las dos ferias. Algunos titulares de prensa fueron muy elocuentes: «Agua, granizo y descargas eléctricas», titulaba el enviado de *La Vanguardia Española* A. de los Santos en la edición del 21 de abril; el mismo cronista dos días después, aprovechando que el mal tiempo dio algo de tregua, escribió: «Las nubes huyeron avergonzadas de su locura», *LVE,* 23-04-1948. También se destacó que, a pesar de la copiosa lluvia que frecuentemente dejaba la feria vacía, «por fortuna la sólida construcción de las casetas permitió que ninguno de los libros sufriese el menor desperfecto», *ABC edición de Andalucía* 22-04-1947, lo que seguramente alegraría a su diseñador, Gómez del Collado.

falta de tradición en este tipo de actos y el público inmerso buena parte del tiempo en su propia Feria de Abril debió de suponer cierto inconveniente. En 1949, ya de vuelta a Madrid, se hizo negocio por 1 727 862. Por motivos que enseguida explicaremos, esa edición se efectuó sin la participación directa de Gómez del Collado. Sin embargo, se utilizó el diseño de casetas concebido por él para la edición sevillana del 48. En 1950 no se celebró la Feria del Libro y en 1951 siguieron usándose las mismas casetas.

Las sesiones de la Asamblea Cervantina estaban encabezadas por Luis Ortiz y José María Pemán. En principio iban a contar con la presencia del hispanista italiano Arturo Farinelli, que ejercería como vicepresidente, pero tuvo que ser sustituido por grave enfermedad.[674] Se contó con especialistas de Gran Bretaña, Holanda, Bélgica, Suiza, Francia, Irlanda, EE. UU. y de casi todos los países latinoamericanos. Los tres primeros días coincidieron en Sevilla con la Feria Nacional de Libro. Celebraron sesiones en el ayuntamiento y en la universidad de la ciudad. Al igual que la feria, fueron víctimas del mal tiempo. Estaba prevista en su honor una función de *El burlador de Sevilla*. Iba a ser representada la noche del miércoles 14 en el Corral de la Montería, donde se había representado en el siglo XVII. Tuvo que ser aplazada al día siguiente por la lluvia.[675]

Después, las jornadas se hicieron itinerantes. Se trasladaron a Córdoba, al salón de actos del Colegio de la Asunción. Después a El Toboso, donde se llevó a cabo una representación de un entremés de Cervantes y se organizó una «cena manchega». Continuarían en Madrid con excursiones a Alcalá y Valladolid. La clausura fue el viernes 23, con un discurso de Ramón Menéndez Pidal en los locales de la Real Academia Española.[676]

Estos no fueron los únicos centenarios que impulsó la Subsecretaría de Educación Popular en esas fechas. Probablemente ideado por Luis Ortiz, se promovió otro doble centenario: el VII de la conquista de Sevilla por parte de Fernando III y la creación de la Marina Castellana, que había tenido un papel fundamental en dicha conquista. Constarían de una serie de actos con la presencia del ministro Ibáñez y del subsecretario Ortiz. Además de los de Sevilla, se realizaron «actos del norte», en agosto, en la provincia de Santander,[677] donde se había construido la

[674] Fallecería en el transcurso de las jornadas el 21 de abril; el hecho sería recordado solemnemente en las jornadas *ABC*, 23-04-1948.

[675] *ABC edición de Andalucía*, 16-04-1947.

[676] *ABC*, 24-04-1948.

[677] *Altamira. Revista del Centro de Estudios Montañeses* dedicó un número extraordinario a los actos y reprodujo los discursos de Luis Ortiz, que tuvo un gran protagonismo.

flota; a continuación, en Asturias, concretamente en Avilés,[678] como homenaje al marino Rui Pérez, que se extendió a otro gran marinero de la ciudad: Pedro Menéndez de Avilés. En él, además de Ortiz, participó el ministro de Obras Públicas, el asturiano Fernández Ladreda. Como veremos más adelante, Gómez ya no pudo estar presente en esos actos celebrados en su tierra.

Sin embargo, sí que había tenido una participación muy activa en la preparación y en la publicación del libro-catálogo. Si observamos la lista de los «directores artísticos y colaboradores literarios», en primer lugar, aparece, por supuesto, el propio Luis Ortiz Muñoz y tiene un lugar destacado el arquitecto jefe de Propaganda de la Subsecretaría José Gómez del Collado. El asunto no es menor, en una época donde solo se citan a las grandes autoridades, lo que nos da una idea de la confianza que Ortiz tenía en el asturiano. No se especifica la labor de cada uno de los colaboradores, pero dadas las capacidades de Gómez para el dibujo, la organización de espacios, etc., pensamos que su participación fue muy activa. También demuestra ese cierto grado de acercamiento personal, probablemente de amistad, como nos confirmó el hijo de Ortiz,[679] entre el arquitecto y sus superiores. Prueba de esa consideración son los nombres de los personajes con los que comparte cartel: Joaquín Romero Murube, articulista y poeta de la generación del 27, era hombre intelectualmente muy apreciado en la ciudad; fue director-conservador del Real Alcázar de Sevilla desde 1934 hasta su muerte en 1969;[680] Julio Fernando Guillén Tato colaboraba como conocedor de la historia de la marinería, en su doble condición de marino condecorado y de miembro de la Academia de la Historia desde 1942. Posteriormente sería elegido miembro de la Real Academia en 1963, donde dio un discurso sobre *El lenguaje marinero*.[681] También aparece mencionado José Hernández Díaz, profesor de historia del arte de la Universidad de Sevilla, especialista en el Barroco sevillano. Dos años más tarde se convertiría en catedrático de esa universidad, en la que llegaría a ser su rector. También fue alcalde de la ciudad entre 1963 y 1966.[682] Antonio Muro Orejón, especialista en documentación americanista del archivo de Sevilla, redactor de la *Revista de Indias*, miembro de la Real Academia de la Historia y de varias instituciones de estudios hispanoamericanos,

[678] *ABC*, 31-08-1957.

[679] Conversación telefónica con José María Ortiz 17 de mayo 2018.

[680] Véase Romero Bernal, 2010.

[681] Pueden verse sus datos en la página de la Real Academia, disponibles en línea en <http://www.rae.es/academicos/julio-guillen-tato>, consultado el 2 de agosto de 2018, y en la de Historia en <http://www.rah.es/julio-fernando-guillen-tato/>, consultado el 2 de agosto de 2018.

[682] González Gómez, 1998.

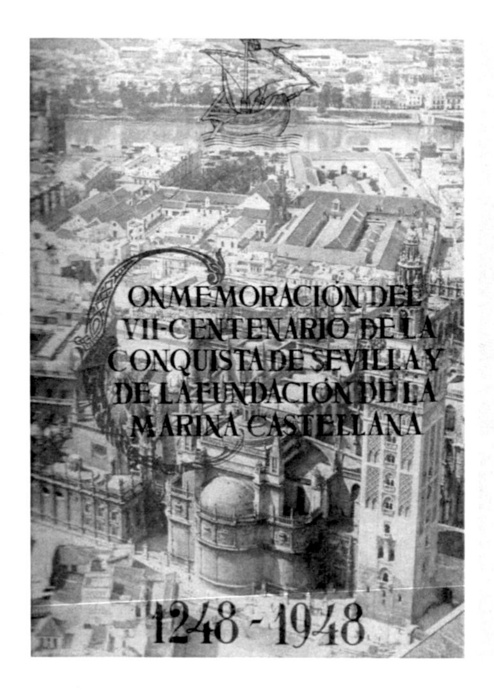

EN ESTE LIBRO-CATÁLOGO HAN PARTICIPADO, COMO

DIRECTORES ARTÍSTICOS Y
COLABORADORES LITERARIOS:

Luis Ortiz Muñoz
Joaquín Romero Murube
Julio Guillén Tato
José Hernández Díaz
Antonio Rodríguez de León
José Gómez del Collado
Antonio Muro Orejón

DIBUJANTES:

Antonio Cobos
José Caballero
José Romero Escassi
Alberto Balbontín
Juan Antonio Morales
José Luis López Vázquez
José Luis López Sánchez Avecilla
Antonio Jubera

CALÍGRAFOS PALEOGRÁFICOS:

Francisco Collantes de Terán
Cecilio Cámara Moreno

FOTÓGRAFOS:

Luis Arenas
José Serrano
Cecilio Sánchez del Pando
José y Antonio González Nandín
Augusto Valtmijana

DIRECCIÓN TÉCNICA:

Antonio Martínez de Villarreal y Espiga

también figura en la lista.[683] Por último, Antonio Rodríguez de León, periodista, crítico literario, poeta y traductor. Había sido gobernador de Córdoba por el Partido Radical durante la República. Al terminar la guerra, tras una breve detención, quedó en libertad y paso a ser en Madrid secretario particular de Luis Ortiz Muñoz. Después continuaría con su carrera como periodista, llegó a ocupar cargos de responsabilidad en *ABC*.[684] En el listado de dibujantes y fotógrafos también aparecen miembros de la Subsecretaría como José Caballero, Romero Escassi y el que luego sería gran actor popular José Luis López Vázquez.

Los últimos meses

A finales de abril preparó la construcción y el montaje de una mesa petitoria para el «día de la banderita». La mesa estaría presidida por la presidenta de la primera asamblea de la Cruz Roja, Pilar Rocha, mujer de Francisco Franco Salgado-Araujo, primo del Caudillo, en ese momento segundo jefe de la Casa Militar. También esta-

[683] Pasamar Alzuria y Peiró Martín, 2002.

[684] Puede verse en Onieva, 2013.

ba presente Rafaela Monzón de Radío, la esposa del embajador argentino. Gómez concibió el diseño de esta manera: «La mesa petitoria será revestida de telas de primera calidad, formándose un fondo a base de reposteros, tapices y mástiles con banderas. Asimismo, se tendrá prevista una toldeta por si fuera necesaria, dada la irregularidad del tiempo. Todo el recinto y fondo será marcado por plantas y macetas».[685]

El jueves 13 de mayo, se celebró en el Monumental Cinema de Madrid un acto de la Organización Sindical Española. Consistía en la entrega de credenciales a los vocales de las Juntas Nacionales, Sociales y Económicas nombrados en las últimas elecciones sindicales. Estuvo presidido por el delegado nacional de Sindicatos, Fermín Sanz Orrio. Participaron, entre otros, José Solís Ruiz, por entonces vicesecretario de Ordenación Social. El cine fue convenientemente acicalado por la Subsecretaría.[686] Se cubrió el fondo donde estaba la pantalla de proyección con un gran tapiz con el escudo nacional, diversos reposteros y fotos de José Antonio. Además, se preparó una gran mesa presidencial en el escenario para las numerosas autoridades. Estaba cubierta por paños negros con los emblemas falangistas, el yugo y las flechas; también el del sindicato vertical —martillo, palma y espiga— en el frontis.

Afortunadamente para Gómez este escenario estaba preparado varios días antes de la celebración, puesto que ese mismo día 13 o, mejor, la noche anterior, el arquitecto cangués tuvo una de las jornadas más ajetreadas de toda su experiencia como arquitecto de Propaganda. El deshielo del aislamiento internacional iba dando sus pasos y uno de los más visibles era el goteo de embajadores. El gobierno daba mucha importancia al asunto. Exhibía grandes demostraciones, incluso aunque no se tratase de países de gran relevancia para España, como fue el caso de la República Dominicana. La presentación de credenciales del embajador de ese país, Elías Branche, el 13 de mayo, fue todo un alarde. Recorrió las calles del centro de Madrid escoltado por la Guardia Mora. Desde la embajada, en el número 30 de La Castellana, entonces del Generalísimo, se dirigió hasta el Palacio de Oriente, donde le esperaba el Caudillo. Gómez utilizaría la anécdota de lo sucedido en su defensa durante el proceso, como ejemplo para justificar las dificultades que a menudo impedían cubrir todos los trámites oficiales:

> Terminada en cierta ocasión la jornada de trabajo, recibí orden telefónica del Excmo. Sr. Ministro de Asuntos Exteriores para engalanar Madrid —principalmente desde la Embajada de Santo Domingo hasta Palacio— con millares de banderas de aquel país,

[685] AGA, caja 3 49.2 10478.

[686] AGA, caja 3 49.2 10478. Credenciales sindicales.

> mástiles, pancartas etc., con motivo de la presentación, a la mañana siguiente, de credenciales del embajador. Le contesté que era imposible, ya que por ser nueva nación *relacionada,*[687] no se encontraba una sola bandera de la misma. Ordenó que era absolutamente necesario, por imposición superior. Con docenas de taxis se localizaron comerciantes, industriales y operarios en sus domicilios, por estar ya [los comercios] cerrado[s]; confeccionando, colocando, y pagando todo (compuesto de materiales intervenidos) antes de las diez de la mañana siguiente. Es decir que, cerradas las oficinas de la administración e intervención, se ordenó un acto que se terminó antes de que fueran abiertas de nuevo.[688]

Efectivamente el incidente había quedado reflejado en una ampliación del proyecto inicial.[689] En dicho proyecto, fechado el 2 de mayo, se calculaban los gastos en 22 275 pesetas. Sin embargo, como se aclara en el documento, «esa misma noche, por orden superior, por haberse variado el recorrido, hubo de ampliarse». Los gastos aumentaron en 5758,17 pesetas, además del trajín nocturno descrito por Gómez en el juicio. Cabe resaltar que el problema que el arquitecto encontraba para conseguir telas, podemos calificarlo de crónico en ese momento. Hay buena constancia de los apuros que se pasaban para conseguir las cantidades de tela necesarias para la exhibición de todas aquellas banderas y símbolos. Especialmente justos estuvieron en el viaje de Eva Perón en junio de 1947.[690] En sendos escritos de Luis Ortiz y de Rocamora al Ministerio de Industria y Comercio, se solicitan 7365 metros de tela de 0,80 metros de ancho, con los colores blanco, azul, rojo y amarillo, para obtener las combinaciones de las respectivas banderas argentina y española. Una segunda petición redondea a 10 000 metros. La respuesta de Industria fue positiva.

Aún, ese fin de semana, le tocó ornamentar el Paseo de Coches del Parque del Retiro. Se celebraba el IV Gran Premio Motorista de Madrid,[691] coincidiendo con la festividad local de San Isidro Labrador. El acontecimiento fue muy aclamado. Se trataba de la primera gran prueba internacional de esas características que se realizaba en Madrid desde el fin de la guerra. Participaron motos de diversas cilindradas y sidecares conducidos por pilotos franceses, ingleses, belgas, suizos y portugueses, además de los españoles.[692]

[687] La cursiva es nuestra.

[688] AGA, caja 7 30.12. Legajo 17092.

[689] AGA, caja 03 22-10478. Ampliación de los actos celebrados en Madrid con la presentación de cartas credenciales del Excmo. Embajador de la República Dominicana ante S. E. el jefe del Estado.

[690] AGA, caja 03 21-2264.

[691] AGA, caja 3 49.210478. Premio motorista.

[692] *ABC,* 14-06-1948.

Actos en la Plaza de la Armería en honor de la Virgen de Fátima

El último gran acto que dirigiría José Gómez del Collado en calidad de arquitecto jefe de Propaganda fue a finales de mayo. Formaba parte de un Congreso Mariano que se celebraría en Madrid. Se trataba de una especie de regalo que se le hacia a Leopoldo Eijo Garay. La ocasión era su XXV aniversario como obispo de Madrid-Alcalá, honor al que añadía el de «patriarca de las Indias Occidentales».[693]

Para los actos se hizo traer la imagen de la Virgen de Fátima. Con ella vino el cardenal patriarca de Lisboa, Manuel, Gonçalvez Cejeira, que participó muy activamente. Los más importantes y multitudinarios homenajes a la milagrosa Virgen[694] se llevaron a cabo en la Plaza de la Armería del Palacio Real. Gómez del Collado diseñó y montó una enorme plataforma.[695] Por su ubicación y dimensiones recordaba a la que se realizó para el «acto de Oración» en noviembre de 1945.

En esta ocasión se plantó un entramado de doce metros de lado y tres de altura, todo él adornado con tapices con los colores pontificales, blanco y amarillo, en los que figuraba el escudo de España y el Víctor de Franco. A la plataforma se accedía por escaleras en el eje de los cuatro lados. En el centro de la plataforma se elevaba un monumental baldaquino sobre columnas corintias y pedestal. El remate era un entablamento en cuyas esquinas sobresalían cráteras, hasta alcanzar una altura de unos diez metros. En el centro del baldaquino, sobre una peana rectangular y un lecho de flores, se colocó la imagen de la Virgen. Bajo ella estaba el altar. A la izquierda, en la misma plataforma se instaló un dosel de terciopelo rojo. Bajo él se situaban las butacas y reclinatorios para Franco, Carmen y Carmencita. La Subsecretaría se encargó también de adornar toda la plaza con numerosas banderas y gallardetes. Se instalaron tribunas para los principales invitados y la megafonía por la que se daban instrucciones a los asistentes. También se ocuparon del alquiler,

[693] Seguramente el obispo preferido de Franco. Era consejero nacional de Falange, procurador en Cortes, consejero del Movimiento y miembro de varias academias. Aunque quizás su honor más alto fue formar parte del triunvirato, junto al presidente de las Cortes, Esteban Bilbao, y el teniente general Miguel Ponte; ejerció en el Consejo de Regencia durante el único viaje de varios días del Caudillo al extranjero, precisamente a Portugal, entre los días 22 y 27 de octubre de 1949. Eijo fue quien promovió en 1939, recién terminada la guerra, que Franco acudiese bajo palio a las ceremonias religiosas. Véase el artículo de Juan G. Bedoya en *El País* de 10-12-2016, disponible en línea en <https://elpais.com/ccaa/2016/12/09/madrid/1481303786_436243.html>, consultado el 16 de agosto de 2018.

[694] En esos días la prensa publicó la consumación de numerosas curaciones milagrosas ante la presencia de la imagen de la Virgen de Fátima, especialmente las sucedidas al terminar la misa oficiada por el patriarca de Lisboa el sábado 29 a las once y cuarto de la mañana. Se recogieron los casos de siete mujeres y una niña súbitamente curadas de parálisis, ceguera y meningitis tuberculosa. Las afortunadas por dichos prodigios figuran con nombres, apellidos y detalles en *ABC* 30-05-1948. No encontramos rastros de que la Iglesia posteriormente hubiese reconocido los milagros.

[695] AGA, caja 3 49.2 10478.

Foto: Vidal. EFE.

carga, descarga y colocación de 8000 sillas. En el proceso, Gómez explicaría unos costosos cambios de última hora que hubo que hacer por motivos de seguridad.

Los actos principales fueron las dos ceremonias religiosas. Una el sábado 29, oficiada por el patriarca de Lisboa. A ella asistieron la esposa y la hija del Caudillo, además de embajadores, ministros y altos cargos. La otra, el domingo 30, que ofició el homenajeado Eijo Garay, con una oración añadida por su colega portugués. Esta contó con la asistencia personal de Franco y su familia.

Entre la expectativa de los milagros y la curiosidad, toda la estancia de la Virgen portuguesa en España estuvo rodeada de una clamorosa multitud que la seguía a todas partes. A través de la prensa se advertía en los días previos de las medidas y normas para poder presenciarlos:

> La agrupación Salus Infirmorun notifica que habiéndose rebasado el número de enfermos que podrán asistir al acto que ha de celebrarse el sábado 29 en la Plaza de la Armería no se recibirán más inscripciones. La colocación de los enfermos se efectuará por el orden ya señalado, guardando el primer lugar para los enfermos verdaderamente graves y a continuación los impedidos y los menos graves.[696]

También se prevenía de que no se podía subir las escaleras de la plataforma o cambiar los sitios asignados.[697]

[696] *ABC*, 27-05-1948.

[697] Ibídem.

CAPÍTULO 4

El proceso[698]

El viernes 26 de junio de 1948 la prensa madrileña[699] anunciaba la penúltima función de *El mundo será tuyo,* traducción de la pieza cómica inglesa *Edward My Son,* original de Robert Morley, en Londres había sido un gran éxito. La versión española, interpretada por Rafael Bardem, Elvira Noriega y el elenco del María Guerrero fue, en palabras del crítico Alfredo Marquerie, «francamente mala [...] torpe, burda».[700]

Ese mismo día Javier Planas de Tovar,[701] delegado director general de la Inspección del cumplimiento de las disposiciones sobre Tasas y Abastos, recibía unos documentos. El organismo había sido creado en 1946[702] en el marco de Presidencia de Gobierno. Su función era combatir el «mercado negro», lo que en España se denominaba popularmente *estraperlo.* El delegado solicitó a su inspector jefe, Jesús García Gutiérrez, la instrucción del oportuno expediente. Se trataba de unos escritos mecanografiados que denunciaban anomalías en el funcionamiento de la sección de arquitectura de la Subsecretaría de Educación Popular.[703]

El primero de los documentos tenía una firma manuscrita legible en la parte inferior: «L. Tarodo», sin duda, Leopoldo Tarodo Ortiz, funcionario de la Subsecretaría, sección de arquitectura. Se refería en el escrito a Gómez del Collado como

[698] Salvo que se especifique otra cosa, los testimonios, declaraciones, ordenes judiciales, etc. se referirán a AGA caja 7 30.12 17092. Dicho legajo contiene el sumario propiamente dicho: Juzgado de Instrucción de Madrid Nª 10, sumario 240 de 1948, y una pieza de «Ramo Separado» con la información del ingreso en prisión, traslado y puesta en libertad. En adelante nos referiremos al primero de ellos como *Proceso* y al segundo como *Ramo.* Ambos documentos tienen su propia numeración marcada a mano en la esquina superior derecha; en muchas páginas aparece escrito en el reverso, en cuyo caso al número de página añadiremos *rev.*

[699] *ABC,* 25-06-1948

[700] García Ruiz y Torres Nebrera, 2003, vol. II, p. 34.

[701] Francisco Javier Planas de Tovar, militar africanista, se especializó en orden público. Sería durante la Guerra Civil gobernador civil de Zaragoza y, al acabar esta, de Valencia hasta 1943. Fue nombrado director del organismo de Tasas y Abastos desde su creación.

[702] Decreto de 24 de octubre de 1946 (BOE 25 de octubre).

[703] *Proceso,* 4.

«este Sr.», sin citarlo por su nombre. Una de esas acusaciones narraba la salida del almacén que la sección tenía en la calle Burgos de un camión cargado con 500 litros de gasolina con destino al pueblo de «este Sr». El vehículo había sido detenido por la Policía de tráfico, que pidió explicaciones. El pequeño embrollo se había solucionado telefónicamente. La explicación aportada fue que la gasolina era para un acto que se celebraría en ese pueblo. Una segunda acusación se refería a trabajos realizados por personal del departamento, especialmente carpinteros y personal eventual, pagados todos con dinero público. El grupo había preparado encofrados para una casa de varios pisos que «ese Sr. va a hacer en su pueblo». Se habría utilizado madera, en principio, destinada a la Feria de Sevilla, cuya falta hubo de repararse en la capital andaluza «a base de estraperlo». La siguiente acusación afectaba a una máquina de reproducir planos adquirida con dinero del departamento. Otros objetos, propiedad de la sección, como máquinas de escribir, alfombras, ficheros y otras cosas habrían sido trasladados a su domicilio particular. Otra acusación indicaba la desaparición de tubos de hierro. Una más: el empleo de camiones del departamento para fines particulares. Y otra: operaciones como transportar sacos de abono a su pueblo, con el agravante de que los conductores habrían entregado facturas firmadas y en blanco. Finalmente, se señalaba la falta de cantidades importantes de piezas de tela que se adquirieron con motivo de la llegada el año anterior de la señora de Perón. El denunciante aludió a «los aparejadores y el jefe del Almacén de la calle Andrés Mellado, que podrán dar detalles más amplios, puesto que es notorio de la mayoría de los funcionarios del Servicio».

Como veremos en el desarrollo del proceso, él mismo lo subrayará en su alegato: el ambiente que se había creado en torno a Gómez era bastante tenso. Las acusaciones brotarán de su entorno laboral. Uno de los reproches fue haber convocado en cierta ocasión a un trabajador enfermo, este, «por temor a su soberbia, se levantó de la cama para presentarse a él».

En un segundo documento, se le acusó de haber pasado facturas de obras no realizadas. Más acusaciones le responsabilizaban de la desaparición de 1300 kilos de clavos y, nuevamente, de haberse llevado trabajadores del departamento a realizar reformas en su piso de la calle Ferraz. El lugar, según la denuncia, habría sido amueblado con elementos propiedad del departamento. Se hacía hincapié en que se revisasen las facturas relacionadas con la empresa Marsá. Finalmente, se le acusaba —y aquí refiriéndose a él como «Sr. arquitecto jefe»— de «tener a su servicio *particularísimo* un conductor pagado con sueldos del departamento».

El lunes 28 de junio, el inspector de Tasas encontró motivos suficientes para incoar el expediente número 3-637 (154-48): «Anomalías en la manera de funcionar la Sección de Arquitectura de la Subsecretaría de Educación Popular». Asimismo, cursó instrucciones reservadas al «jefe de la Brigadilla» para que agentes a sus órdenes investigasen sobre los hechos relatados.[704]

El Expediente de la Delegación Especial para la Inspección de cumplimiento de las disposiciones de Tasas y Abastos

El primero en prestar declaración[705] fue Leopoldo Tarodo, lo hizo el 30 de junio. Trataba a su jefe José Gómez del Collado con un tono áspero, además de evidentemente acusatorio: «Ha cometido muchas anomalías». Afirmaba que los funcionarios de la sección comentaban: «[Collado] realiza actos sin dar explicaciones y de forma ilegal». Se reiteró en los hechos relatados en la denuncia escrita y ahondó en los nombres de las personas que podían declarar sobre sus irregularidades: funcionarios, aparejadores, transportistas, guardias de almacenes y principales contratistas que realizaban las obras de la Subsecretaría. Prestarían testimonio, además del encausado, 24 personas, algunas más de una vez.

Ese mismo día y en los siguientes declararon sobre todo transportistas y responsables de almacén. Algunos, con tono más acusatorio que otros, refrendaron los usos del transporte, los viajes a Cangas del Narcea, el traslado de muebles y elementos decorativos al piso de la calle Ferraz, así como la utilización de empleados o asalariados pagados por la sección en obras propias.

Por esas fechas la «Brigadilla» remitió al inspector de Tasas una serie de documentos. En ellos figuraban movimientos de partidas de cemento, tejidos metálicos, alambres y clavos. Todos afectaban a obras en las que había intervenido la sección de arquitectura de la Subsecretaría de Educación. Aportados por la Delegación de la Industria del Cemento y la propia Subsecretaría, una buena parte estaban relacionados con las obras de las emisoras de Arganda. El servicio de vigilancia policial también daba parte sobre las existencias, especialmente de clavos, en los almacenes de la Subsecretaría. En dichos informes figuraban también los principales receptores del cemento, entre ellos, Agustín Marsá, Construcciones Elsan, José Gutiérrez García, Elpidio Sánchez, así como Alfredo Leoz, sobre el que llamamos especialmente la atención.[706]

El 2 de julio declaraba el funcionario Lucas Caballero Revilla manifestando que había «oído decir» a Tarodo y otros funcionarios lo del traslado de objetos al piso

[704] *Proceso*, 7.

[705] *Proceso*, 8, 8 rev y 9.

[706] Ibídem, 18-38.

de la calle Ferraz. Reclamó especial atención sobre el guardián del almacén de la calle Burgos, de nombre Gerardo Rosas. Lo calificó como individuo de la absoluta confianza de Gómez, al que servía de chófer particular. Parecía tratarse de la misma persona que en una de las denuncias originales figuraba como alguien que estaba a su «servicio particularísimo». Dijo que era el único con acceso a ciertas dependencias de la calle Burgos, el lugar donde Gómez guardaba objetos y enseres que después llevaba a su casa particular. Allí estarían, según su versión, la aludida hormigonera y una grúa. Máquinas que, «según se ha dicho en la sección», fueron enviadas a Cangas del Narcea.[707]

El siguiente en declarar esa misma tarde fue Gerardo Rosas Torras.[708] Tras presentarse como encargado del almacén de la calle Burgos, aclaró: «durante la guerra de liberación fue guardia de asalto, con la graduación de cabo en el ejército rojo». Ese antecedente le ocasionó la depuración y el cumplimiento de un año en un batallón disciplinario. Después comenzó a trabajar como eventual en la Subsecretaría a las órdenes de Collado y, posteriormente, se le haría fijo. Reconoció que, por orden de su jefe, ningún empleado ni particular podía entrar en ese almacén, aunque no recibió orden escrita. Afirmó que a comienzos del año Collado dio orden para que se llevasen una serie de objetos a su casa de Ferraz, pero que ya habían sido «devueltos, hará un mes y medio». El detalle es significativo, pues, como veremos, Gómez se sintió observado por alguno de sus empleados, incluso llegó a recibir algún mensaje anónimo, por lo que parece ser que habría devuelto algunos objetos que pudiesen implicarle. En su declaración, Gerardo Rosas añadió que la máquina de planos estaba en ese almacén desde hacía «mucho tiempo». También había «una "rubia"[709] de su propiedad o de su hermano». También guardaba un turismo de su propiedad, un Citroën, así como varios neumáticos para ambos vehículos. Admitió, asimismo, que en el almacén estuvieron trabajando cinco carpinteros «haciendo encofrados con 357 tablones que se llevaron a Cangas para unas obras que estaba haciendo el señor del Collado». Y añadió: «para compensar ha enviado tablones a la calle Burgos, donde están ahora». También reconoció haber actuado como conductor en su coche particular.

El mismo día, por la tarde, declaraba otro vigilante de almacén,[710] en este caso del que la Subsecretaría tenía en la calle Andrés Mellado, número 90. Según su tes-

[707] Ibídem, 17.

[708] Ibídem 36 y 36 *rev.*

[709] Era el nombre que se les daba a los modelos de furgoneta ranchera. En este caso probablemente se trata del Eucort Rural fabricado en Barcelona en 1946. En muchos anuncios aparece como «rubia». Véase Arcos González, 2014, p. 59 y ss.

[710] *Proceso,* 37.

timonio: «Allí se habrían llevado mes o mes y medio antes unos mil kilos de clavos y en los últimos tiempos se exigían vales de control, algo que no sucedía antes».

A continuación, declararon los constructores que se relacionaron con la Subsecretaría en diversas obras, especialmente las de las emisoras de Arganda. José Gutiérrez García y Agustín Marsá admitieron que era habitual recibir cantidades de cemento, para compensar, en obras que se iniciaban con cemento adelantado por los constructores. Más especial resultaba el caso del constructor Alfredo Leoz Ortín, que admitió dichas prácticas de compensación de cemento. Lo más llamativo es que su actuación no fue en una obra de la Subsecretaría, sino en el Instituto de Enseñanza Ramiro de Maeztu.

El papel jugado por los constructores tomaría un sesgo fatal a partir de las declaraciones de los funcionarios Luis Guitián, jefe de negociado, y José Rodríguez, auxiliar administrativo.[711] Ambos acusaron directamente a Gómez del Collado de haberse llevado enseres a su piso de Ferraz, de haber dispuesto de trabajadores del departamento para su casa de Cangas y de irregularidades en la Feria de Sevilla. Pero sobre todo hicieron hincapié en una serie de certificaciones que se habrían abonado a los contratistas Marsá, Gutiérrez y Guarner. Todas ellas, tras ser cobradas, eran entregadas a Marsá, que a su vez le entregaba el dinero a Collado. Esas cantidades se habrían justificado, entre otras cosas, por la «construcción de Dos centurias Romanas [sic] que habían de desfilar en Sevilla el abril último». También llamaban la atención sobre otro de los constructores, Alfredo Leoz, que recibió una importante cantidad de cemento «sin que sea contratista de la Subsecretaría». La entrega habría sido justificada por Gómez como «cumplimiento de órdenes superiores». Pero la guinda la pondría uno de los empresarios, Ismael Guarner, habitual en trabajos de carpintería.[712] Señaló anomalías al liquidar cuentas de trabajo, especialmente desde principios del año 1948. Afirmó que desde entonces se empezó a tomar la costumbre de combinar conceptos, donde figuraban trabajos no realizados, tal fue el caso de algunas correspondientes a la feria de Sevilla. Destacó que, desde finales de 1947, Collado le dijo que tenía que firmar facturas «fingidas» por obras no realizadas. El motivo aducido era el de agotar los créditos anuales que tenía la sección. Una vez cobradas las facturas por valor total de unas ciento cincuenta mil pesetas tuvo que devolverlas. Y lo más chocante es que cuando se disponía a devolverlas, Collado le dijo que no las entregase en la Subsecretaría, sino que le diese el dinero a Marsá y que después los contratistas se repartirían el dinero proporcionalmente. Guarner se negó rotundamente. Además, declaró sus sospe-

[711] Ibídem, 44 y 45.

[712] Ibídem, 48 y 49.

chas, basadas en comentarios hechos por funcionarios de la sección, de que Collado siempre favoreció especialmente a Marsá pagándole mejor. Finalmente, el propio Guarner puso en evidencia al arquitecto entregando el dinero en la Subsecretaría.[713]

El círculo empezó a estrecharse con declaraciones como la de otro administrativo de la sección: Iloro del Campo.[714] Además de corroborar casi todas las acusaciones, sentenció: «Es notoria la sospecha de que el contratista señor Marsá, debido a la amistad íntima que le une con el señor Collado, se presta a hacer combinaciones fingiendo trabajos no realizados». Ese aspecto estallaría con la declaración del jefe de negociado Antonio Torrecilla.[715] En una dura acusación no solo reiteró todas las irregularidades, sino que añadió una nota de elevado dramatismo con Marsá como protagonista. Declara: «el viernes pasado, día nueve, con ocasión de revuelo que se ha formado por la instrucción de este expediente, llegó a las oficinas de la sección el señor Marsá». Parece ser que el contratista intentó ver a Collado para que le devolviera los recibos por él firmados, «con aquella pretensión pasó a ver al señor Collado, pero este se negó a dárselos». Al día siguiente Marsá volvió y le contó a él y al otro administrativo, Guitián, que «comprendía que había hecho mal», pero que lo había hecho por tener una deuda de gratitud con el señor Collado, «pues durante el dominio rojo, en Valencia, le había salvado la vida». Añadió que el dinero recibido por las facturas fingidas se lo había entregado al propio Collado. Para finalizar su declaración, Torrecilla añadió que Gómez, tras recibir la vista de Marsá, «salió de su despacho pálido» y comentó ante ellos que «él era el único responsable de todo aquel asunto y que no podía entregar los justificantes. Se marchó de la oficina y no ha vuelto a aparecer por allí». Como veremos, en sus declaraciones Gómez siempre exoneró a los contratistas de cualquier culpabilidad.

Este conmovedor relato hizo reaccionar al inspector de Tasas, que volvió a llamar a declarar a Guitián y a José Rodríguez. Ambos corroboraron tajantemente la angustiada presencia de Marsá en las oficinas. Guitián[716] declaró: «por la tarde del día siguiente volvió más nervioso» para confesar que se prestó a las falsedades, ya que estaba «obligado con el señor Collado, quien le salvó la vida durante la época roja, cuando lo iban a fusilar en Valencia».

El 14 de julio de 1948, hubo muchas verbenas en París, aunque el acontecimiento más trascendental de la jornada tuvo lugar en la Plaza de Montecitorio en Roma, frente a la cámara de diputados italiana. A las 11:30 de la mañana, un joven exaltado

[713] Los correspondientes recibos, firmados por José Rodríguez con fechas de enero y marzo figuran en *Proceso,* 49, 50 y 51.

[714] Ibídem, 55.

[715] Ibídem, 56-57.

[716] Ibídem, 58.

estudiante de Derecho llamado Antonio Pallante, disparó tres balas al líder del Partido Comunista, Palmiro Togliatti. Puso al país al borde de la guerra civil, evitada fundamentalmente por el propio Togliatti, que logró sobrevivir al atentado y llamó a la calma desde la cama del hospital.

Pocas horas antes, concretamente a las nueve y media de la mañana, José Gómez del Collado declaraba ante el inspector de Tasas.[717] Empezó por especificar su empleo: «hasta hace diez días, arquitecto jefe de la Sección de Arquitectura de la Subsecretaría de Educación Popular»; dejó «de desempeñar ese cometido al enterarse de que la Delegación Especial del Gobierno le instruía un expediente». A continuación, el inspector de Tasas le preguntó por los diferentes hechos de los que se le responsabilizaban, sobre los enseres propiedad de la Subsecretaría trasladados a su domicilio de la calle Ferraz y las obras realizadas en el mismo. Respondió que eran para «la formación de una oficina técnica»; «hace unos dos meses dejó de hacerlo [retirar materiales del almacén] al recibir un anónimo». Sobre la preparación de los tubos y los encofrados que después se enviaron a Cangas, admitió los hechos, pero alegó que se hicieron con maderas de desecho que él compensó sobradamente, que utilizó tubos reaprovechados de la Feria del Libro para probarlos en «los actos del norte».[718] Sobre los encofrados sí que reconoció que eran para sus construcciones particulares, pero insistió en que la madera quedó compensada con una que pagó de su bolsillo procedente de Valsaín. La diferencia, explicó, habría sido lo suficientemente grande como para compensar también los sueldos de los trabajadores. Sobre la grúa y la hormigonera respondió que eran para su uso particular y que él las abonó, aunque la factura se extendió a nombre del departamento. Sobre los repartos del cemento, insistió en que era habitual que los contratistas adelantasen cemento que después había que compensar.

Sobre el caso aparte de Alfredo Laoz, que recibió cemento sin haber realizado nunca obras para la Subsecretaría, Gómez aclaró que las obras realizadas por Laoz se habían hecho en el Instituto Ramiro de Maeztu, pero que el subsecretario Ortiz había dado permiso para esa entrega. Recordemos que Luis Ortiz fue catedrático de Griego y director del instituto durante muchos años. Seguramente en ese momento, se hizo en el instituto alguna obra que se habría quedado corta de presupuesto, y al constructor se le compensó con el cemento de la Subsecretaría. Todo parece indicar que era costumbre de la casa recolocar elementos sin las correspondientes autorizaciones oficiales. La explicación de Gómez fue que esas obras «se hicieron por orden y cuenta de otra sección del Ministerio de Educación Nacional». Pese a

[717] Ibídem, 62-66.

[718] Se trataba de los actos conmemorativas del Centenario de la Armada de Castilla, ya citados, que se celebraron en diversas localidades del Cantábrico en agosto y septiembre.

la enorme presión que Gómez tenía que estar sufriendo, mostró cierto sentido del humor al escoger determinadas anécdotas para dar explicaciones. Al ser requerido para explicar por qué se alteraban los conceptos de las facturas, explicó que a veces aparecían conceptos inesperados difíciles de encajar en lo presupuestado, pero ineludibles, a fin de cuentas. Recordó cierta visita de unos diputados ingleses a España. Cuando se les dijo que preguntasen a Londres si deseaban algo como recuerdo, tuvieron que «obsequiarles con unos trajes de torero que había pedido míster Churchill».

El posible tono jocoso, si lo hubo, despareció por completo cuando se le preguntó por las facturas falsas de los constructores que, finalmente, irían a Marsá y después a él. Reconoció la acusación, aunque insistió en su idea de que era una estrategia para agotar los presupuestos. Afirmó su intención de pagar con ese dinero algunos atrasos pendientes de la sección, aunque también admitió haber destinado una parte «para sus necesidades o negocios particulares que estaba haciendo y que la pensaba devolver». Al ser preguntado sobre qué bienes adquirió con ese dinero, declaró la compra de un camión a una sociedad valenciana de exportaciones de naranjas valorado en 320 000 pesetas. Al camión le añadió una caja metálica basculante que costó 26 000 pesetas. Además, terminó de pagar un turismo que le costó algo más de 80 000 y compró en Cangas solares e inmuebles. También «se interesó» en negocios de minería y de maderas. Declaró poseer una «camioneta rubia» y que, si bien es cierto que compró neumáticos para el coche con dinero de la sección, arguyó que ese coche solía utilizarlo para hacer viajes de trabajo en los que gastaba mucho más que lo que valieron dichos neumáticos. Afirmó tener en ese momento unas 260 000 pesetas, que, insistió, pensaba destinar a pagar gastos de la Subsecretaría. Declaró que el piso que compró en la calle Ferraz, número 63, le costó 160 000 pesetas, la mayor parte de las cuales eran suyas, «aunque recuerda que una parte, sin que pueda decir la cantidad, era de la Subsecretaría de Educación Popular».

La declaración debió de ocupar la mayor parte del día. Los dos últimos testigos declararon a partir de las siete de la tarde. El primero de ellos fue Marsá.[719] Volvió a ser preguntado por los lotes de cemento y admitió no explicarse por qué aparecían cantidades consignadas a obras en las que no encajaban. Respecto a las facturas falsas admitió haberlas realizado, haber cobrado las suyas y las de los otros constructores y haberle entregado todo el dinero a Collado. Dijo no recordar la cantidad exacta, pero sí aproximada, unas 250 000 pesetas.

[719] *Proceso*, 64.

El 15 de julio, el inspector general de Tasas, Jesús García Gutiérrez emitía su informe[720] sobre las diligencias efectuadas. Afirmaba: «se deducen vehementes indicios de que don José Gómez del Collado se lucraba ilícitamente con efectos y aún con dinero público». Antes de exponer los hechos que consideraba probados, se refirió al carácter de la información recibida. Subrayó «la actitud de la mayoría de los empleados de la sección», con la que se mostró bastante crítico porque oscilaban entre «una fingida ignorancia y obediencia ciega a su jefe» y «continuos comentarios y críticas al mismo dentro y fuera de la oficina». Gómez no era muy apreciado entre buena parte del personal a su cargo.

En cuanto a los hechos probados enumeró hasta siete: compra del piso de Ferraz pagado en parte con dinero público, así como su amueblamiento —«algunos de cuyos efectos devolvió recientemente al darse cuenta, sin duda, de los rumores y comentarios que sobre ello hacían algunos miembros de la sección»— y obras realizadas; encofrados y tubos realizados para ser enviados a Cangas del Narcea,[721] junto con otros elementos, como gasolina, reflectores, clavos, tela y otros efectos que además se transportaron en camiones oficiales de la sección; compra de hormigonera y grúa para su uso particular con factura a nombre de la Subsecretaría; alteración de conceptos en las facturas de los contratistas; cantidades de cemento concedidas para obras no realizadas; facturas falsas de obras no realizadas por los contratistas cuyo dinero le acababan entregando; adquisición de vehículos, así como fincas, madera e inversiones en minería en su pueblo Cangas del Narcea.

La conclusión era que los hechos relatados pudieran ser constitutivos de un «delito de malversación previsto en los artículos 394 y siguientes del Código Penal»,[722] por lo que aconsejaba remitir el informe al juez de instrucción.

Hay dos cosas sobre las que conviene llamar la atención. La primera es que, en esa escalada de pena relacionada con la cantidad sustraída, Gómez era candidato a la más severa. La segunda es que cualquiera de ellas implicaba la inhabilitación absoluta.

[720] Ibídem, 75-77.

[721] En algunos lugares del proceso aparece, en lugar Cangas del Narcea, Cangas *de* Narcea.

[722] El código penal vigente era el de 1944, y su artículo 394:

El funcionario público que sustrajere o consintiere que otro sustraiga los caudales o efectos públicos que tenga a su cargo por razón de sus funciones, será castigado:

1. Con la pena de arresto mayor si la sustracción no excediere de 1000 pesetas.
2. Con la de presidio menor si excediere de 1000 pesetas y no pasare de 50 000.
3. Con la de presidio mayor si excediere de pesetas 50 000 y no pasare de 250 000.
4. Con la de reclusión menor si excediere de pesetas 250 000.

El Tribunal impondrá la pena que estime procedente de las señaladas en los números anteriores, si, a su juicio, hubo sustracción, sin estar comprobada la cuantía de la misma. En todos los casos, se impondrá además la pena de inhabilitación absoluta.

Juzgado de Instrucción número 10 de Madrid. Sumario 240 de 1948

El delegado especial del Gobierno remitió el expediente a los juzgados el lunes 2 de agosto. Al día siguiente, don Antonio Ruiz-López y Báez de Aguilar, del juzgado n.º 10 de Madrid, iniciaba la instrucción convocando al inculpado. Al mismo tiempo, solicitaba al comisario de la banca oficial que en todos los bancos de Madrid y Cangas del Narcea se retuviese cualquier cantidad de dinero a su nombre, así como «alhajas, efectos públicos o valores» del mismo. También requería del subsecretario de Educación Popular certificación de los fondos malversados.[723]

Ese mismo día Gómez del Collado prestó declaración ante el juez.[724] Comenzó por ratificarse en su declaración del 14 de julio ante la Inspección de Tasas y Abastos. Aclaró que, paralelamente a ese expediente, se tramitó otro por parte del Ministerio de Educación —al que pertenece la Subsecretaría de Educación Popular—; él ya había entregado 260 000 pesetas en metálico. También los vehículos de su propiedad: el camión, la furgoneta «rubia», el turismo y una motocicleta. Precisó que esta última era propiedad de la Subsecretaría. Por lo demás repitió sus argumentos, insistió en que todo lo que no era suyo pensaba devolverlo y en «que ni don Agustín Marsá ni ninguno de los restantes contratistas han obtenido lucro alguno por su participación en las facturas figuradas».

El día 4 el juez dictó su diligencia,[725] en la que decretaba su prisión provisional comunicada sin fianza.[726] También requería una fianza de 500 000 pesetas «para asegurar responsabilidades pecuniarias».

Como parte del procedimiento se solicitaron certificados de nacimiento, antecedentes penales, informes de conducta y embargo de bienes. Se cursó, asimismo, oficio a la Subsecretaría para que informase del cargo y tiempo que desempeñó en la misma, así como la suspensión en dicho cargo.

El 5 de agosto, jueves, fue convocado al juzgado para la notificación de su procesamiento.[727] En el documento se le describe así: «estatura regular, pelo negro, ojos pardos, nariz regular, color del rostro bueno, viste decentemente». «[...] Es arquitecto, sabe leer y escribir y no ha sido procesado anteriormente». «[...] preguntado si pertenece a FET de las JONS dijo que no». En principio ratificaba sus anteriores declaraciones, pero cuando el juez le pregunta si todos los bienes por él adquiridos «lo fueron íntegramente con dinero procedente del que manejaba por razón de su

[723] *Proceso,* 79.

[724] Ibídem, 80.

[725] Ibídem, 82.

[726] En la misma fecha se notifica al director de la Cárcel de Hombres, *Ramo,* 1.

[727] *Proceso,* 84.

cargo», Gómez responde que, como ya había declarado, «empleó una parte de su particular peculio y fondos de la Subsecretaría que pensaba devolver». También recalcó una vez más: «ninguno de ellos [los contratistas] se ha lucrado de cantidad alguna, prestándose a dichas operaciones por el simple hecho de facilitar la labor».

En los días siguientes y hasta el 11 de noviembre, volvieron a declarar en el juzgado todos los que ya lo habían hecho ante el inspector de Tasas y Abastos. La mayoría ratificaron sus anteriores declaraciones o añadieron detalles de poca relevancia. En el sumario figuran las declaraciones de una larga lista de bancos, afirmando no tener ningún bien de Gómez del Collado, salvo una pequeña cantidad en la Caja Postal de Ahorros de Madrid. Las cantidades de cierta importancia estaban en el Banco Hispanoamericano, 13 441,90 pesetas; el Banco Herrero de Oviedo, 5577,89 pesetas; y la Banca Viuda de José Álvarez Menéndez de Cangas del Narcea, 18 818,30. Todas ellas figuran con las consecuentes diligencias de embargo. También aparecen las respuestas a los documentos requeridos por el juez. El Ministerio de Justicia, Registro Central de Penados y Rebeldes, envía un informe negativo de antecedentes penales. El Juzgado de Cangas del Narcea, un certificado del nacimiento de «José Ovidio Florencio Gómez del Collado» y un informe también negativo de antecedentes penales. La Delegación Nacional de Información e Investigación de Falange Española Tradicionalista y de las JONS aporta un informe de tres páginas[728] fechado en Madrid a 20 de agosto de 1948: «El Movimiento le sorprendió en Madrid, donde permaneció hasta noviembre del 36, cuando marchó a Valencia», «durante la dominación marxista estuvo prestando servicios en el Ejército Rojo, en la Subsecretaría de Armamento», aunque sigue sin aclararse bien su graduación: «se cree que ostentó la graduación de comandante o capitán de Ingenieros». En el informe se alude a otro anterior del mismo organismo, en Valencia, del que ya hemos hablado. En él se da cuenta de su actuación como quintacolumnista. Se le reprocha haber estado en Valencia posteriormente y haber dejado un trabajo a medio hacer en la Feria de Muestras. El informe es aplastante en la valoración: «el concepto general que se tiene del informado es que pertenece a esa clase de personas poco escrupulosas, de mala moralidad y de antecedentes religiosos nulos». También se aportan informaciones confusas, como la de haber desempeñado el cargo de «secretario técnico de la Obra Sindical del Hogar de la Delegación Nacional de Sindicatos» —pensamos que se trata de un error—. Respecto a actuaciones más recientes, aseguraban que «en combinación con un constructor de Barcelona llamado Marsall Prat [sic], cobraron cuentas de obras y materiales que ya habían sido abonados por la Subsecretaría». La evaluación en evidentemente exagerada:

[728] Ibídem 120-122.

«calculándose el importe de las mismas en dos millones de pesetas aproximadamente». También aseguraban haber hallado «una elevada cantidad de gasolina sin que pudiera justificar su procedencia» y la desaparición de «grandes cantidades de cemento». Por si hubiese alguna duda, en su labor como arquitecto jefe «su comportamiento con los compañeros de trabajo ha sido siempre muy déspota, tratándolos sin consideración y amenazándolos en muchas ocasiones con dar ceses».

En estos documentos aseguran que pertenece a FET de las JONS: «con carné expedido en Valencia con el número 1545».

La prisión y la espera

Como se ha dicho, el juez dictó prisión provisional sin fianza el 4 de agosto.[729] Con fecha del día siguiente, hay un comunicado del subsecretario de Educación Luis Ortiz,[730] en el que afirma: «es conveniente tener a su disposición al inculpado José Gómez del Collado para poder practicar la liquidación». Parece evidente la intención de Ortiz de convencer a Gómez para que devuelva todo lo que pueda. Pensamos que a Ortiz le impulsaba un sentimiento de sincera amistad, fruto de los años que compartieron como camaradas. Pero no es improbable que al mismo tiempo buscara una salida *suave* que evitará más inspecciones sobre el organismo que presidía, soslayar más pesquisas en las que pudieran salir a la luz otras irregularidades que salpicasen al departamento. En el mismo escrito comunica al juez la apertura del correspondiente expediente por parte de la propia Subsecretaría: lavar en casa los trapos sucios.

El juez accedió mediante una providencia del mismo 5 de agosto. En ella se acuerda que el procesado quede a disposición del ilustrísimo jefe superior de Policía, pero este cedería la custodia al subsecretario Luis Ortiz, mientras se procedía a «practicar la liquidación del dinero». Finalmente se recuerda que una vez terminada la operación «lo ingrese en la Prisión Provincial para Hombres».

A las once menos cuarto de la mañana del lunes 30 de agosto, en el marco de las celebraciones de la semana grande de las fiestas locales, salía de la iglesia de San Nicolás de Avilés, Asturias, la Cruz de la Victoria. Símbolo por excelencia de Asturias, fue conducida hasta el muelle cercano por marineros de los buques de guerra Neptuno y Hernán Cortés, que habían atracado la noche anterior. Dichos buques dispararon en su presencia 21 salvas, reconociendo a la reliquia sus honores de ca-

[729] *Ramo*, 2.

[730] *Proceso*, 86.

pitán general. Al mismo tiempo, atracaba el minador Marte en el puerto avilesino. A bordo llegaba el ministro de Obras Públicas, el ovetense Fernández Ladreda. Con él viajaban el subsecretario de Educación Popular, Luis Ortiz, y miembros del clero regular de Sevilla. Se estaba representando el último acto del centenario de la conquista de Sevilla y la creación de la Marina de Castilla.

La comitiva portaba tres elementos de alto simbolismo para la jornada: el ministro, la espada de San Fernando, el capellán real de Sevilla, el dedo del rey santo, y el subsecretario Ortiz, las llaves de la ciudad de Sevilla. Descendieron al muelle, donde les esperaban múltiples autoridades regionales y locales, y emprendieron procesión camino a la iglesia de San Nicolás. Allí se culminó el acto con un solemne tedeum. Tras él se rezó un responso ante la tumba de Pedro Menéndez de Avilés, adelantado de la Florida, y otro por el alma de Ruy Pérez y los otros marineros avilesinos que participaron en la conquista de Sevilla.[731]

Después las autoridades fueron recibidas en el ayuntamiento por el alcalde Suárez Puerta, que los agasajó con un banquete en el Club Náutico de Salinas. A los postres, el ministro y Ortiz dieron sendos discursos. Toda la ceremonia y su ornamentación había sido diseñada por José Gómez del Collado, que seguramente habría disfrutado enormemente del triunfo en su tierra natal. Sin embargo, estaría ausente.

Las gestiones para la devolución del dinero y los bienes bajo la supervisión de Ortiz se alargaron hasta finales de mes. El lunes 30 de agosto, el jefe superior de Policía comunicó al juez[732] que desde la Subsecretaría de Educación Popular se anunciaba el final de los reembolsos. Ese mismo día, Gómez del Collado ingresaba en la cárcel de Carabanchel.[733]

La presión a la que estaba siendo sometido reactivó sus crónicos problemas intestinales. A los dos días se solicitó su traslado al Hospital Penitenciario Eduardo Aunós de la Prisión Escuela de Yeserías.[734] Allí permanecería Gómez del Collado a la espera los meses de septiembre y octubre. A finales de noviembre, concretamente el 27, empezaron a producirse novedades. Ortiz, siempre dispuesto a echarle una mano, remitió al juez un escrito con esa fecha.[735] En él se informaba de que aún no se había podido determinar la cifra exacta a la que «pueda montar la malversación»,

[731] *LVE,* 31-08-1948.

[732] *Ramo,* 6.

[733] Ibídem, 8.

[734] Ibídem, 12. La que después sería cárcel de mujeres había sido construida como asilo de mendigos entre 1928 y 1934. Después de la guerra empezó a usarse como prisión masculina, fundamentalmente de presos políticos. En 1943 se instaló en ella un hospital penitenciario con el nombre del ministro Aunós. En 1974 pasó a ser cárcel de mujeres hasta su cierre como prisión en 1991.

[735] *Proceso,* 166.

que en ese momento estaba en manos del Tribunal de Cuentas, pero que, en su opinión, «la cifra malversada podría compensarse, en principio, con el valor de los bienes muebles e inmuebles embargados».

Con la misma fecha, Gómez elevaba un escrito[736] al juez en el que exponía que estaban a punto de «ultimarse las liquidaciones y comprobaciones» por parte de la Subsecretaría. Además, alegaba su estado de salud, «lo que ha motivado mi traslado a la Prisión Escuela de Yeserías». El cambio habría mejorado las dolencias, pero «requieren asistencias y cuidados médico-familiares, principalmente alimenticios». Y aseguraba: «[por parte de la] Subsecretaría de Educación Popular no habría inconveniente en que se acordase mi libertad provisional».

El juez del número 10 de Madrid, que entonces era Tomás Marco Garmendia, aceptó los argumentos de la Subsecretaría, accediendo a fijar una fianza de 50 000 pesetas para su libertad provisional.[737]

Al día siguiente comparecía[738] su hermano Mario Gómez del Collado, como abogado, soltero y domiciliado en Madrid, aunque no en el domicilio de José, sino en una calle de la Colonia del Viso. Hacía entrega de las 50 000 pesetas y el juez decretó su puesta en libertad. Se le comunicó al preso ese mismo día, así como la obligación de presentarse periódicamente en los juzgados. El miércoles 2 de diciembre de 1948, José Gómez del Collado salía de la cárcel, donde había permanecido 95 días.[739]

Una vez en libertad mostró su intención de volver a Cangas con su familia. Elevó un escrito con fecha del 12 de diciembre,[740] en el que solicitaba autorización para trasladarse a Cangas del Narcea, «especialmente por razones de necesidad profesional». El juez autorizó dicho cambio de residencia tres días más tarde, al tiempo que comunicaba al juzgado de Cangas que el procesado debería comparecer cada quince días. La primera de dichas comparecencias se produjo el 3 de enero. En febrero se presenta ante el juez de Madrid porque se ha desplazado para «hacer unas gestiones particulares». En marzo estaba en Cangas y vuelve a Madrid en abril, donde ya esperará acontecimientos hasta mediados de julio.

El 12 de julio de 1949, el Tribunal de Cuentas emitía su informe sobre la evaluación de la malversación y lo enviaba al juez. Es importante considerar quién había sido el delegado instructor del Tribunal de Cuentas. El hecho de que la persona elegida hubiese sido Wenceslao González Oliveros podría hacer pensar que no solo en

[736] *Ramo*, 14.

[737] Ibídem, 15.

[738] Ibídem, 16.

[739] Ibídem, 20.

[740] *Ramo*, 18.

la Subsecretaría se trataba de tener la situación bajo control, sino que seguramente el propio ministro habría estado preocupado.

Wenceslao González Oliveros era catedrático de universidad y autor de diversas publicaciones de carácter jurídico. Políticamente activo ya en la dictadura de Primo, miembro de Unión Monárquica Nacional, se integró en la Falange al comenzar la guerra. Formaría parte de la denominada Comisión de los 21 hombres justos, encargada de demostrar la ilegitimidad del régimen republicano. Al acabar la guerra fue nombrado gobernador civil de Barcelona. Después presidiría el Tribunal Nacional de Responsabilidades Políticas, cargo que simultaneó con la vicepresidencia del Tribunal de Represión de la Masonería y el Comunismo. Hay que destacar, para el caso que nos ocupa, su estrecha relación con el ministro José Ibáñez Martín,[741] quien en enero de ese mismo año lo había nombrado presidente del Consejo Nacional de Educación.[742] Es decir, era un delegado instructor de absoluta confianza.

No es de extrañar que ya en la comunicación que acompaña su informe comience por advertir: «no resulta descubierto de fondos o efectos del Estado».[743] Por el informe que adjunta,[744] pudiera deducirse que la cúpula de la Subsecretaría y su propio informe habían colaborado para llegar a tales conclusiones.

En primer lugar, hay que destacar un elemento que hasta ahora no se había manejado nunca, pero que a partir de aquí aparece reiteradamente. Es el concepto de «caja especial o fondo de maniobra». Parte de los presupuestos sobrantes habrían ido a parar a esa caja. Una caja no declarada oficialmente, pero «con la que se atendían necesidades del servicio». La liquidación de la «caja especial» comenzó el 18 de julio de 1948. Tras las oportunas diligencias y comprobaciones, se aseguraba: «la suma de las cantidades sobrantes de los presupuestos no ingresados en Hacienda es igual al total numerario de la caja especial». También se declaraba que habían sido devueltos los materiales y efectos de oficina. En resumidas cuentas, «en todo lo actuado, no aparece falta alguna en los fondos, ni se desprende daño para el servicio».

Esas estimaciones llevan a no considerarlo merecedor de la acusación de malversación de fondos por el código penal, sino a la de ser infractor del artículo 4, párrafo 2 de la Ley de la Administración y Contabilidad de la Hacienda Pública:[745] «Se prohíbe la existencia de cajas especiales».

Por otra parte, al considerar que por tales hechos el inculpado ya había sido sancionado, «en resolución ministerial de 25 de octubre de 1948, con la separación

[741] Ceprián Nieto, 1989.

[742] *ABC*, 24 de enero de 1948.

[743] *Proceso*, 172.

[744] Ibídem 173.

[745] Ley de 1 de julio de 1913, renovada en 1932 y 1935.

y baja definitiva del servicio», el Tribunal de Cuentas acuerda el «sobreseimiento del expediente, sin haber lugar a pronunciamiento sobre intereses».

Un documento del juez fechado el 16 de julio, cuatro días más tarde, declara terminado el sumario.[746]

El alegato

Todo parece estar bajo control. Sin embargo, en diciembre de 1949 ocurre algo inesperado: la fiscalía solicita la revocación del fin del sumario y la apertura de nuevas diligencias.[747]

¿Por qué o por quién? Es difícil responder a la pregunta, aunque la argumentación es clara: «Que se amplíe la indagatoria para que se concrete la cantidad». Además, se entiende que hay una profunda contradicción entre el informe del Tribunal de Cuentas firmado por Wenceslao González Oliveros, según el cual «no aparece falta alguna en fondos y efectos del Estado», y lo que había manifestado el propio encausado en su declaración ante el juez del 3 de agosto, en la que a su vez se ratificaba en lo declarado ante el Tribunal de Tasas el 14 de julio. En ellas se reconocía haber usado fondos de la Subsecretaría para la compra del camión, parte del coche, terrenos e inmuebles en Cangas, parte del piso de Ferraz, negocios de minería y madera en la zona de Cangas, etc. La resolución del Tribunal de Cuentas era opaca, pero ¿quién pudo haber tenido la iniciativa de reabrir el caso? ¿Un fiscal quisquilloso? ¿Alguna desavenencia política? Lo ignoramos.

Sea como fuere, el juez del número 10 de Madrid ordenó ampliar las indagaciones, y el 6 de febrero de 1950 Gómez comparece[748] ante él. Su declaración no pudo ser más contundente: «rectifica las declaraciones prestadas». Pasaba al contrataque: «jamás dispuso de fondos en el sentido de sustracción». Se apoyaba en las conclusiones del Tribunal de Cuentas, insistiendo en que todo iba a parar a la «caja especial» y que todo fue reingresado.

Naturalmente cabe preguntarse los motivos por los que en sus dos declaraciones anteriores había dicho otra cosa. Su respuesta fue que ambas obedecían a «la necesidad de ganar tiempo» para «conseguir que se confesasen los autores de una campaña calumniosa montada contra el declarante». Además, intentaba así que «no se destruyesen los documentos y pruebas necesarias para su defensa». Añadió que

[746] *Proceso,* 175.

[747] Ibídem, 176.

[748] Ibídem, 178.

ocultó al Tribunal de Tasas la existencia de la caja especial por «no juzgar prudente exponer el delicado mecanismo de la caja, a la vista de la citada campaña calumniosa», así prefirió esperar a que se aclarase todo ante el Tribunal de Cuentas. Terminó su declaración prometiendo al juzgado en breve plazo una «prueba documental».

El sumario contiene un largo escrito[749] y una serie de copias adjuntas que Gómez del Collado aporta: «Exposición de los hechos» y «Prueba documental», con fecha de 10 de febrero. Se presentaba domiciliado en Madrid, en la misma dirección del Viso donde vivía su hermano Mario y se amparaba desde el principio en la resolución del Tribunal de Cuentas. Su argumento insistía en la existencia de la caja especial y de que todo el dinero irregular iba destinado a ella. Además, consideraba la existencia de la caja de absoluta necesidad, dadas las circunstancias en las que se realizaban los trabajos. Las facturas tenían que aludir a conceptos que amparasen las numerosas improvisaciones que desbordaban los presupuestos iniciales. Fondos sobrantes de unos actos se habrían empleado para corregir alteraciones que se producían en otros. Respecto a los muebles y obras que afectaban a su domicilio particular de la calle Ferraz, adujo que la oficina de «Actos Públicos en la calle Fernando el Santo, 19, estaba notificada de desahucio desde principios de 1947». Por ello habría decidido instalar una oficina provisional en su domicilio. Por otra parte, «meses antes de la denuncia ya había sido desmontada y trasladado el material a los almacenes de la Subsecretaría». Respecto al traslado de materiales a su domicilio de Cangas del Narcea, la explicación se correspondía con la celebración de una serie de actos del Centenario de la Marina Española, en diversos lugares del norte de España, que tendrían «como centro geográfico Asturias».[750] Eso hizo aconsejable llevar allí paneles, tubos, clavos, reflectores, etc., para disponer de una plataforma desmontable. El motivo de no haber declarado antes todo esto habría sido que, poco antes de iniciarse el proceso, resultó ser víctima de una «violenta campaña calumniosa». Dicha campaña se llevó a cabo mediante impresos clandestinos, pasquines, emisiones de radios hostiles, amenazas de muerte, etc. También mostró su malestar por haber sido interrogado por agentes de la Inspección de Tasas y Abastos, no sobre asuntos de tasas y abastos, sino sobre la caja especial,[751] con «todos sus enemigos por testigos». Una acusación basada en la «denuncia de un ordenanza sancionado por mí». Las mismas razones le habrían llevado a repetir dicha declaración ante el juzgado.

En el bloque de lo que denominaba «Prueba documental», figura, en primer

[749] Ibídem, 179-231.

[750] Efectivamente dichos actos se celebraron a finales de agosto y comienzos de 1948 en Santander y Avilés, entre otros lugares, como ya se comentó anteriormente.

[751] Nunca se utilizó en esos interrogatorios la expresión o el concepto de «caja especial».

lugar, una serie de copias de páginas del expediente realizado por el Tribunal de Cuentas.[752] Gómez extrajo las declaraciones que le daban la razón o, al menos, las que proporcionaba serias dudas sobre su posible falta. La actuación de Wenceslao González Oliveros parece estar siempre en sintonía con el resultado final. Se admite en todo momento la existencia de la caja especial, aunque evidentemente se alude a ella como ilegal. Un aspecto que se subraya desde el principio es que «no medió orden ni autorización superior alguna». Es decir, ninguno de los jefes de Gómez, ni el inmediato Rocamora ni el subsecretario Ortiz ni mucho menos el ministro Ibáñez tendrían el más mínimo conocimiento de la caja. Contradictoriamente, a continuación afirma sobre la caja que «su funcionamiento obedeció a imperiosas necesidades del servicio». Se aportaba la numeración de una serie de justificantes que hacían que las cuentas cuadraran perfectamente. El resultado hacía coincidir exactamente lo irregular con lo devuelto: 902 825,37 pesetas.

También se aportaban sendos escritos de Ortiz y Rocamora dirigidos al Tribunal de Cuentas. Ortiz afirmaba que le constaban «las dificultades administrativas que la urgencia que los Actos Públicos planteaban al servicio»; más aun:

> Si bien pueden considerarse logrados por el uso antirreglamentario de los fondos del servicio, lo cual motivó su destitución, conoce la eficacia y el éxito alcanzados por el entonces jefe de la sección en las difíciles e importantes misiones que se le encomendaban y por las que fue repetidamente felicitado.

Rocamora habla de urgencias técnicas y administrativas que «tuvo que vencer el citado jefe de sección para conseguir la plena eficacia», aunque aclara: «esta Dirección General ignoraba los procedimientos antirreglamentarios».

También llama la atención la forma de interrogar de Wenceslao González Oliveros y la identidad de algunos de los testigos. Por ejemplo, tres de los más implacables acusadores ante Tasas y en el juzgado, los contables del departamento Torrecilla, José Rodríguez y Guitián, son despachados en breves interrogatorios donde solo se les pregunta por los justificantes de las facturas. Todos admiten que no pueden saber cuáles puedan ser irregulares. Por otra parte, aparece el testimonio de personas citadas «a instancias del expedientado». Es el caso de un «jefe de Personal Obrero de la Sección de Arquitectura» que corrobora las urgencias del servicio y la necesidad de hacer pagos anticipados. El mismo argumento es secundado por aparejadores de la sección, el arquitecto Valverde Viñas y algunos de los contratistas empleados. Otros operarios respaldan la versión de la adaptación del piso de Ferraz

[752] Expediente administrativo-judicial de reintegro que bajo el num. 56/1948 se sigue por el delegado del Tribunal de Cuentas, Excmo. Sr. D. Wenceslao González Oliveros contra D. José Gómez del Collado.

como oficina técnica. Es el caso de dos delineantes de la sección que afirmaron haber trabajado en varios proyectos en el piso de Ferraz. Por último, un «jefe de Personal de la Sección» contó que Gómez del Collado se quejaba con frecuencia del trabajo del personal, al que acusaba de no actuar con rapidez y diligencia en el cumplimiento de sus órdenes; también afirmó que escuchó muchas protestas por parte de los trabajadores contra Collado.

Además presentó como prueba documental un recibo firmado por Guitián de la entrega que Gómez hacía de 40 000 pesetas como anticipo de pago de madera comprada a Patrimonio Nacional, una orden firmada por Ortiz para trasladar personal a Asturias en misión oficial, y otros documentos similares.

Quizás lo más llamativo de ese grupo de documentos fueron los relativos a la «campaña calumniosa», empezando por el panfleto que ya comentamos con detalle al hablar de los actos de Eva Perón en España, ¿Es masón Franco? El Régimen y la masonería. Recordemos que en él se acusaba a Gómez del Collado de ser masón, protegido de Franco y de haber estudiado en la Institución Libre de Enseñanza. Gómez afirma haber cursado sus estudios con los dominicos de León y los jesuitas de Deusto. Además se declara «fundador y asiduo asistente de la Adoración Nocturna, en la cuenca minera de Asturias, antes de nuestra guerra». Con respecto a su relación con Franco afirma: «solamente hablé con el jefe del Estado exponiéndole cuestiones técnicas en diversas ocasiones». Acompañaba estas afirmaciones con una serie de documentos que lo arropaban. Un escrito del presidente de la Junta Diocesana de Acción Católica de Madrid agradeciendo su labor por ornamentar la iglesia catedral en un acto de celebración del Día del Papa; un escrito de la Federación de Antiguos Alumnos Jesuitas por la ayuda prestada en la celebración de una Asamblea Nacional y Peregrinación al Cerro de los Ángeles; un escrito del alcalde de Lucena, Córdoba, agradeciéndole el envío de ayuda material para adornar un acto de Coronación de Nuestra Señora Patrona la Virgen de Araceli, así como por haber propiciado la presencia de NO-DO en el acto; y una notificación de la Cofradía de Jesús el Nazareno de Sevilla, en la que se aseguraba que Gómez acompañó a las imágenes el Domingo de Ramos de 1948.

Especialmente curioso fue un testimonio que le proporcionó el Gabinete de Escucha de la Dirección General de Radiodifusión, referido a una mención sobre él en Radio España Independiente, en *La Pirenaica*. En una emisión de febrero de 1948, al referirse a los elementos falangistas más destacados se citó a «Collado, natural de Asturias. Ingeniero. Amigo personal de Franco. Falangista recalcitrante».

También resultan chocantes dos notas anónimas que Gómez presenta como escritas con máquina Hispano Olivetti de la sección de arquitectura. Una de ellas dice: «Este es el último aviso. O abandonas tus actividades franquistas o caerás, aunque

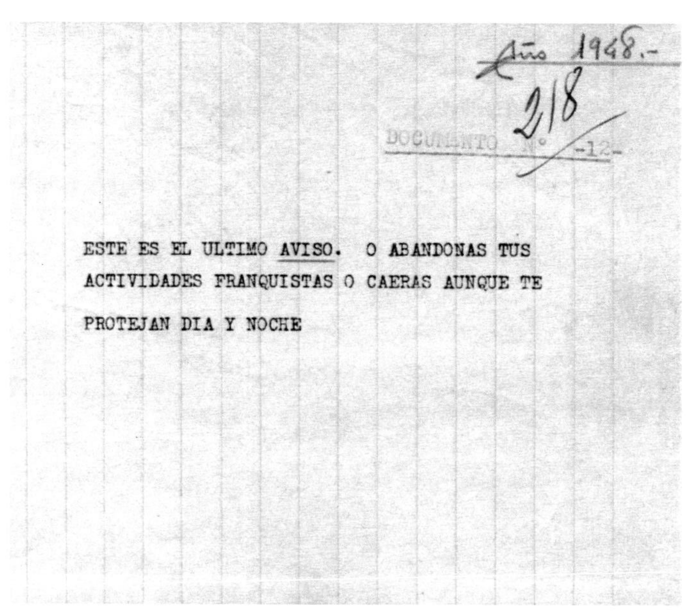
Año 1948.-

218

DOCUMENTO Nº -12-

ESTE ES EL ULTIMO AVISO. O ABANDONAS TUS ACTIVIDADES FRANQUISTAS O CAERAS AUNQUE TE PROTEJAN DIA Y NOCHE

Proceso, 218.

te protejan día y noche». La otra: «No te escondas ni te hagas escoltar. ¡Abandona tus actividades franquistas o caerás! Este es el último aviso».

Su alegato se complementaba con una ampliación de su anterior exposición de los hechos, en la que vuelve a justificar la absoluta necesidad de la caja especial, ya que sin ella no habría sido posible acometer las acciones en los plazos impuestos. La norma administrativa, añadía, era incompatible con «el ambiente de triunfo, de arrolladora urgencia, del "sea como sea"». Recordaba algunas anécdotas para apoyar sus argumentos. Por ejemplo, los actos de la Virgen de Fátima en la Plaza de la Armería en junio de 1948, un complicado montaje que horas antes del acto tuvo que cambiar por orden del jefe de la Casa Civil «empleando para ello cuantos medios extraordinarios fuesen necesarios». Otras anécdotas similares ya han sido comentadas con anterioridad, como la urgente ornamentación del centro de Madrid para los actos de presentación del embajador de Santo Domingo, el súbito cambio de trayecto en la vistita veraniega del Caudillo en Asturias, o el comentado sablazo que Juan, el hermano de Eva Perón, y por tanto cuñado del presidente de Argentina, le solmenó en Barcelona.

Recordó con orgullo haber logrado siempre en sus obras precios muy competitivos, de los que podría haberse aprovechado. También de haber realizado públicamente, ante los empleados, los justificantes irregulares que conformaban la caja especial, aún a sabiendas de que el clima le era bastante hostil. Sobre este aspecto hacía especial incidencia, asumiendo su papel de jefe responsable. «La energía empleada por mí con todos los empleados, que ellos tomaron por tiranía, acarreó muchas antipatías, ni uno solo de ellos pudo considerarse afecto a mí». Y añadió: «mi destitución sería considerada una liberación por todo el personal sometido por mí a un régimen de trabajo excepcionalmente duro». Como hemos observado en repetidas ocasiones, era, efectivamente, riguroso con el control del personal: «ordené abrir expedientes disciplinarios contra varios», «suprimí la jornada intensiva», «exigí el cumplimiento los días normales y a veces durante los festivos en determinados actos». Y como esencia de esta antipatía del personal se refiere especialmente, con todo tipo de detalles, a un conserje al que no cita por su nombre, pero que pudiera ser el denunciante Torodo. «Admití en mi sección a un ordenanza sancionado que se le trasladó a la sección para corregirlo, solamente porque mi negativa suponía su cese teniendo dos hijos». Sin embargo, su generosidad no se vio correspondida, ya que después tuvo que amonestarlo públicamente con cierta frecuencia por actos como «haberse marchado sin permiso a Zaragoza con una motocicleta que se le ordenó llevar al almacén». También por su mala conducta en ciertos actos en Santander. Al haberle negado repetidamente ascensos, «ese ordenanza pudo libremente conocer los pormenores de la administración antirreglamentaria y firmar la denuncia».

La respuesta del juez fue un auto fechado el 11 de febrero.[753] Se basa en la prueba documental aportada por José Gómez del Collado y, «en especial, [en] lo que resulta del oficio y certificación del Tribunal de Cuentas». Según este, se deja sin efecto las consecuencias legales de la causa, es decir, se reitera en el sobreseimiento. El mismo juez ordena la cancelación de la fianza de 50 000 pesetas, que le es devuelta el 10 de marzo de 1950.[754] Fin del proceso.

[753] *Proceso*, 233.

[754] *Ramo*, 26 y 26 rev.

Brevísimo epílogo

Si este fuese un trabajo estrictamente académico, requeriría a partir de aquí una serie de conclusiones que cerrasen lo estudiado. A pesar de cierto parecido estructural o metodológico, no lo es, por ello me siento liberado de esa tarea. Es decir, no voy a juzgar los acontecimientos anteriormente narrados. Creo preferible que cada lector saque sus propias consecuencias y, en el caso de que quiera sentenciar, que él mismo elija si lo hará con criterios actuales o teniendo en cuenta la época de los acontecimientos.

El «qué habría pasado si...» ha llegado a dar muy buena literatura, tanta que incluso historiadores concienzudos se han atrevido a jugar con la técnica.[755]

Evidentemente, cabe preguntarse qué habría sido de Gómez del Collado si nunca se hubiesen hecho esas denuncias.

El 18 de julio de 1951, Franco nombraba su sexto gobierno. El Ministerio de Educación le fue encargado a Joaquín Ruiz Jiménez, pero las tareas de la Subsecretaría de Educación Popular fueron incluidas en uno nuevo, el Ministerio de Información y Turismo. A la cabeza de este, como se ha comentado, un viejo conocido: Arias Salgado. Esta transformación podría darnos la clave de una historia virtual con Gómez ligado a él.

Por una parte, lo referente a la censura y control de prensa, radio, etc. habría continuado por los mismos derroteros, adaptándose a los tiempos, sin embargo, el factor del turismo dentro del ministerio aportó grandes cambios. Sabemos que hubo mudanzas en el empeño de los arquitectos de la plantilla. Un año después de la creación del ministerio se convocó un concurso-oposición para crear una plantilla de arquitectos y aparejadores propia.

[755] Un caso reciente y cercano es el de *Historia virtual de España (1870-2004)*, en el que historiadores como Tussell, Santos Juliá, Martín Aceña y otros se preguntan por las posibles consecuencias de la alteración de determinados hitos de nuestra historia contemporánea.

En febrero de 1953[756] salió la resolución por la que se incorporaba, además de otros tres, el que había sido compañero de Gómez: Jesús Valverde Viñas. Este arquitecto, que llegaría a ser jefe del servicio de arquitectura del ministerio, desarrolló una larga carrera, intervino en numerosas rehabilitaciones y construcciones de hoteles y, sobre todo, en la Red Nacional de Paradores, entre otros, el de Bayona, Santiago de Compostela, Villalba, La Palma, Zamora, Cambados, Jaén y Verín.[757]

Es factible pensar que Gómez se pasase del cartón piedra a la arquitectura sólida, casi sin cambiar de ministerio, salvo por la denominación. Imaginación no le hubiese faltado y su capacidad estaba largamente probada si pensamos, por ejemplo, en las obras de las emisoras de Arganda.

La realidad es que regresó a Cangas, se casó en septiembre de 1950 y se dedicó a diversos negocios.[758] El 10 de octubre de 1953 visaba su primer proyecto en el Colegio Oficial de Arquitectos de Asturias. A partir de ahí, desarrollaría su carrera como arquitecto con un estilo muy personal y una serie de obras y proyectos cuyo estudio excede las intenciones de este trabajo.

[756] BOE, 20-03-1953.

[757] Rodríguez Pérez, 2013.

[758] Puerto Álvarez, 2017.

Bibliografía consultada

1936-1947, C. D. (s.f.), Delegación Nacional de la Sección Femenina de FET *de las* JONS, disponible en línea en <http://www.maalla.es/Libros/Circulares%20SF%20de%20FET%20y%20JONS%20 1936- 1947.pdf>, consulta: 19 de febrero de 2018.

Abós, A. (30 de noviembre de 1997): «Juan Duarte, un antihéroe argentino», *La nación.*

Acha, P. (2004): «El Apostolado de la Oración», en J. Sarayana, J. A. Gil Tamayo, R. Bustillo, E. Flandes y S. Casas: *El caminar histórico de la santidad cristiana. De los inicios de la época contemporánea hasta el Concilio Vaticano II,* pp. 279-284, Pamplona: Universidad de Navarra, Servicio de Publicaciones.

Alaniz, R. (24 de abril de 2014): «Juan Duarte, el hermano de Evita», *El Litoral.*

Alares López, G. (2017): *Políticas del pasado en la España franquista (1939-1964). Historia, nacionalismo y dictadura,* Madrid: Marcial Pons.

Alía Miranda, F. (2015): «Negrín ante un enemigo invisible. La quinta columna y su lucha contra la república durante la guerra civil española 1937-1939», *Historia y Poítica,* 183-210.

Alonso Pereira, J. R. (1996): *Historia General de la Arquitectura en Asturias,* Oviedo: Colegio Oficial de Arquitectos de Asturias.

Alvarez Rey, L. (2006). *Bajo el fuero militar: la dictadura de Primo de Rivera en sus documentos (1923-1930).* Sevilla: Universidad de Sevilla.

Anchel, C. (2013): «Fuentes para la historia de la Academia y Residencia DYA», *Studia et Documenta: rivista dell'instituto Storico San Josemaria Escrivá,* 45-101.

Andrés Eguiburu, M. (2016): *La arquitectura de la Victoria: la labor de la Dirección General de Regiones Devastadas en Asturias,* Gijón: Trea.

Anónimo (1940): *Exposición de la recosntrucción de España. Catálogo exposición,* Madrid: Dirección General de Regiones Devastadas, Ministerio de la Gobernación.

— (1945): «El teatro móvil Lope de Rueda actúa en el grupo escolar Joaquín García Morato», *Revista Nacional de Educación,* 49, 83-86.

— (1948): «En la Feria Nacional del Libro», *Revista Nacional de Educación,* 80, 78-80.

Aramburu-Zabala Higuera, M. A. (1993): *Juan de Herrera y su influencia,* Santander: Universidad de Cantabria.

Arcos González, J. (2014): *Automóviles Eucort, la empresa que pudo motorizar España,* Roquetas de Mar: Círculo Rojo.

Barruso, P. (2013): «La Falange en la formación de una nueva clase política a nivel local. Un estudio comparado: Guipúzcoa y La Rioja 1936-1948», en R. C. Miguel: *Falange. Las culturas políticas del fascismo en la España de Franco 1936-1975,* pp. 58-78, Zaragoza: Instiución Fernando el Católico.

Bermejo Sánchez, B. (1991): «La Vicesecretaría de Educación Popular (1941- 1945): un Ministerio de la Propaganda en manos de Falange», *Espacio, Tiempo y Forma,* 73-96, UNED.

Bogaerts, J. (1997): «Gómez del Collado y las vanguardias», *La Maniega*, 96, 14-15.

Bonet Correa, A. (1996): «La arquitectura efímera en el primer franquismo», *Bulletin d'Histoire Contemporaine de l'Espagne*, 151-158.

Box Varela, Z. (2005): «Pasión, muerte y glorificación de José Antonio Primo de Rivera», *Historia del presente*, 6, 191-218.

— (2008): *La fundación de un régimen. La construcción simbólica del franquismo*, tesis doctoral, Madrid: Universidad Complutense, Facultad de Ciencias Políticas y Sociología, Departamento de Historia del Pensamiento y de los Movimientos Sociales y Políticos, disponible en línea en <http://eprints.ucm.es/8572/1/T30783.pdf>, consulta: 14 de diciembre de 2017.

— (2010): *España, año cero. La construcción simbólica del franquismo*, Madrid: Alianza Editorial.

Bustos Juez, C. (2015): *Pedro Muguruza Otaño (1893-1952): Aproximación a su obra arquitectónica*, tesis doctoral, Universidad Politécnica de Madrid, Escuela Técnica Superior de Arquitectura, disponible en línea en <http://oa.upm.es/38530/>, consulta: 4 de febrero de 2018.

Calle Velasco, D. D. (2003): «El Primero de Mayo y su transformación en San José Artesano», *Ayer*, 51, 87-113.

Calleja, I. (12 de agosto de 2015): *León Dregrelle, el nazi que Hitler quiso como hijo y que huyó a Madrid tras la guerra*, disponible en línea en <http://www.abc.es/madrid/20150812/abci-curiosidad-degrelle-hitler-madrid- 201508111744.html>, consulta: 29 de mayo de 2018

Camarasa, J. (1988): *La enviada. El viaje de Eva Perón a Europa*, Buenos Aires: Olaneta.

Cano Medina, L. (2007): *La devoción al Sagrado Corazón y a Cristo Rey en España y su recepción por los Metropolitanos Españoles (1923-1931)*, tesis doctoral, Universidad Pontificia de la Santa Cruz de Roma, Facultad de Teología, disponible en línea en <https://www.isje.org/cano/LuisCanoMedina-SagradoCorazonyCristoRey.pdf>, consulta: 3 de febrero de 2018.

Carr, R. (1979): *España 1908-1975* (7.ª ed.). Barcelona: Ariel.

Casanova Ruiz, J. (1989): «Guerra y revolución en Aragón (1936-1938)», en *Historia de Aragón*, pp. 297-304, Zaragoza: Institución Fernando el Católico.

Castro Luna, M. (2005): *Gustavo Bacarisas (1872-1971)*, Sevilla: Servicio de Publicaciones de la Diputación de Sevilla.

Cendán Pazos, F. (1987): *Historia de la Feria del Libro de Madrid*, Madrid.

Ceprián Nieto, B. (1989): «Apunte sobre la configuración institucional del Consejo de Educación en su primera etapa 1940-1952», *Historia de la Educación*, 8, 99- 117.

Cervantes de Salazar, F. (s. f.): *Túmulo Imperial de la gran ciudad de México*, Universidad Complutense de Madrid, Catálogo Cisne, disponible en línea en <http://cisne.sim.ucm.es/search~S1spi/?searchtype=h&searcharg=BH+FLL+29563&searchscope=1&SORT=D&extended=0&SUBMIT=Buscar&searchlimits=&searchorigarg=hBH+FLL+33839>, consulta: 15 de mayo de 2018.

Cervera Gil, J. (2006): *Madrid en guerra. La ciudad clandestina 1936-1939*, Madrid: Alianza Editorial.

Chautard, S. (2001): *Les élements-clés de la guerre froide*, París: Studyrama.

Checa Godoy, A. (2002): *Historia de la prensa pedagógica en España*. Sevilla: Universidad de Sevilla, Servicio de publicaciones.

Chías Navarro, P. (1983): *La ciudad Universitaria de Madrid: Planteamiento y realización*, tesis doctoral, Universidad Politécnica de Madrid, disponible en línea en <http://oa.upm.es/10629/1/Chias_V1_opt.pdf>, consulta: 10 de enero de 2018.

Chueca Goitia, F. (1971): *Invariantes Castizos de la Arquitectura Española*, Madrid: Seminarios y ediciones, S.A.

Chueca Rodríguez, R. (2010): «Las juventudes falngistas», *Studia Historica. Historia Contemporenea,* 87-104, disponible en línea en <http://revistas.usal.es/index.php/0213-2087/article/view/65762>, consulta: 7 de septiembre de 2017.

Comas, J. (27 de noviembre de 1988): «La conexión argentina de los Onasis», *El País,* p. 7.

Cuesta Hernández, L. J. (2000): «Sobre el estilo arquitectónico de Claudio de Arciniega», *Anales del Instituto de Investigaciones Estéticas,* 76, 61-88, México.

D'Arino Aringoli, G. E. (2016): *Evita en Europa. Un viaje iniciático. La construcción de un mito,* Barcelona: megustaescribir.

De la Cierva, R. (1975): *Historia del Franquismo* (vol. I), Barcelona: Planeta.

Del Corral, J. (2002): *La Gran Vía: Historia de una calle,* Madrid: Sílex.

Delgado Franados, P. (2005): *La universidad de los pobres. Historia de la Universidad Laboral sevillana y su legado a la ciudad,* Sevilla: Universidad de Sevilla.

Denniston, R. (2004): *Unwin, Sir Stanley (1884-1968), publisher,* Oxford: Oxford University Press.

Di Febo, G. (2012): *Ritos de guerra y victoria en la España franquista,* Valencia: Universitat de València.

Díaz González, M. D. (2019): «La Exposición Comercial del Noroeste de España (1946): Un proyecto gubernamental de propaganda y de mormalización de la vida cotidiana», *Revista Caribeña de Ciencias Sociales,* disponible en línea en <https://www.eumed.net/rev/caribe/2019/04/exposicion-comercial-espanol.html>, consulta: 23 de agosto de 2019.

Díaz Hernández, O. (2005): *Rafael Calvo Serer y el grupo Arbor,* Valencia: Publicacions de la Universidad de Valencia.

Díaz Puertas, E. (2014): «Evita en España: máscaras de una primera dama», *Comunicatión & Society/Comunicación y Sociedad,* 107-126.

Diéguez Patao, S. (1992): «La Ciudad Universitaria de Madrid y el ideal panhispánico», *Espacio, Tiempo y Forma,* 467-490.

Discorso di sua Santitá Pío PP. XII in occasiine della solennitá di San Giuseppe Artigiano, Piazza San Pietro Domenica, 1. m. (s. f.), *La Santa Sede,* Pío XII, discursos 1955, disponible en línea en <https://w2.vatican.va/content/pius- xii/it/speeches/1955/documents/hf_p-xii_spe_19550501_san-giuseppe.html>, consulta: 30 de diciembre de 2017.

Domínguez Arribas, J. (2009): *El enemigo judeo-masónico en la propaganda franquista (1936-1945),* Madrid: Marcial Pons.

Ellwood, S. M. (2000): «Falange y franquismo», en J. Fontana: *España bajo el franquismo,* pp. 39-59, Barcelona: Crítica.

Espinosa Romero, J. (2016): «La Delegación del Estado para la Recuperación de Documentos en Madrid», en D. Oviedo Silva y A. Pérez-Olivares García: *Madrid una ciudad en guerra 1936-1948,* pp. 133-158, Madrid: Los libros de la Catarata.

Fernández Terán, R. E. y F. A González Redondo (2007): «La Junta para Ampliación de Estudios e Investigaciones Científicas en el Centenario de su creación», *Revista Complutense de Educación,* 9-34.

Ferrer Benimeli, J. A. (1977): «Franco contra la masonería», *Historia 16,* 37-51.

Fuente Lafuente, I. (14 de diciembre de 1982): *León Degrelle, la última de las reliquias del nacismo escribe sus memorias en Madrid,* disponible en línea en <https://elpais.com/diario/1982/12/14/espana/408668404_850215.html>, consulta: 27 de mayo de 2018.

Gallo, P. (2015): *Japón España: la vía dual,* Madrid: Verbum.

Gambini, H. (1999): *Historia del Peronismo* (vol. I), Buenos Aires: Planeta Argentina.

García Ruiz, J. L. (2007): «La industria de la automoción en Madrid: hubo oportunidades perdidas. Comunicación», en P. Pascual y P. Fernández: *Del metal al motor. Innovación y atraso en la historia de la industria metal-mecánica española,* pp. 189-222, Bilbao: Fundación bbva.

Congreso de la Asociación Española de Historia Económica, disponible en línea en <http://www.usc.es/estaticos/congresos/histec05/b3_garcia_ruiz.pdf>.

García Ruiz, V. y G. Torres Nebrera (2003): *Historia y antología del teatro español de posguerra. Volumen I (1940-1945),* Madrid: Fundamentos.

Giménez Martínez, M. A. (2016): «El sindicalismo vertical en la España franquista: principios doctrinales, estructura y desarrollo», *Revista Mexicana de Historia del Derecho,* 223-257.

Gomez-Ferrer Morant, G. (2012): «El viaje de Eva perón a España», *La Aljaba. Segunda Época: revista de estudios de la mujer,* 15-35.

González Gullón, J. L. (2016): DYA*: La Academia y la Residencia en la historia del Opus Dei,* Madrid: RIALP.

González Gómez, J. M. (1998): «Perfil universitario del doctor José Hernández Díaz», *Laboratorio de Arte: Revista del Departamento de Historia del arte. Universidad de Sevilla,* 13-26.

González-Varas, I. (2015): «La plasmación de la memoria: Muguruza y el monumento conmemorativo», *Academia. Boletín de la Real Academia de Bellas Artes de San Fernando,* 103-120.

González Canales, P. (s. f.): *Negro sobre Blanco,* Fundación Nacional Francisco Franco, disponible en línea en <http://www.fnff.es/Patricio_Gonzalez_de_Canales_LopezTerrer_Ejemplo_de_honrade z_y_fidelidad_2065_c.htm>, consulta: 5 de enero de 2018.

Guijarro, J. F. (2006): *Persecución Religiosa y Guerra Civil: La Iglesia en Madrid,* Madrid: La Esfera de los libros.

Gómez Cuesta, C. (2007): «La construcción de la memoria franquista 1939-1959», *Studia histórica. Historia contemporánea,* 87-123.

Gómez del Collado, J. (1940): «La exposición», *Reconstrucción,* 13-30.

— (1941): *Tres pueblos en Castilla,* folleto, Ministerio de la Gobernación, Dirección General de Regiones Devastadas.

Gómez García, M. (2006): *Un hombre de teatro Modesto Higueras. El Maestro y la Asamblea,* Madrid.

Hedilla Larrey, M. (1972): *Testimonio,* Barcelona: Ediciones Acervo.

Hughes, E. J. (1947): *Report from Spain,* Nueva York: Henry Holt and Company.

Ibáñez Pareja, E. (2008): *Falangismo y propaganda cultural en el Nuevo Estado: La revista Escorial 1940-1950,* tesis doctoral, Universidad de Granada, Departamento de Literatura Española, disponible en línea en <https://hera.ugr.es/tesisugr/19226603.pdf>, consulta: 4 de enero de 2018.

Ibáñez Martín, J. (1950): *X años al servicio de la cultura española, 1939-1949,* Madrid: Magisterio Español.

Lagomarsino de Guardo, L. (1996): *Y ahora hablo yo…,* Buenos Aires: Sudamericana.

Liu, L. (2016): «The Forming of a Legend: Stanley Unwin's Publishing Success», *The Journal of Publishing Culture.*

Lleonart Amsélem, A. J. (1996): *España y* onu*, Vol. 5 1951,* Madrid: Consejo Superior de Investigaciones Científicas.

Llorente Hernández, A. (2002): *Arte e ideología en la España de Postguerra 1939-1951,* tesis doctoral, Universidad Complutense, Facultad de Geografía y Letras, Departamento de Historia del Arte III, Madrid, disponible en línea en <http://eprints.ucm.es/2332/>, consulta: 16 de diciembre de 2017.

Luna, F. (2011): *El cuarenta y cinco,* Buenos Aires: Sudamericana.

López-Terrer., P. G. (s. f.): *Fundación Nacional Francisco Franco,* disponible en línea en <http://www.fnff.es/Patricio_Gonzalez_de_Canales_LopezTerrer_Ejemplo_de_honrade z_y_fidelidad_2065_c.htm>, consulta: 5 de enero de 2018.

Más Torrecillas, V. (2008): *Arquitectura social y Estado entre 1939 y 1957. La Dirección General de Regiones Devastadas (tesis doctoral),* uned, disponible en línea en <http://e-spacio.uned.es/fez/eserv.php?pid=tesisuned:GeoHis-Vjmas&dsID=Documento.pdf>, consulta: 27 de noviembre de 2017.

Madrigal Neira, M. (2001): *La memoria no es nostalgia: José Caballero,* tesis doctoral, Universidad Complutense de Madrid, Facultad de Geografía e Historia, Departamento de Arte Contemporáneo, Madrid, disponible en línea en <http://biblioteca.ucm.es/tesis/ghi/ucm-t28041.pdf>, consulta: 17 de diciembre de 2017.

Maestrosanjuán Catalán, F. J. (1997): «Ni un hogar sin lumbre ni un español sin hogar. José Luis de Arrese y el simbolismo ideológico», *Príncipe de Viana,* 210, 171-190.

Maluquer de Motes, J. (2005): «Consumo y precios», en Carrera y Tafunell (coords.): *Estadísticas históricas de España. Siglos* xix-xx, pp. 1247-1296, Bilbao: Fundación bbva.

Maluquer de Motes, J. y M. Llonch (2005): «Trabajo y relaciones laborales», en Carreras y Tafunell (coords.): *Estadísticas históricas de España.Siglos* xix-xx, pp. 1155-1245, Bilbao: Fundación bbva.

Martín Aceña, P. y F. Comín (1991): ini. *50 años de insdustrialización en España,* Madrid: Esasa-Calpe.

Martínez del Fresno, B. (2017): «Cantos y bailes para María Eva Duarte de Perón. El viaje a España de 1947 y la puesta en escena de la hispanidad», *Resonancias,* 87-119.

Martínez Lillo, A. (1993): *Las relaciones hispano-francesas en el marco del aislamiento internacional del régimen franquista (1945-1950),* tesis doctoral, Universidad Autónoma de Madrid. Facultad de Filosofía y Letras, Departamento de Historia Contemporánea, disponible en línea en <https://repositorio.uam.es/handle/10486/2312>, consulta: 10 de abril de 2018

Martínez Rus, A. y R. Sánchez García (2001): «Orígenes y evolución de la Cámara Oficial del Libro de Madrid», *Anales del Instituto de Estudios Madrileños,* 315- 346.

Molinero Ruiz, C. (2005): *La captación de las masas. Política social y propaganda en el régimen franquista,* Madrid: Cátedra.

Morán, G. (1998): *El maestro en el erial: Ortega y Gasset en la cultura del franquismo,* Barcelona: Tusquets.

Morales Aguilar, I. (2006): «La nueva Ciudad Universitaria», *El franquismo año a año. 1943,* 3, 112-119.

Moreno Juliá, X. (2004): *La División Azul. Sangre española en Rusia, 1941-1945,* Barcelona: Crítica.

Moreno Moreno, I. (2015): «Aportaciones de la construcción militar de la arquitectura residencial del periodo de desarrollo», en S. Huerta y P. Fuentes: *Actas del Noveno Congreso nacional y Primer Congreso Internacional Hispanoamericano de Historia de la Construcción,* pp. 1133-1140, Madrid: Sociedad Española de Historia de la Construcción.

Moreno, M. (2009): *Campeonato de España-Finales de 1903 a 2008.* (R. F. Fútbol, Ed.) Madrid.

Muñoz Carabantes, M. (2002): *Puesta en escena y recepción del teatro clásico clásico y medieval en España (1939-1989),* tesis doctoral, Universidad Complutense de Madrid, Facultad de Filología, disponible en línea en <http://eprints.ucm.es/3299/>, consulta: 12 de marzo de 2018.

Onieva, F. (2013): *Antonio Rodríguez de León. En tierra de nadie,* Córdoba: Diputación de Córdoba.

Paniagua Fuentes, J. y B. Lajo Cosido (2002): *Sombras en la retaguardia: Testimonios sobre la 5.ª columna en Valencia,* Valencia: Centro Francisco Tomás Valiente.

Pardo Canalís, E. y J. Hernández Díaz (1984): «Necrología del Excelentísimo Señor Don José Luis Arrese», *Boletín de la Real Academia de San Fernando,* 7-15.

Pasamar Alzuria, G. e I. Peiró Martín (2002): *Diccionario Akal de Historiadores españoles contemporáneos,* Madrid: Akal.

Payne, S. (1984): *El catolicismo español,* Barcelona: Planeta.

Payne, S. G. (1965): *Falange. Historia del fascismo español,* París: Ruedo Ibérico.

— (1987): *El régimen de Franco,* Madrid: Alianza.

— (1992): *Franco. El perfil de la historia,* Madrid: Espasa-Calpe S.A.

Pécker, B. y C. Pérez Grange (1983): *Crónica de la aviación española,* Madrid: Sílex.

Pena Rodríguez, A. (2012): «*Tudo pela naçao, nada contra a naçao.* Salazar, la creación del secretariado de propaganda nacional y la censura», *Hispania,* 177-204.

Peña, L. (2009): «Los estudios republicanos en la 68 Feria del Libro de Madrid», *Cuadernos Republicanos,* 70, 263-269.

Peñalba Sotorrio, M. (2013): «La Secretaría general del Movimiento como pilar estructural del primer franquismo 1937-1945», en M. A. Ruiz-Carnicer: *Falange. Las culturas políticas del fascismo en la España de Franco 1936-1975,* pp. 408- 423, Zaragoza.

Pérez-Prendes Muñoz Arraco, J. M. (2004): «Manuel Torres López 1900-1987, *Interpretatio: revista de historia del derecho,* X, 201-216.

Pigna, F. (2012): *Evita, la biografía: jirones de su vida,* Buenos Aires: Planeta.

Pizarroso Quintero, A. (1998): «Información y propaganda norteamericana en la segunda guerra mundial: la radio», *Revista Complutense de Historia de América,* 223- 246.

Preston, P. (1994): *Franco. Caudillo de España,* Madrid: Grijalbo.

Puerto Álvarez, J. R. (2017): *Gómez del Collado, arquitecto,* tesis doctoral, Universidad de Oviedo.

Pulpillo Leiva, C. (2014): «La configuración de la propaganda en la España nacional 1936-1941», *La Albolafia: Revista de Humanidades y Cultura,* 1, 115-136.

Rein, R. (1995): *La salvación de una dictadura. Alianza Franco-Perón 1946-1955,* Madrid: csic.

— (2007): *El Pacto Perón-Franco: justificación ideológica y nacionalismo en Argentina,* Estudios Interdisciplinarios de América Latina y El Caribe, Universidad de Tel Aviv, disponible en línea en <http://eial.tau.ac.il/index.php/eial/article/view/1313/1339>, consulta: 30 de mayo de 2018.

Richmond, K. (2004): *Las mujeres en el fascismo español,* Madrid: Alianza.

Rodao García, F. (2009): «La ocupación japonesa en Filipinas y etnicidad hispana (1941-1945)», *Gerónimo de Uztariz,* 9-26.

Rodrigo Echalecu, A. M. (2016): *La poliitica del libro durante el primer franquismo,* tesis doctoral, Universidad Complutense de Madrid, Facultad de Geografía e Historia, disponible en línea en <http://eprints.ucm.es/39125/1/T37819.pdf>, consulta: 1 de febrero de 2018.

Rodríguez Jiménez, J. L. (2002): *Los esclavos españoles de Hitler,* Barcelona: Planeta.

Rodríguez Pérez, M. J. (2013): *La rehabilitación de construcciones militares para uso hostelero. La red de paradores de turismo (1928-2012),* tesis doctoral, Universidad Poliécnica de Madrid, Escuela Técnica Suerior de Arquitectura de Madrid, disponible en línea en <http://oa.upm.es/20132/>, consulta: 27 de enero de 2018

Rodríguez Puértolas, J. (1986): *Historia de la literatura fascista española,* vol. 1, Madrid: Akal.

Rodríguez Tranche, R. (2001): «NO-DO Memorial del franquismo», en R. Rodríguez Tranche y V. Sánchez Biosca: *NO-DO el tiempo y la memoria,* pp. 11-238, Madrid: Cátedra.

Romero Bernal, A. (2010): *Joaquín Romero Murube. El periodista en la calle,* Sevilla: Centro Andaluz del Libro.

— (2002): *Historia de Carmen. Memoria de Carmen Díaz de Rivera,* Barcelona: Planeta.

Rubín, S. (26 de julio de 2002): «Eva Perón. Un cadáver secuestrado, ultrajado y desterrado», *Clarín.*

Rubio, J. (1977): *La emigración de la guerra civil de 1936-1939,* Madrid: San Martín.

Ruesga Ortuño, C. (2016): *Arquitectura, estética e ideología en Reconstrucción. La obra de la Dirección General de Regiones Devastadas* (Máster de Estudios Avanzados en Historia del Arte),

Universidad de Barcelona. Depósito Digital, disponible en línea en <http://diposit.ub.edu/dspace/handle/2445/103396>, consulta: 8 de agosto de 2017.

Ruz Carnicer, M. A. (1996): *El Sindicato Español Universitario* seu, *1939-1965. La socialización política d ela juventud universitaria en el franquismo,* Madrid: Sigloxxi.

Sáez Marín, J. (1988): *El Frente de Juventudes: Política de juventud en la España de posguerra (1937-1960),* Madrid: Siglo xxi.

Sánchez García, R. (2005): «El Ateneo de Madrid: Plataforma ideológica del franquismo (1939-1963)», *Historia Contemporánea,* 871-894.

Sánchez Illán, J. C. y D. Lumbreras Martínez (2016): «Francisco Franco, articulista de incógnito. 1945-1960», *Historia y comunicación social,* 39-74.

Sánchez López, R. (2007): *Entre la importancia y la irrelevancia. Sección Femenina: de la República a la Transición,* Murcia: Editora Regional.

Sánchez-Biosca, V. (2001): «NO-DO: el tiempo, la historia, el mito», en V. Sánchez-Biosca, y R. Rodríguez Tranche: *NO-DO el tiempo y la memoria,* pp. 239-582, Madrid: Cátedra.

Sairín Pérez, T. e Y. Blasco Gil (2017): «Universidad e Hispanidad. Tres décadas de trayectorias entrecruzadas del ministro José Ibáñez Martín y el catedrático exiliado Mariano Ruiz-Funes: reconstrucción de tres décadas de rivalidad», *Revista de Indias,* 263-304.

Santolaria, C. (s. f.): *Documentos para la Historia del Teatro Español,* DHTE, disponible en línea en <http://teatro.es/contenidos/documentosParaLaHistoria/Docs1947/index.html?1>, consulta: 16 de junio de 2018.

Santos Coelho, G. D. (29 de junio de 2017): «El día que robaron las manos a Perón», *Clarín.*

Sanz Hernando, A. y V. Torres Solana (2004): «Arganda del Rey», en *Arquitectura y Desarrollo Urbano: Comunidad de Madrid,* pp. 67-189, Madrid: Colegio oficial de Arquitectos de Madrid.

Saña, H. (1982): *El franquismo sin mitos: conversaciones con Serrano Suñer,* Barcelona: Grijalbo.

Saulquin, S. (2005): *Historia de la moda argentina,* Buenos Aires: Emecé.

Sebreli, J. J. (2008): *Comediantes y mártires. Ensayo contra los mitos,* Barcelona: Debate.

Serrano Sanz, J. M. (2000): «Veinte años de soledad. La autarquía de la peseta, 1939-1959», en García y Serrano (dirs.): *Del real al euro. Una historia de la peseta,* pp. 107-124, Barcelona: La Caixa, Servicio de Estudios.

Serrano Suñer, R. (1977): *Entre el silencio y la propaganda, la historia como fue. Memorias,* Barcelona: Planeta.

Sinova, J. (2006): *La censura de prensa durante el franquismo,* Barcelona: Marcial Pons.

Sola Ayape, C. (2005): «América Latina ante la Spanish question: el régimen franquista como eje de la discordia en la onu (1945-1950)», *Latinoamérica,* 65-95.

Speer, A. (2001): *Memorias,* Barcelona: Acantilado.

Summers de Aguinaga, B. (2005): *Estudio global de la obra de Serny (1908-1995): dibujo, pintura, diseño y grabado,* tesis doctoral, Universidad Complutense de Madrid, Facutad de Bellas Artes, disponible en línea en <http://eprints.ucm.es/7365/1/T28912.pdf>, consulta: 2 de febrero de 2018.

Tamames, R. (1973): *La república. La era de Franco,* Madrid: Alianza.

Thomas i Andreu, J. M. (1999): «La configuración del franquismo», *Ayer (Asociación de Historia Contemporánea),* 33, 41-64.

Thomas, H. (1978): *La guerra civil española,* Madrid: Círculo de lectores.

Tuñón de Lara, M. (1980): «Estructuras y coyunturas sociopolíticas en 1939-1945», en M. Tuñón de Lara y J. A. Biescas: *España bajo la dictadura franquista 1939-1975,* pp. 167-224, Barcelona: Labor.

Tusell, J. (1984): *Franco y los católicos. La política interior española entre 1945 y 1957,* Madrid: Alianza.

— (2007): *Historia de España en el siglo* xx, Madrid: Taurus.

Vadillo López, D. (2011): «Gabriel Arias-Salgado o el integrismo censor, *Represura,* 7, disponible en línea en <http://www.represura.es/represura_7_febrero_2011_articulo8.pdf>, consulta: 14 de agosto de 2017

Wheler, D. (2012): *Golden Age Drama in Contemporary Spain. The Comedia on Page, Stage and Screen,* Cardiff: University of Wales Press.

Widmann-Miguel, E. (2014): *Eva Perón en España,* Buenos Aires: IberInfo.

Zorzo Ferrer, F. J. (2005): «Historia de los Servicios de Inteligencia: el periodo predemocrático», *Arbor,* 75-98.

Zuliani, E. (2007): *Las Azules. Le donne spagnole negli anni del primo Franchismo: l'organizzazione, le dirigenti, la formazione dei Quadri,* tesis doctoral, Alma Mater Studiorum, Universidad de Bolonia, disponible en línea en <http://amsdottorato.unibo.it/570/>, consulta: 19 de febrero de 2018.